MARABOUT ***PRATIQUES***

Afin de vous informer de toutes ses publications, **marabout** édite des catalogues régulièrement mis à jour. Vous pouvez les obtenir gracieusement auprès de votre libraire habituel.

Anthony Storr

Solitude

Les vertus
du retour à soi-même

MARABOUT

Titre original: **The School of Genius**

INTRODUCTION

> *La conversation enrichit l'intelligence, mais la solitude est l'école du génie; et l'uniformité d'un ouvrage dénote la main d'un seul artiste.*
>
> Edward GIBBON *

Gibbon a sûrement raison. La plupart des poètes, romanciers, compositeurs, et, dans une moindre mesure, des peintres et sculpteurs, sont destinés à passer seuls une bonne partie de leur temps, tout comme le faisait Gibbon lui-même. L'on s'accorde actuellement à penser, surtout dans les différentes écoles de psychanalyse, que l'homme est un être sociable qui a besoin de la compagnie et de l'affection d'autres êtres humains du berceau à la tombe. La notion selon laquelle les relations interpersonnelles de nature intime sont la principale, sinon la seule, source du bonheur humain est largement répandue. Pourtant, bien souvent, les existences des créateurs semblent aller à l'encontre de cette idée. Par exemple, nombre des plus grands penseurs de l'histoire n'ont pas eu d'en-

---

* E. Gibbon : historien anglais né en 1737, auteur de *Décadence et Chute de l'Empire romain*, *Mémoires littéraires de la Grande-Bretagne*, *Essai sur l'étude de la littérature*.

fants, ni formé d'étroits liens personnels. La chose est vraie de Descartes, Newton, Locke, Pascal, Spinoza, Kant, Leibniz, Schopenhauer, Nietzsche, Kierkegaard et Wittgenstein. Certains de ces hommes de génie ont eu des liaisons passagères avec d'autres hommes ou femmes; d'autres, tel Newton, sont restés chastes. En tout cas, aucun ne s'est marié et la plupart ont vécu seuls pendant la majeure partie de leur vie.

Le talent créateur de grande envergure n'est pas chose courante. Ceux qui le possèdent excitent souvent, par leurs dons, la crainte respectueuse et l'envie de leurs semblables, mais on a aussi tendance à les trouver bizarres, à voir en eux des êtres étranges qui ne partagent pas les douleurs et les plaisirs du commun des mortels. Cette différence par rapport à la moyenne sous-entend-elle une anormalité au sens psychopathologique du terme? Plus particulièrement la prédilection du créateur pour la solitude est-elle la preuve de quelque incapacité à nouer des liens d'intimité?

Il n'est pas difficile de citer des exemples d'hommes ou femmes de génie ayant eu des rapports interpersonnels orageux et des personnalités gravement dérangées par la maladie mentale, l'alcoolisme ou la drogue. A cause de cela, on a facilement tendance à s'imaginer que le talent créateur, l'instabilité mentale et l'incapacité de nouer des liens vont de pair. De ce point de vue, posséder un grand talent créateur peut apparaître comme un bienfait douteux : un don à double tranchant, susceptible d'apporter la gloire et la fortune, mais incompatible avec ce qui, pour l'homme ordinaire, constitue le bonheur.

Beaucoup de gens sont convaincus, surtout depuis Freud, que les hommes et femmes de génie sont forcément instables. Or, il est impossible que cela soit entièrement vrai. Tous les créateurs ne sont pas notoirement perturbés; de même que tous les solitaires ne sont pas malheureux. Gibbon, lui-même, après sa première déception amoureuse, eut une existence particulièrement heureuse et stable, que tout le monde pourrait lui envier. Comme il l'écrivit :

> Lorsque je contemple notre sort commun, à nous autres mortels, je dois bien reconnaître que j'ai tiré un gros lot à la tombola de l'existence... Je suis doué d'une disposition joviale, d'une sensibilité modérée et d'une tendance naturelle au repos plutôt qu'à l'activité : certains appétits et habitudes pernicieux ont peut-être été corrigés par la philosophie ou le temps. L'amour de l'étude, passion qui tire une vigueur nouvelle de la jouissance, donne à chaque jour, à chaque heure, une source perpétuelle de plaisir indépendant et raisonnable; et je n'ai pas constaté de déclin de mes facultés mentales... Selon les critères suisses, je suis un homme riche; et je suis effectivement riche, puisque mes revenus sont supérieurs à mes dépenses, et mes dépenses égales à mes désirs. Mon ami, Lord Sheffield, m'a généreusement soulagé des soucis pour lesquels, par goût et par nature, j'ai le plus d'aversion; ajouterai-je que, depuis l'échec de mes premiers désirs, je n'ai jamais nourri sérieusement la pensée d'un lien matrimonial [1] *?

Pour citer Lytton Strachey, dans son essai sur Gibbon :

> Bonheur est le mot qui vient immédiatement à l'esprit, lorsqu'on évoque Edward Gibbon : et il s'agit du bonheur au sens le plus large – celui où entre non seulement le plaisir, mais la chance [2].

D'aucuns prétendront que Gibbon, en renonçant, sur les instances de son père, à son amour pour Suzanne Curchod, s'était coupé de la principale source de félicité humaine et devrait donc être considéré de ce fait comme un cas pathologique. Peut-être l'amour sexuel n'eut-il,

---

* Les notes appelées par un chiffre sont reportées en fin de volume.

en effet, qu'un rôle très réduit dans son existence, mais ses autres rapports furent très riches. Même si le travail herculéen que fut la rédaction de *Décadence et Chute de l'Empire romain* nécessitait de longues périodes solitaires d'étude et d'écriture, Gibbon se plaisait tout autant dans la compagnie d'autrui. Lorsqu'il se trouvait à Londres, il avait une vie sociale fort active; en plus du Literary Club, il était membre de clubs tels que Boodle, White et Brook, et il était partout apprécié pour ses talents de causeur. Il manifesta, en outre, une affection touchante envers sa tante, Mrs. Porten, qui l'avait élevé presque seule, et un penchant évident pour l'amitié, qui ressort le plus clairement des rapports prolongés et étroits qu'il entretint avec Lord Sheffield. Dans sa correspondance, Gibbon déplore à l'occasion son état solitaire et caresse le projet d'adopter quelque jeune cousine. Toutefois, la perspective d'un mariage était un fantasme qu'il ne tarda pas à répudier :

> Lorsque j'ai eu tracé dans mon esprit toutes les probables conséquences d'une telle union, un sursaut m'a tiré de mon rêve et je me suis réjoui de l'avoir échappé belle, remerciant Dieu tout haut d'être toujours en possession de ma liberté naturelle [3].

L'insistance que l'on met aujourd'hui à proclamer qu'il n'y a point de bonheur en dehors des attachements intimes, et tout spécialement de l'épanouissement sexuel, ne laisse aucune place à des personnages tels que Gibbon. De toute évidence, bien que ses amitiés fussent nombreuses, sa principale source d'estime de soi et de plaisir était son travail, comme le précise clairement la célèbre phrase qui clôt son autobiographie.

> La vieillesse venue, la consolation de l'espoir est réservée à la tendresse des parents qui commencent une vie nouvelle dans leurs enfants; à la foi des enthousiastes

> qui chantent leurs Alléluias au-dessus des nuages et à la vanité des auteurs qui présupposent l'immortalité de leur nom et de leurs écrits [4].

Gibbon était un artiste classique dont le style dénote une attitude à la fois ironique et détachée envers les sottises et les extravagances de l'humanité, attitude qui lui valut d'être détesté des romantiques, tels que Rousseau et Coleridge. Dans ses œuvres, la compassion envers l'homme paraît, certes, limitée : la sexualité y est généralement un sujet d'amusement et la religion est rejetée en tant que superstition. Mais l'immensité de la tâche qu'il s'était fixée exigeait une telle position. Pour imposer l'ordre au tumulte et à la confusion d'une période aussi longue de l'histoire, il fallait une perspective olympienne. L'humanité de Gibbon ne s'est donc pas manifestée – et ne pouvait se manifester – dans son grand ouvrage; mais la chaleur de ses sentiments envers ses amis et l'affection que ceux-ci lui portaient indiquent assez que l'homme possédait un cœur. Selon la plupart des critères en vigueur dans le passé, Gibbon serait jugé comme un être exceptionnellement équilibré. Ce n'est que depuis le jour où Freud a émis l'idée que l'épanouissement hétérosexuel était la condition sine qua non de la santé mentale que l'on s'est avisé de nier qu'il avait connu un bonheur et une réussite supérieurs à la moyenne.

Il n'y a pas, cependant, que les hommes et femmes de génie qui peuvent trouver la valeur suprême de leur existence dans l'impersonnel plutôt que le personnel. Je compte bien faire valoir que les intérêts individuels, qu'il s'agisse d'écrire des livres d'histoire, d'élever des pigeons voyageurs, de se livrer à des spéculations boursières, de dessiner des avions, de jouer du piano ou de jardiner, jouent un rôle plus important dans l'économie du bonheur humain que ne l'admettent les psychanalystes modernes et leurs adeptes. Les grands créateurs fournissent les exemples les mieux adaptés à ma thèse, parce que leur œuvre subsiste en tant que preuve. L'être mystérieux qu'est l'homme ou la femme ordinaire ne laisse pas grand-chose derrière lui pour indiquer l'ampleur et la profondeur d'intérêts qui, tout au long d'une vie, ont pu constituer des préoccupations majeures. Les riches sont à même d'accumuler de grandes collections d'œuvres dues à d'autres. Les mordus du jardinage peuvent être notoirement créatifs et laisser des traces de leur passion, qui dureront plusieurs années, sinon aussi longtemps qu'un livre ou qu'un tableau. Mais il ne restera rien, en revanche, d'une passion pour les moulins à vent ou le cricket. Et pourtant, chacun de nous a dû connaître des gens dont la vie s'articulait autour de tels intérêts, que leurs rapports humains fussent ou non satisfaisants. La charge valorisante que nous faisons peser à l'heure actuelle sur les relations interpersonnelles est trop lourde pour ces fragiles vaisseaux. La conviction que des rapports d'intimité satisfaisants doivent, idéalement, nous apporter le bonheur et que ces rapports pèchent quelque part, si ce n'est pas le cas, paraît exagérée.

L'amour et l'amitié sont, bien entendu, une partie importante de ce qui donne sa valeur à la vie, mais ils ne sauraient être l'unique source du bonheur. En outre, les êtres humains changent et se développent au fil du temps. Dans la vieillesse, les rapports humains deviennent souvent moins importants. Peut-être s'agit-il d'un miséricordieux arrangement de la Nature, afin que la séparation inévitable d'avec les êtres chers soit moins pénible. En tout cas, il y a toujours dans les rapports interpersonnels un élément d'incertitude, qui devrait interdire de les idéaliser au point d'en faire un absolu ou de les considérer comme la seule voie vers l'épanouissement personnel. Peut-être, en ce qui concerne le monde occidental, est-ce justement notre idéalisation de ces rapports qui rend le mariage – censé être le lien le plus intime –

si instable. Si nous ne considérions pas le mariage comme la principale source de félicité, il s'en achèverait peut-être moins dans les larmes.

Je voudrais faire valoir, par ailleurs, que la Nature pousse les êtres humains aussi bien vers l'impersonnel que vers le personnel et que cette caractéristique de la condition humaine est une partie précieuse et importante de notre adaptation. Certes, nous partageons avec les autres animaux la nécessité biologique de nous reproduire, de veiller à ce que nos gènes survivent, même si nous mourons. Mais la longue partie de la vie humaine qui s'étend au-delà de la période de reproduction compte elle aussi. Ce n'est souvent qu'alors que l'impersonnel en vient à prendre davantage d'importance pour l'homme ordinaire, même si les intérêts de ce genre existaient en germe depuis la prime jeunesse.

Les grands créateurs, nous le verrons, peuvent parfois avoir été détournés des rapports humains vers leur propre champ d'activité par des circonstances défavorables qui leur ont rendu difficile l'intimité avec autrui. C'est toutefois une question d'importance plutôt que de substitution. Cela ne signifie pas, comme semblent le croire certains psychanalystes, qu'il faut invariablement choisir entre l'activité créatrice et les rapports humains. On pourrait fort bien prétendre que ceux qui n'ont d'autre intérêt durable que leur conjoint et leur famille sont aussi limités sur le plan intellectuel que peuvent l'être sur le plan émotionnel ceux qui n'ont ni conjoint ni enfants.

De nombreux intérêts ordinaires, et la plupart des activités créatrices impliquant une réelle originalité, se poursuivent en dehors de toute espèce de rapport. Or, il me semble que ce qui se passe chez l'être humain, lorsqu'il est tout seul, est aussi important que ce qui se passe dans ses interactions avec les autres. De toute façon, un tiers environ de notre vie se passe dans l'isolement du sommeil. Deux instincts contraires agissent tout au long de notre existence : le besoin de compagnie, d'amour et de tout ce qui nous rapproche de nos semblables; et le besoin d'être indépendant, séparé et autonome. Si nous n'écoutions que les tenants de la théorie psychanalytique des « relations d'objet », nous serions immanquablement amenés à conclure qu'aucun de nous ne compte en tant qu'individu isolé. De leur point de vue, il semble que nous n'avons de valeur que dans la mesure où nous remplissons une fonction utile vis-à-vis d'autrui, par exemple dans notre rôle de conjoint, parent ou voisin. Il s'ensuit que la justification de l'existence de l'individu, c'est l'existence des autres.

Pourtant, certains des hommes qui ont le plus contribué à enrichir l'expérience humaine n'ont guère contribué au bien-être d'êtres humains en particulier. On pourrait faire valoir que certains des grands penseurs cités plus haut étaient égocentriques, coupés du monde ou « narcissiques »; plus préoccupés par ce qui se passait dans leur propre esprit que par le bien-être de leur prochain. On pourrait en dire autant de nombreux écrivains, compositeurs et peintres. Le créateur cherche constamment à se découvrir, à remodeler son identité et à donner un sens à l'univers à travers ce qu'il crée. Il s'aperçoit qu'il s'agit d'un précieux processus d'intégration, qui, comme la méditation ou la prière, n'a pas grand-chose à voir avec les autres hommes, mais possède néanmoins sa propre validité distincte. Ses moments les plus riches sont ceux durant lesquels il parvient à quelque nouvelle révélation ou fait une nouvelle découverte; et ces moments sont principalement, sinon invariablement, ceux durant lesquels il se trouve seul.

Bien que les grands talents soient rares, les créateurs restent des êtres humains avec les mêmes besoins et désirs que les autres. Parce qu'ils laissent des traces de leurs pensées et de leurs sentiments dans leur œuvre, ils incarnent de façon frappante certains aspects des aspirations humaines qui nous sont communs à tous, mais qui, dans le cas des personnes ordinaires, ne sont pas remarqués. Peut-être le besoin de solitude du créateur et son intérêt pour des processus internes d'intégration peuvent-ils révéler quelque chose sur les besoins des êtres humains moins doués ou plus « ordinaires », besoins qui, à l'heure où j'écris ces lignes, sont négligés.

1

L'IMPORTANCE DES RAPPORTS HUMAINS

Quel bonheur
Dans la solitude? Qui peut jouir seul,
Ou, jouissant de tout, trouver quelle satisfaction?

MILTON

L'accent que l'on met à l'heure actuelle sur les rapports interpersonnels intimes, en tant que pierre de touche de la santé et du bonheur, est un phénomène relativement récent. Les générations précédentes n'auraient pas placé si haut les relations humaines; soit qu'elles aient cru que la routine quotidienne, la tâche ordinaire devaient fournir tout ce que nous avions besoin de demander; soit qu'elles aient été trop accaparées, au contraire, par la simple nécessité de survivre et de gagner son pain pour disposer d'assez de temps à consacrer aux subtilités des rapports personnels. Certains observateurs, tel Ernest Gellner, font valoir que notre présent intérêt pour les rapports humains a remplacé d'anciennes angoisses portant sur l'imprévisibilité et la précarité de notre univers naturel. Selon lui, dans les sociétés nanties modernes, la plupart des gens sont protégés contre la maladie, la misère, la faim et les catastrophes naturelles dans une mesure que nos ancêtres n'auraient même pas imaginée. En revanche, les sociétés industrielles modernes sont instables et dépourvues de structure. La mobilité accrue a sapé les piliers de la vie sociale. Du fait que le choix qui nous est offert, quant au lieu où nous désirons vivre, à la société où nous souhaitons évoluer et à l'orientation que nous voulons donner à notre existence, est plus vaste, nos rapports avec les autres personnes qui constituent notre environnement ne sont plus définis par des règles séculaires et sont donc devenus des sujets de souci et d'inquiétude croissants. Pour reprendre la formule de Gellner : « Notre environnement consiste maintenant fondamentalement en rapports avec autrui [1]. »

Gellner poursuit en affirmant que le domaine des relations personnelles est devenu « notre zone de préoccupation la plus pressante ». Nos inquiétudes à ce sujet sont renforcées par le déclin de la foi religieuse. La religion non seulement fournissait des règles de conduite en ce qui concernait les rapports personnels, mais offrait en outre une solution de rechange plus prévisible et plus stable. Les relations avec le conjoint, les enfants ou les voisins étaient parfois difficiles, insatisfaisantes ou instables; toutefois, tant que l'on continuait à croire en Dieu, on pouvait se fier à ses rapports avec lui.

Quoique loin de souscrire à tout ce qu'a écrit Gellner dans son livre sur la psychanalyse, je l'approuve lorsqu'il prétend que cette dernière promet une forme de salut, lequel sera obtenu en purgeant l'individu des blocages ou préjugés émotionnels qui l'empêchent de mener à bien des rapports interpersonnels épanouissants. Gellner a aussi raison de penser que la psychanalyse a exercé une influence si vaste qu'elle est devenue l'idiome dominant dès qu'il s'agit d'aborder la personnalité humaine et les rapports personnels, même chez ceux qui n'acceptent pas toutes ses doctrines.

La psychanalyse a évolué considérablement au cours

du XXe siècle. Le principal changement tient à l'accent croissant mis sur la relation du patient et du psychanalyste. La psychanalyse soutient désormais que l'analyse du transfert, c'est-à-dire de la réaction émotionnelle du patient envers le psychanalyste et de son attitude à son égard, est l'élément essentiel du traitement psychanalytique. C'est, d'ailleurs, le fait de reconnaître l'importance du transfert qui a contribué par-dessus tout à créer un terrain d'entente entre les écoles psychothérapeutiques comme celles de Freud et de Jung, qui, sous d'autres rapports théoriques, sont encore diamétralement opposées. Même si l'on a contesté au cours de ces dernières années la place de la psychanalyse en tant que méthode efficace pour guérir les symptômes névrotiques, l'influence des concepts dérivés de la psychanalyse s'est infiltrée partout. Dans la plupart des activités de travail social, par exemple, on pense qu'il est essentiel de considérer la faculté du client à nouer des rapports humains; et l'on s'efforce souvent d'améliorer cette faculté à travers les rapports du client avec les travailleurs sociaux.

Aux premiers jours de la psychanalyse, on n'insistait pas tant sur l'analyse du transfert que sur le besoin de retracer le cours suivi par le développement psychosexuel du patient. Ce dernier était considéré avant tout comme un individu distinct et son attitude émotionnelle vis-à-vis de l'analyste était reléguée au second plan, quand elle ne faisait pas figure d'obstacle entravant les recherches psychanalytiques. Lorsque Freud entreprit d'étudier les origines de la névrose, durant les vingt dernières années du XIXe siècle, il découvrit invariablement des troubles dans la vie sexuelle de ses patients. L'édifice entier de la psychanalyse en vint à reposer sur le schéma théorique du développement sexuel, à partir de la petite enfance, que Freud posa en postulat à l'issue de ses recherches.

Selon Freud, les divers types de névroses étaient liés

au fait que le patient avait été incapable de progresser au-delà des premiers stades du développement sexuel; à une fixation au stade « oral », « anal » ou « phallique », laquelle empêchait d'atteindre la « génitalité », comme Freud avait baptisé le stade de la maturité sexuelle. Freud croyait que la vie mentale était gouvernée à l'origine par le « principe de plaisir »; c'est-à-dire par le besoin d'éviter la souffrance et d'obtenir du plaisir. Il croyait aussi que le système nerveux et, partant, tout l'appareil mental, avaient pour fonction de réduire le niveau d'intensité des pulsions instinctuelles qui lui parvenaient, en trouvant des manières d'exprimer, et donc de décharger, ces pulsions. L'idée de la bonne santé psychologique et du bonheur devint ainsi liée à l'existence ou à la réussite de l'épanouissement sexuel.

La conviction qu'une personne heureuse et en bonne santé devait avoir une vie sexuelle satisfaisante ne tarda pas à se répandre; et l'on pensa, inversement, qu'une personne malheureuse et névrosée devait souffrir de troubles dans sa capacité de parvenir à l'épanouissement sexuel. Du vivant de Freud, l'accent fut principalement mis sur la satisfaction instinctuelle, c'est-à-dire sur la faculté d'atteindre l'orgasme. Il était tacitement reconnu que si les partenaires étaient capables de se satisfaire dans ce domaine, les autres aspects de leurs relations allaient de soi. La sexualité était la pierre de touche grâce à laquelle on pouvait évaluer la relation dans son entier. Si un patient était en mesure de surmonter les blocages qui avaient causé des fixations à des stades immatures du développement sexuel et de parvenir au stade génital, il n'y aurait plus aucun obstacle à l'établissement de rapports avec autrui sur des bases d'égalité et de gratification mutuelle.

Freud partait du principe qu'une névrose était invariablement issue des circonstances ayant entouré la petite enfance du patient. La tâche du psychanalyste consistait à faciliter l'évocation d'anciens souvenirs traumatisants, refoulés parce que douloureux ou honteux. Consécutivement à la découverte de son collègue Breuer, Freud s'aperçut que si l'on pouvait persuader un patient souffrant d'hystérie de recréer les circonstances exactes dans lesquelles avait commencé un symptôme donné et lui faire, en outre, retrouver les émotions liées à ces circonstances, le symptôme disparaîtrait. A mesure que Freud se penchait sur le cas d'autres types de patients, l'accent mis à l'origine sur les incidents traumatisants déclina quelque peu en faveur d'une évocation de tout le climat émotionnel dans lequel le patient avait grandi; toutefois, on continua de penser que les symptômes névrotiques étaient le résultat des circonstances en vigueur durant les cinq premières années de l'existence.

La psychanalyse pouvait donc être considérée comme un processus de reconstruction historique, une technique permettant d'exhumer les événements, sentiments et fantasmes de la petite enfance du patient. Il n'y avait donc guère besoin d'étudier les rapports présents du patient et encore bien moins de mêler ses amis et sa famille à un traitement qui s'intéressait avant tout aux réactions subjectives du patient datant d'une période de sa vie dont ils ne connaissaient sans doute pas grand-chose.

On reprochait d'ailleurs fréquemment aux psychanalystes de traiter trop volontiers leurs patients en tant qu'individus isolés, sans se référer à leur famille et à leurs proches, lesquels, souvent à leur plus vive contrariété, étaient activement découragés lorsqu'ils tentaient de participer au processus analytique; d'ordinaire, le psychanalyste ne les recevait pas et ne leur demandait aucune information sur le comportement et les relations de son patient chez lui. Si l'on accepte la théorie psychanalytique sous sa forme originelle, il serait raisonnable de traiter le patient sans mêler directement ses proches du moment à l'affaire. Nul, hormis le patient lui-même, n'a accès aux fantasmes et aux sentiments de sa petite enfance. Aucun compte-rendu de ses premières années par ses parents, si détaillé soit-il, ne saurait révéler ce que cherche le psychanalyste : c'est-à-dire la réaction subjective du patient aux circonstances de son enfance, plutôt que les faits proprement dits.

Lorsque Freud élabora le traitement psychanalytique, il n'avait pas prévu que lui-même prendrait aux yeux de ses patients une importance émotionnelle. Il espérait faire de la psychanalyse une « science de l'esprit », fondée, en dernier ressort, sur l'anatomie et la physiologie et aussi objective qu'elles. Il envisageait son propre rôle comme celui d'un observateur détaché et pensait que ses patients auraient envers lui l'attitude qu'ils pourraient avoir envers un praticien spécialisé dans n'importe quelle autre branche de la médecine. Lorsqu'il constata qu'il n'en était rien, que ses patients commençaient à éprouver et exprimer envers lui des émotions d'amour et de haine, il ne les accepta pas comme d'authentiques expressions de leurs sentiments du moment, mais les interpréta comme de nouvelles versions des émotions du passé, *transférées* à la personne du psychanalyste.

Au début, ce transfert déplaisait à Freud. En 1910 encore, longtemps après avoir reconnu l'importance de ce phénomène, il écrivait à Pfister :

> Quant au transfert, c'est un véritable fléau. Les pulsions opiniâtres et féroces de la maladie, à cause desquelles j'ai renoncé à la suggestion aussi bien indirecte qu'hypnotique, ne peuvent être entièrement abolies, même par le biais de la psychanalyse; elles ne peuvent être que réfrénées et ce qu'il en reste s'exprime dans le transfert. Ce restant est souvent considérable [2].

Dans la Conférence 27 de *Introduction à la psychanalyse,* Freud réitère sa conviction que le transfert doit être considéré comme irréel.

> Nous sommes venus à bout du transfert en faisant remarquer au patient que ses sentiments ne sont pas issus de la situation actuelle et ne s'appliquent pas à la personne du docteur, mais qu'ils répètent quelque chose qui lui est arrivé jadis. De cette façon, nous l'obligeons à transformer sa répétition en souvenir [3].

Depuis l'époque de Freud, et plus particulièrement depuis l'arrivée sur le devant de la scène de l'école de psychanalyse qui prône *les relations d'objet*, il y a eu un glissement dans la compréhension et l'interprétation du transfert. La majorité des psychanalystes, travailleurs sociaux et autres membres des professions dites « d'aide » considèrent que les relations humaines intimes sont la principale source du bonheur. Inversement, beaucoup estiment que quiconque ne goûte pas les satisfactions offertes par ces relations est névrosé, immature ou, d'une façon quelconque, anormal. Aujourd'hui, la plupart des formes de psychothérapie, individuelles ou collectives, s'efforcent avant tout de comprendre ce qui a mal tourné dans les rapports du patient avec les personnes importantes de son passé, afin de l'aider à nouer à l'avenir des relations humaines plus fructueuses et plus épanouissantes.

Étant donné que les relations passées conditionnent ce que l'on peut attendre des relations futures, l'attitude du patient envers l'analyste, en tant que personne nouvelle et importante, constitue une précieuse source d'informations sur ses difficultés passées et fournit aussi une possibilité d'y remédier. Pour donner un exemple très simple, disons qu'un patient ayant connu le rejet ou les mauvais traitements est susceptible de s'attendre à un nouveau rejet et d'autres mauvais traitements de la part de l'analyste, même s'il n'a pas du tout conscience du fait que cet *a priori* affecte son attitude. Le fait de comprendre qu'il part d'une idée fausse sur la façon dont les autres le traiteront, s'ajoutant au fait que le psychanalyste le traite avec plus de bonté et de compréhension qu'il n'en attendait, va peut-être révolutionner sa façon de penser et l'aider à former à l'avenir de meilleures relations avec autrui.

Freud, nous l'avons vu, faisait abstraction de tous les sentiments que l'analysant exprimait envers l'analyste, car il les jugeait irréels et appartenant au passé. De nos jours, de nombreux analystes reconnaissent que de tels sentiments ne sont pas simplement des fac-similés de pulsions et de fantasmes liés à l'enfance du patient. Il se peut que momentanément l'analysant voie, dans l'analyste, le parent idéal qu'il n'a pas eu. Cette expérience peut avoir un effet bénéfique et ce pourrait être une erreur que de briser cette image par une interprétation prématurée ou en la traitant d'illusion.

Nous avons vu aussi que Freud estimait que la tâche du psychanalyste consistait à supprimer les blocages qui empêchaient le patient d'exprimer ses élans instinctuels de façon adulte. S'il y parvenait, on supposait que les rapports du patient avec autrui s'amélioreraient automatiquement. Les analystes modernes ont inversé cet ordre. Ils pensent d'abord en termes de rapports, et ensuite seulement en termes de satisfaction instinctuelle. Si l'analysant parvient à nouer avec d'autres êtres humains des relations d'égal à égal, libres de toute inquiétude, on pense qu'il n'aura plus de difficulté à exprimer ses élans instinctuels et à parvenir à l'épanouissement sexuel. Les tenants de la théorie des relations d'objet croient que, dès leur naissance, les êtres humains sont en quête de *rapports*, et pas simplement de satisfaction instinctuelle. Selon eux, la névrose représente plutôt une incapacité à former des relations humaines satisfaisantes qu'une inhibition ou un sous-développement des pulsions sexuelles.

Le transfert, au sens d'attitude émotionnelle globale

ou de série d'attitudes du patient envers l'analyste, devient de ce fait un élément central du traitement psychanalytique et non pas un vestige du passé, ni un « fléau » ni même, comme Freud devait en venir à le considérer, un « puissant allié », en raison du pouvoir qu'il lui donnait pour modifier les attitudes du patient. De nos jours, un psychanalyste passera sans doute une bonne partie de son temps à détecter la façon dont ses patients réagissent envers lui et à faire là-dessus ses commentaires : sont-ils craintifs, dociles, agressifs, animés par un esprit de compétition, repliés sur eux-mêmes ou angoissés ? Toutes ces attitudes ont leur histoire, qu'il faut explorer. Toutefois, l'importance qu'on y attache est différente. L'analyste étudie l'attitude faussée de l'analysant envers lui, grâce à quoi il perçoit les distorsions existant dans les rapports de l'analysant avec ses semblables. Si l'on veut faire cette démarche de façon efficace, toutefois, il faut savoir reconnaître qu'il existe des rapports réels dans le présent et que l'analyse ne porte pas uniquement sur les événements de la petite enfance.

En effet, la rencontre psychanalytique est quelque chose d'unique. Aucun contact social ordinaire ne permet ainsi une étude détaillée de la façon dont un des partis en présence réagit envers l'autre. Il n'existe aucune autre situation dans laquelle une personne peut compter ainsi sur un auditeur à sa dévotion, préparé à consacrer autant de temps et de compétence à ses problèmes, sans réclamer en retour autre chose qu'une rémunération de ses services professionnels. Peut-être le patient n'a-t-il encore jamais rencontré quelqu'un qui lui ait prêté autant d'attention ou qui ait seulement été disposé à écouter ainsi ses problèmes. Il n'est donc pas étonnant que l'analyste acquière à ses yeux beaucoup d'importance. Il est aussi nécessaire de reconnaître la réalité de tels sentiments que de déceler les éléments irrationnels et déformés du transfert, qui remontent à l'enfance de l'analysant.

Cette concentration sur les relations interpersonnelles et sur le transfert n'est pas caractéristique de toutes les formes de pratique psychanalytique; cependant, elle rattache effectivement les uns aux autres un certain nombre de psychanalystes et de psychothérapeutes qui ont peut-être été formés selon des écoles différentes, mais qui partagent deux convictions fondamentales. Primo, celle que les problèmes névrotiques ont un rapport avec des échecs survenus très tôt dans la relation de l'enfant avec ses parents; secundo, que la santé et le bonheur dépendent entièrement du maintien de rapports personnels intimes.

Il n'y a pas deux enfants exactement semblables et il faut savoir reconnaître que les différences génétiques peuvent contribuer puissamment à créer des problèmes dans le développement de l'enfant. Des enfants différents percevront de façon fort dissemblable le même parent. Néanmoins, je suis moi aussi convaincu que de nombreuses difficultés névrotiques qui surviennent ultérieurement ont un lien avec les premières expériences émotionnelles de l'individu au sein de sa famille.

Je suis moins convaincu, en revanche, du fait que les relations personnelles intimes sont la seule source de la santé et du bonheur. Dans l'atmosphère actuelle, on risque fort d'idéaliser l'amour comme étant la seule voie vers le salut. Lorsqu'on demanda à Freud ce qui constituait la bonne santé psychologique, il répondit que c'étaient les facultés d'aimer et de travailler. Nous avons trop insisté sur la première et accordé trop peu d'importance à la seconde. Dans de nombreux types d'analyses, une concentration exclusive sur les rapports interpersonnels a empêché de considérer d'autres façons de parvenir à l'épanouissement et a poussé à négliger l'étude des glissements du dynamisme à l'intérieur du psychisme de l'individu pris isolément.

Un certain nombre de psychanalystes ont contribué à l'ascension de la « théorie des relations d'objet », par opposition à la « théorie des instincts » prônée par Freud. Parmi eux figuraient Melanie Klein, Donald Winnicott et Ronald Fairbairn. Toutefois, les travaux les plus importants dans ce domaine ont été ceux de John Bowlby, dont l'ouvrage en trois volumes, *Attachement et Perte,* exerce une influence méritée, a inspiré de nombreuses recherches et est considéré un peu partout comme une contribution importante à notre compréhension de la nature humaine.

Bowlby part du principe que le besoin premier de l'être humain, dès la naissance, est d'établir avec ses semblables des rapports marqués par le soutien et la gratification, et que ce besoin d'*attachement* s'étend bien au-delà du besoin de satisfaction sexuelle. Les idées qu'exprime Bowlby sont dérivées d'une heureuse synthèse de l'éthologie et de la psychanalyse. En insistant sur l'attachement qui se distingue des relations de caractère sexuel, bien que les deux soient fréquemment associés, Bowlby a élargi la vision psychanalytique de l'homme et des rapports humains, la rendant plus conforme aux découvertes des chercheurs dans d'autres disciplines.

Attachement et Perte a été inspiré à Bowlby par ses travaux pour l'Organisation mondiale de la santé sur la santé mentale des enfants sans foyer. Cela l'entraîna par la suite à étudier les effets d'une privation temporaire de la mère sur les jeunes enfants et à beaucoup mieux évaluer la détresse endurée par ces derniers lorsque eux-mêmes ou leur mère doivent, par exemple, être hospitalisés.

Les bébés humains commencent à manifester des attachements spécifiques pour des personnes particulières vers le dernier trimestre de leur première année de vie. C'est l'âge auquel un bébé protestera si on le met dans les bras d'un inconnu et se cramponnera à sa mère ou à d'autres adultes qui lui sont familiers. La mère fournit généralement une base parfaitement sûre vers laquelle l'enfant peut retourner et, lorsqu'elle est présente, il se montre plus hardi tant pour l'exploration que pour le jeu. Si la personne qui symbolise l'attachement s'absente, même brièvement, l'enfant proteste le plus souvent. Les séparations plus longues, par exemple lorsqu'un bébé a été hospitalisé, provoquent une série régulière de réactions que Bowlby a été le premier à décrire. Aux protestations furieuses succède une période de désespoir durant laquelle le bébé reste silencieux, plongé dans le chagrin et l'apathie. Au bout d'un certain temps, le nourrisson se montre détaché et paraît ne plus s'intéresser à la personne à laquelle il était naguère attaché. Cette séquence *protestation-désespoir-détachement* semble être la réaction standard du petit enfant éloigné de sa mère.

Les preuves sont suffisamment fortes pour que Bowlby estime que la capacité d'un adulte à nouer de bons rapports avec d'autres adultes dépend de l'expérience qu'il a eue avec les personnes auxquelles il était attaché quand il était petit. Un enfant qui, dès ses premières années, est certain que les personnes auxquelles il est attaché seront disponibles lorsqu'il aura besoin d'elles acquerra un sentiment de sécurité et d'assurance intérieure. Dans sa vie adulte, cette assurance lui permettra de faire confiance à d'autres êtres humains et de les aimer. Dans les rapports entre les sexes, lorsque l'amour et la confiance ont été établis, l'épanouissement sexuel s'ensuit tout naturellement.

Toutefois, l'attachement varie en qualité et en intensité, d'une part selon la réaction de la mère envers son enfant et la façon dont elle le traite; et d'autre part, sans nul doute, selon des différences génétiques innées. Même si la réaction évidente d'un bébé au départ de sa mère peut paraître identique dans différents cas, les conséquences d'une absence prolongée varieront considérablement. Les recherches indiquent que les enfants élevés dans des institutions sont plus difficiles et plus exigeants que ceux élevés dans des familles normales. Il est vraisemblable, bien que la chose n'ait pas été absolument prouvée, que ces enfants, une fois adultes, seront moins aptes à nouer des rapports intimes que ceux qui ont eu l'avantage de vivre au milieu d'une famille aimante et très unie. Certaines expériences, au cours desquelles des bébés singes ont été séparés de leur mère, montrent qu'il n'est pas difficile de produire un singe adulte incapable d'avoir des rapports sociaux et sexuels normaux. Les êtres humains, cependant, ont une résistance extraordinaire, et même des enfants qui ont été isolés et maltraités de façon durable peuvent parvenir à compenser ces désavantages si leur environnement s'améliore.

Dans le chapitre 12 du premier tome d'*Attachement et Perte*, Bowlby évoque la nature et la fonction de l'attachement, du point de vue biologique. Grâce à sa vaste connaissance du comportement d'attachement chez d'autres espèces que l'homme, il conclut que la fonction de ce comportement représentait à l'origine la protection vis-à-vis des prédateurs. Il fait tout d'abord remarquer que les animaux isolés sont plus susceptibles d'être attaqués par des prédateurs que ceux qui restent en groupe. Ensuite, il attire l'attention sur le fait que, tant chez l'homme que chez d'autres animaux, le comportement d'attachement se manifestera le plus souvent chez un sujet jeune ou malade ou chez une femelle enceinte, autant d'états qui les rendent plus vulnérables aux attaques. Enfin, il note que dans une situation alarmante les gens chercheront invariablement du regard des semblables avec qui partager le danger. Dans le cas de l'homme moderne, la menace du prédateur a diminué, mais sa réaction à d'autres formes de menaces reste la même.

Cette interprétation biologique est pleine de bon sens. L'homme moderne semble préprogrammé pour réagir à un certain nombre de stimuli de façon plus appropriée à la vie d'un membre d'une tribu vivant de la chasse et de la cueillette qu'à celle d'un homme du monde occidental à la fin du XXe siècle. La chose est notoirement vraie en ce qui concerne nos réactions agressives envers ce que nous percevons comme une menace, ainsi que notre méfiance paranoïaque à l'endroit des inconnus. Ces deux types de réactions convenaient peut-être à nos ancêtres des tribus préhistoriques, mais elles sont dangereuses à une époque où nous vivons sous la menace d'une apocalypse nucléaire.

Bowlby souligne une chose importante, à savoir qu'il ne faut pas confondre l'attachement avec la dépendance. Il est vrai que les êtres humains mettent longtemps à grandir. La période qui sépare la naissance de la maturité sexuelle constitue presque un quart de l'existence entière et elle est plus longue que chez n'importe quel autre mammifère. Notre impuissance totale à la naissance et notre enfance prolongée nous fournissent l'occasion d'apprendre de nos aînés, état de choses généralement censé être la cause biologique de la prolongation de l'immaturité dans l'espèce humaine. La façon dont l'homme s'adapte au monde est fonction de l'apprentissage et de la transmission de la culture d'une génération à la suivante. La dépendance est à son maximum à la naissance, lorsque le bébé est le plus démuni. L'attachement, en revanche, ne se manifeste pas avant l'âge de six mois environ. La dépendance disparaît progressivement, jusqu'à ce que l'on ait atteint la maturité; le comportement d'attachement persiste tout au long de la vie. Si nous disons d'un adulte qu'il est dépendant, nous sous-entendons qu'il est immature. Mais s'il n'a pas d'attachements intimes, nous en concluons qu'il y a chez lui quelque chose qui cloche. Dans la société occidentale, le détachement extrême des liens avec les autres fait généralement figure de maladie mentale. Les schizophrènes chroniques mènent parfois des vies dans lesquelles les relations avec autrui ne jouent pratiquement aucun rôle. La faculté de s'attacher d'égal à égal est considérée comme une preuve de maturité émotionnelle. C'est son absence qui est pathologique. On tient rarement compte du fait qu'il peut y avoir d'autres critères de maturité émotionnelle, par exemple la capacité de rester seul.

Les anthropologues, sociologues et psychologues s'accordent tous à considérer l'homme comme un être social qui a besoin du soutien et de la compagnie d'autres hommes tout au long de sa vie. En plus du savoir, la coopération sociale a joué un rôle essentiel dans la survie de l'homme en tant qu'espèce, tout comme elle l'a fait dans le cas des grands primates, notamment les babouins et les chimpanzés. Comme l'a noté Konrad Lorenz, la nature n'a pas fourni à l'homme une grande vélocité, ni un épiderme très épais, non plus que de solides défenses, griffes et autres armes naturelles. Afin de se protéger des espèces plus puissantes et de parvenir à chasser les gros animaux, les hommes primitifs durent apprendre à coopérer. Leur survie en dépendait. L'homme moderne a bien évolué depuis l'époque où il appartenait à une société vivant de chasse et de cueillette, mais son besoin d'interaction sociale et de liens positifs avec autrui a persisté.

Il y a, par conséquent, de nombreuses raisons d'accorder un rang élevé à l'attachement dans toute hiérarchie des besoins humains. D'ailleurs, certains sociologues nieraient que l'individu possède la moindre validité, pris indépendamment de la famille et des groupes sociaux dont il fait partie. La plupart des membres de la société occidentale partent du principe que les liens familiaux constitueront une partie importante de leur vie; qu'à ces liens viendront s'ajouter d'autres amours et amitiés; et que ce sont ces relations qui donneront un sens à leur vie. Comme l'a dit Peter Marris :

> Les rapports qui comptent le plus pour nous sont, de façon caractéristique, noués avec des personnes particulières que nous aimons – mari ou femme, parents, enfants, amis intimes – et parfois avec des lieux particuliers – une demeure ou un territoire personnel, sur lesquels nous reportons les mêmes qualités affectives. Ces rapports spécifiques, qui dans notre expérience sont uniques et irremplaçables, semblent incarner de la façon la plus cruciale le sens de notre existence [4].

Selon Marris, ces rapports uniques et irremplaçables font office de points de référence, qui nous aident à donner un sens à notre expérience. Nous sommes, pour ainsi dire, incrustés dans une structure dont les rapports uniques sont les piliers de soutènement. La chose nous paraît si évidente que nous la définissons rarement et en avons parfois à peine conscience, jusqu'au jour où un rapport important prend fin. Comme l'a fait remarquer Marris, les personnes récemment endeuillées ont souvent l'impression, en tout cas momentanément, que le monde n'a *plus aucun sens*. Lorsque nous perdons la personne qui nous est la plus proche et la plus chère, il peut nous arriver de découvrir que le sens de notre vie était lié au disparu dans une mesure plus grande que nous ne l'aurions cru. C'est le modèle habituel; mais nous ne devons pas oublier pour autant que certaines personnes, même après la perte d'un conjoint qui leur était cher, éprouvent un sentiment de liberté retrouvée et entament une autre vie.

Robert S. Weiss, ayant entrepris d'étudier le cas d'un certain nombre de gens dont les mariages avaient récemment pris fin et qui avaient adhéré à des groupes pour parents seuls, découvrit, comme on pouvait s'y attendre, que, malgré le soutien du groupe, les personnes en question continuaient à se plaindre de leur solitude. Aucune amitié ne pouvait compenser la perte de l'attachement étroit et de l'intimité émotionnelle qu'ils avaient connus dans le mariage.

Toutefois, pour cruciaux que soient de tels rapports pour la plupart des gens, il n'y a pas que les rapports d'*intimité* qui donnent un sens à la vie. Weiss a également étudié des couples mariés qui, pour une raison ou une autre, s'étaient considérablement éloignés du lieu où ils avaient eu l'habitude de vivre. Bien que leur attachement conjugal fût resté intact, ils souffraient de ne plus avoir l'impression de faire partie d'un groupe [5].

En d'autres termes, qu'ils aient ou non des rapports d'intimité, les êtres humains ont besoin d'avoir le sentiment d'appartenir à une communauté plus vaste que celle que constitue la famille. L'idée reçue, moderne, selon laquelle les rapports intimes sont essentiels à l'épanouissement personnel tend à nous faire négliger l'importance des relations moins intimes. Les schizophrènes, et d'autres personnes vivant dans un isolement plus ou moins total, sont considérés à juste titre comme des cas pathologiques; mais de nombreux êtres humains se contentent de relations que l'on ne peut tenir comme particulièrement proches et ces gens-là sont loin d'être tous malades ou même spécialement malheureux.

Les structures sociales telles qu'on en trouve dans l'armée ou dans une entreprise ne donnent peut-être pas aux individus la même sorte de satisfaction que leur procureraient des rapports d'intimité, mais elles fournissent néanmoins un univers au sein duquel l'individu sent qu'il possède sa fonction et sa place. La thèse de Gellner, dont il a été question plus haut, à savoir que la société moderne est si mobile et si fluide qu'elle entraîne chez beaucoup d'hommes des sentiments de désorientation et d'insécurité, est, dans une certaine mesure, contredite par le fait que de nombreux travailleurs répugnent à abandonner un univers familier, même si on leur offre des conditions plus gratifiantes. Pour beaucoup d'hommes, le fait d'appartenir à une hiérarchie et d'avoir un travail particulier à effectuer donne un sens à leur existence. Il fournit aussi un cadre de références dans lequel chacun perçoit sa relation avec les autres. Dans le cours de la vie quotidienne, nous rencontrons d'ordinaire de nombreuses personnes avec qui nous ne sommes pas intimes, mais qui n'en contribuent pas moins à nous aider à élaborer notre identité. Les voisins, facteurs, employés de banque, vendeurs et bien d'autres peuvent être des personnages familiers avec qui nous échangeons chaque jour des saluts amicaux, tout en étant des gens sur la vie desquels nous ne connaissons presque rien. Pourtant, si l'un d'eux disparaît pour être remplacé par quelqu'un d'autre, nous éprouvons un sentiment de perte, si fugitif soit-il. Nous disons que nous étions « habitués » à Untel; en réalité, ce qui nous manque désormais, c'est la reconnaissance mutuelle, le signe montrant que nous avons conscience de l'existence de l'autre et, partant, une affirmation, même insignifiante, du fait que chacun contribue réciproquement au schéma de la vie.

Les rapports de cet ordre jouent un rôle plus important dans la vie de la plupart d'entre nous qu'on ne le reconnaît généralement. Lorsque des gens partent à la retraite, les silhouettes familières qui leur fournissaient la reconnaissance et l'affirmation mentionnées plus haut leur manquent. L'idée que la plupart des êtres humains veulent être aimés est généralement acceptée. Le désir d'être reconnu est au moins aussi important.

Dans les sociétés occidentales d'aujourd'hui, un grand nombre de gens mènent des vies dans lesquelles les relations intimes ne jouent guère de rôle, même s'ils ont conscience de ce manque et tentent de le compenser par des fantasmes. Au lieu d'être axée sur un conjoint et des enfants, leur vie est articulée autour du lieu de travail où ils ne sont peut-être pas aimés, mais où ils sont du moins reconnus et estimés. C'est souvent pour cela que les personnes qui éprouvent un besoin particulier d'être reconnues, peut-être parce que leurs parents les négligeaient quand elles étaient enfants, ont envie de travailler dans des bureaux. Certes, il existe des tâches qui nécessitent de courtes périodes de concentration solitaire, mais la plupart des employés de bureau passent relativement peu de temps seuls, sans interaction humaine, et, pour la majorité d'entre eux, il semble que ce soit un des éléments séduisants de leur métier.

L'importance que revêtent les rapports moins intimes et même relativement superficiels, dans la vie de la plupart d'entre nous, est aussi attestée par le genre de conversation que nous avons avec de simples connaissances. Lorsque des voisins se rencontrent dans la rue, ils peuvent parler du temps qu'il fait pour entamer la conversation. Toutefois, si l'échange se prolonge un tant soit peu, il y a de fortes chances pour qu'il porte sur les autres voisins. Il n'y a pas jusqu'aux plus intellectuels d'entre nous qui ne s'intéressent aux cancans, même s'ils feignent de les mépriser. Il serait intéressant de savoir quelle proportion de la conversation consiste à parler de la vie d'autrui, en comparaison de celle où l'on parle littérature, musique, beaux-arts, idées ou argent. Même dans les milieux les plus évolués, la proportion est sûrement loin d'être faible.

L'incapacité à former, ou à poursuivre, le genre d'attachements intimes que les tenants de la théorie des relations d'objet persistent à nous désigner comme principale source du sens de la vie ne signifie pas qu'une personne est nécessairement coupée des autres rapports humains, moins intimes. Bien qu'il soit certainement plus difficile à la plupart des gens de donner un sens à leur vie s'ils n'ont pas d'attachements très proches, beaucoup d'entre nous peuvent avoir des vies équilibrées et satisfaisantes, fondées sur un mélange de travail et de relations plus superficielles, et ils ne s'en privent pas. Edward Gibbon, que j'ai cité dans mon introduction, en est un bon exemple. Nous devrions aussi nous rappeler que certaines personnes exceptionnelles ont enduré de longues périodes de détention solitaire sans en arriver à se dire que leurs vies étaient dépourvues de sens et que d'autres ont même délibérément cherché à s'assurer des semaines, voire des mois de solitude, pour des raisons sur lesquelles nous reviendrons.

Bowlby, dans l'avant-dernier paragraphe du troisième et dernier tome d'*Attachement et Perte*, écrit :

> Les attachements intimes à d'autres êtres humains sont le pivot autour duquel la vie d'une personne tourne, non seulement lorsqu'on est un nourrisson, un tout petit enfant ou un écolier, mais aussi tout au long de son adolescence et de ses années de maturité et jusque dans sa vieillesse. C'est de ces attachements intimes qu'il tire sa force et sa joie de vivre et, grâce à sa propre contribution, il donne de la force et du plaisir aux autres. Voici un sujet sur lequel la science actuelle et les idées reçues sont unanimes [6].

Depuis que j'ai pris pour la première fois connaissance du travail de Bowlby, je suis resté un de ses admirateurs. Par sa constante insistance à voir les observations psychanalytiques toujours étayées par des études objectives et par la façon dont il a utilisé les concepts éthologiques, il a fait plus que tout autre psychanalyste pour rattacher la psychanalyse à la science. Cependant, à mon sens, sa théorie de l'attachement ne fait pas suffisamment justice à l'importance du travail, à la valeur émotionnelle de ce qui se passe dans l'esprit de l'individu lorsqu'il est seul et, plus spécialement, à la position centrale occupée par l'imagination chez ceux qui sont capables de travail créateur. Les attachements intimes sont l'*un* des centres autour desquels tourne la vie de l'homme, mais pas forcément le seul.

2

LA FACULTÉ D'ÊTRE SEUL

Il se faut réserver une arière boutique toute nostre, toute franche, en laquelle nous establissons nostre vraye liberté et principale retraite et solitude.

MONTAIGNE

Durant les premiers mois de vie et la petite enfance, l'attachement aux parents ou à ceux qui en tiennent lieu est essentiel à la survie de l'enfant; ensuite, un attachement solide est sans doute nécessaire pour qu'il puisse devenir un adulte capable de nouer d'égal à égal des rapports d'intimité avec d'autres adultes. Bien que les foyers brisés soient déplorablement communs dans la société occidentale, les parents qui se soucient du bien-être de leurs enfants s'efforcent de les entourer d'une stabilité et d'un amour qui favoriseront un attachement solide et une solide confiance en soi. En outre, la plupart des parents tenteront de veiller à ce que leurs enfants aient de nombreuses occasions de fréquenter d'autres enfants de leur âge et de jouer avec eux. Tant chez les grands primates que chez les êtres humains, un attachement solide entre la mère et son bébé encourage un comportement d'exploration *. Un enfant sûr de la disponibilité de sa mère aura généralement envie d'explorer son environnement immédiat, de s'amuser avec des jouets et de prendre contact avec tout ce qui se trouvera dans la pièce, y compris d'autres enfants. Certains faits semblent indiquer que, dès dix-huit mois, les enfants tirent profit des échanges qu'ils peuvent avoir avec des petits compagnons. Il est certain que l'interaction avec des enfants du même âge fournit d'excellentes occasions de faire son apprentissage social, ce qui n'est pas le cas de l'interaction parent-enfant.

Par exemple, les jeux où l'on se bouscule, importants pour apprendre à faire face à l'agression, sont communs entre enfants du même âge, mais rares entre parent et enfant. Les attitudes envers la sexualité sont généralement acquises au contact d'autres enfants plutôt que reçues des parents. L'étude d'adultes se plaignant de problèmes sexuels révèle souvent qu'enfants, ils ont vécu dans un isolement inhabituel. N'ayant pu apprendre des autres enfants que la curiosité et les pulsions sexuelles sont universelles, ils ont grandi en se croyant différents des autres, peut-être même anormalement vicieux.

Nous avons vu que la plupart des êtres humains adultes veulent à la fois des rapports d'intimité et le sentiment d'appartenir à une communauté. Dans l'enfance, un attachement solide aux parents ou à ceux qui en tiennent lieu est crucial, mais les relations avec d'autres enfants fournissent aussi une expérience sociale d'un genre irremplaçable.

Il y a eu et il continue à y avoir de nombreuses recherches sur ces deux aspects du développement de l'enfant, mais on n'a en revanche jamais ou presque essayé de savoir s'il était bon pour les enfants d'être

---

* Cf. *Symbiose et Séparation*. Louise Kaplan, Laffont éd., Coll. Réponses.

seuls. Pourtant, si l'on tient pour désirable la nécessité d'encourager le développement de l'imagination chez un enfant, on devrait veiller à ce que celui-ci, dès qu'il sera assez grand pour y prendre plaisir, ait le temps et la possibilité de s'isoler. Parvenus à l'âge adulte, beaucoup de créateurs ont rapporté qu'ils avaient éprouvé dans leur enfance des sentiments d'union mystique avec la nature; des états particuliers de conscience exacerbée; des « signes de l'immortalité », pour reprendre la formule de Wordsworth. On doit des récits de ce genre à des plumes aussi diverses que celles de Walt Whitman, Arthur Koestler, Edmund Gosse, A.L. Rowse et C.S. Lewis. On peut être sûr que ces moments ne surviennent pas quand l'enfant est en train de jouer au football, mais quand il est tout seul. La description de Bernard Berenson est spécialement éloquente. Il fait allusion à des moments où il s'est perdu dans « un instant de parfaite harmonie ».

> Durant l'enfance et l'adolescence, cette extase s'emparait de moi lorsque j'étais heureux au grand air. Avais-je cinq ans, six ans? Pas encore sept, en tout cas. C'était un beau matin du début de l'été. Une légère brume argentée chatoyait et tremblait au-dessus des tilleuls. L'air était chargé de leur parfum. La température était comme une caresse. Je me rappelle – je n'ai même pas besoin d'évoquer ce souvenir – être grimpé sur une souche et m'être soudain senti plongé dans le Ça. Je ne lui donnai pas ce nom. Je n'avais pas besoin de mots. Ça et moi ne faisions qu'un [1].

A.L. Rowse décrit des expériences analogues lorsqu'il était écolier en Cornouailles :

> Je ne pouvais savoir à cette époque que c'était un avant-goût de la sensation esthétique, une sorte de révélation, devenue depuis pour moi une secrète pierre de

touche de l'expérience, une ressource et une consolation intérieures. Plus tard, encore écolier – mais ayant toutefois descendu la colline jusqu'à l'école secondaire –, je compris, en lisant *Tintern Abbey* et *Intimations of Immortality* de Wordsworth, que c'était d'une telle expérience qu'il parlait [2].

Les psychothérapeutes modernes, moi compris, ont choisi comme critère de la maturité émotionnelle la capacité de l'individu à former des relations matures d'égal à égal. A quelques exceptions près, nous avons omis de considérer que la faculté de rester seul est aussi un aspect de la maturité émotionnelle.

Une de ces exceptions est le psychanalyste Donald Winnicott. En 1958, il a publié une communication sur « La faculté d'être seul », qui est devenue un des classiques de la psychanalyse. Il a écrit :

> Il est probablement vrai de dire que dans la littérature psychanalytique, on a écrit beaucoup plus sur la *peur* d'être seul ou le *désir* d'être seul que sur la *capacité* d'être seul; on a aussi effectué un travail considérable sur le « repli sur soi », organisation défensive qui sous-entend que l'on s'attend à être persécuté. Il me semble qu'une discussion des aspects *positifs* de la faculté d'être seul n'a que trop tardé [3].

Précédemment, j'ai fait référence à l'ouvrage de Bowlby sur l'attachement du bébé humain à sa mère, au début de la vie, et à la séquence *protestation-désespoir-détachement*, qui survient d'habitude lorsque le bébé est séparé de sa mère. Dans des circonstances normales, si aucune coupure désastreuse du lien entre la mère et son nourrisson n'a eu lieu, le bébé devient progressivement capable de tolérer sans angoisse de plus longues périodes d'absence maternelle. Bowlby pense que la confiance dans la disponibilité des personnes auxquelles il est attaché s'accroît peu à peu, tout au long des années d'immaturité et plus particulièrement dans la période comprise entre les âges de six mois et cinq ans, durant laquelle il est le plus facile d'obtenir le comportement d'attachement. Cependant, la sensibilité à la présence ou à l'absence des personnes en question se poursuit jusqu'à l'adolescence bien entamée. De nombreux petits Anglais des classes moyennes qui avaient connu une sécurité totale dans leur petite enfance ont vu leur assurance voler en éclats lorsqu'on les a mis en pension à l'âge de sept ou huit ans.

Il est généralement reconnu qu'un enfant qui se cramponne aux jupes de sa mère manifeste ainsi son insécurité. L'enfant qui ne lui permet pas de le quitter, même pour de courtes périodes, est un enfant qui ne croit pas qu'elle reviendra. Inversement, l'enfant qui a appris à croire à la disponibilité des personnes auxquelles il est attaché pourra de plus en plus souvent supporter sans angoisse l'absence de sa mère. Donc, la faculté d'être seul est un des aspects d'une sécurité intérieure qui s'est accrue au fil des premières années de vie. Il y a certes des enfants qui fuient la compagnie et sont pathologiquement solitaires, c'est-à-dire des enfants qui choisissent ce « repli sur soi » dont parle Winnicott, mais il ne faut surtout pas les confondre avec un enfant qui goûte la solitude dans une certaine mesure. Des enfants qui apprécient l'exercice solitaire de leur imagination peuvent acquérir ainsi une riche créativité.

On peut envisager l'accroissement du sentiment de sécurité comme un processus de conditionnement. La confirmation répétée de la présence des personnes auxquelles il est attaché lorsqu'il a besoin d'elles conditionne l'enfant à nourrir des espoirs favorables quant à leur future disponibilité. Les psychanalystes désignent d'ordinaire ce processus par l'expression *« introjection du bon objet »*; ils entendent par là que la personne à laquelle le sujet est attaché fait désormais partie de son univers intérieur et que c'est donc quelqu'un sur qui il peut compter, même quand elle n'est pas effectivement présente. Cela peut paraître tiré par les cheveux, mais la plupart des gens peuvent se rappeler des occasions où ils se sont dit : « Que ferait Untel à ma place? » Ils comptent alors sur quelqu'un qui, bien qu'il ne soit pas là, dans la réalité, a été incorporé à l'univers de leur imagination en tant que personne vers qui se tourner en cas de dilemme.

Winnicott laisse entendre que la faculté d'être seul, une fois parvenu à l'âge adulte, a son origine dans l'expérience qu'a eue l'enfant d'être *seul en présence de la mère.* Il pose en postulat un état dans lequel les besoins immédiats du bébé – nourriture, chaleur, contact physique et ainsi de suite – ont été satisfaits, en sorte qu'il n'a rien à attendre de sa mère et qu'elle n'a pas à s'inquiéter de fournir quoi que ce soit. Winnicott écrit :

> J'essaie de justifier le paradoxe selon lequel la faculté d'être seul est fondée sur l'expérience d'être seul en présence de quelqu'un et ne peut se développer si cette expérience n'est pas suffisamment répétée [4].

Winnicott poursuit en suggérant de façon fort intéressante que

> ce n'est que lorsqu'il est seul (c'est-à-dire seul en présence de quelqu'un) que le bébé est à même de découvrir sa vie personnelle [5].

Parce qu'ils sont immatures, les bébés ont besoin du soutien d'une autre personne pour que se développe leur sentiment d'être « Je », c'est-à-dire d'être une personne séparée avec une identité séparée. Winnicott pense que le phénomène commence lorsque le bébé est capable de rester dans l'état de détente que constitue l'expérience d'être seul en présence de sa mère. Après avoir passé quelque temps dans cet état, l'enfant commencera à éprouver une sensation ou pulsion. Winnicott avance l'idée que

> dans cette ambiance, la sensation ou pulsion semblera réelle et sera véritablement une expérience personnelle.

Winnicott oppose ce sentiment d'expérience personnelle à ce qu'il appelle

> une fausse existence bâtie sur des réactions à des stimuli extérieurs [6].

Tout au long de sa vie professionnelle, Winnicott s'est particulièrement préoccupé de savoir si l'expérience d'un individu était authentique ou inauthentique. Bon nombre des patients qu'il a traités avaient, pour une raison quelconque, appris dans leur enfance à être hypercomplaisants; c'est-à-dire à vivre en fonction de ce que l'on attendait d'eux ou de ce qui plaisait aux autres ou ne risquait pas, tout au moins, de leur déplaire. Ce sont des patients qui ont édifié ce que Winnicott appelle « un faux self * », à savoir un moi fondé sur la complaisance envers les désirs d'autrui plutôt que sur les propres sentiments de l'individu et sur ses besoins instinctifs. Une personne de ce genre en vient finalement à penser que la vie est vide de sens et futile, parce qu'elle se borne à s'adapter au monde plutôt qu'à y voir un endroit où ses besoins subjectifs pourront être comblés.

Bien que les suppositions de Winnicott concernant l'expérience subjective des bébés soient impossibles à prouver, je trouve ses idées lumineuses. Il donne à penser que la faculté d'être seul dépend à l'origine de ce que

* Faux self ou personnalité « comme si ». (N.d.E.)

Bowlby appellerait un attachement solide : c'est-à-dire du fait que le bébé est capable d'être paisiblement lui-même en présence de sa mère, sans s'angoisser à l'idée de son départ éventuel, ni de ce qu'elle pourrait ou non attendre de lui. En grandissant, l'enfant qui connaît cette sécurité n'aura plus besoin de la constante présence physique de sa mère ou d'une autre personne à qui il serait attaché et saura rester seul sans angoisse pendant des périodes plus longues.

Winnicott, cependant, va plus loin. Il émet l'idée que la faculté d'être seul, d'abord en présence de la mère, puis en son absence, est aussi liée à la faculté individuelle d'entrer en contact avec ses véritables sentiments intérieurs et de les rendre manifestes. Ce n'est que lorsque l'enfant a fait l'expérience du sentiment de satisfaction et de détente éprouvé lorsqu'il est seul avec, puis sans, sa mère qu'il peut être sûr d'être capable de découvrir ce dont il a vraiment besoin ou ce qu'il désire vraiment, indépendamment de ce que les autres peuvent attendre de lui ou essayer de lui imposer.

La faculté d'être seul serait donc liée à la découverte et à la réalisation de soi-même; à la prise de conscience de ses désirs, sentiments et pulsions les plus profonds.

La psychanalyse, elle aussi, cherche à mettre l'individu en contact avec ses sentiments les plus profonds. On pourrait décrire la technique utilisée en disant que l'on encourage le patient à être seul en présence de son analyste. Cette analogie s'applique particulièrement aux méthodes employées aux premiers jours de la psychanalyse, avant que l'analyse du transfert n'ait pris une place aussi importante et centrale. L'utilisation du divan non seulement encourageait le patient à se détendre, mais interdisait en outre le contact oculaire entre analysant et analyste. Cela empêchait le premier de trop se préoccuper de la façon dont le second réagissait à ce qu'il disait et lui permettait donc de se concentrer plus facilement sur son propre univers intérieur.

Certains analystes estiment encore qu'il est au moins aussi important de fournir une atmosphère de sécurité, dans laquelle le patient est à même d'explorer et d'exprimer ses pensées et sentiments les plus intimes, que de lui offrir une quelconque interprétation. Un analyste que j'ai personnellement connu citait en exemple le cas d'un patient qu'il avait vu trois fois par semaine pendant un an. A chaque séance, le patient s'allongeait sur le divan et se plongeait aussitôt dans la libre association. A la fin de l'année, il se déclara guéri et remercia chaudement le praticien. Ce dernier précisa que tout au long de la période en question, il n'avait proposé aucune espèce d'interprétation. Même si l'affaire est légèrement exagérée, l'analogie avec le postulat de Winnicott quant à ce qui survient entre un bébé sécurisé et sa mère est frappante.

Nous avons vu qu'il est possible d'aider les patients en cours d'analyse à nouer de meilleures relations avec autrui en étudiant leur relation avec l'analyste et en agissant à travers elle. Lorsqu'une personne est encouragée à entrer en contact avec ses sentiments les plus profonds et à les exprimer, forte de la certitude qu'elle ne sera ni rejetée, ni critiquée, ni pressée d'être différente de ce qu'elle est, une sorte de réagencement, de processus de tri survient souvent dans l'esprit, apportant avec lui un sentiment de paix; le patient a l'impression d'avoir véritablement sondé les profondeurs du puits de la vérité. Ce processus, qui contribue en soi à la guérison, se trouvera facilité si l'analyste sait créer l'atmosphère de sécurité qui convient, mais il ne dépend pas forcément de ses interprétations. On voit bien que l'histoire du patient qui s'est déclaré guéri, en dépit, ou peut-être à cause, du silence de son analyste, comporte un puissant élément de vérité. Le processus de guérison ressemble fort, alors, à celui qui fait partie du processus créateur dans la solitude.

L'intégration se fait aussi durant le sommeil. Quand nous dormons, nous sommes tout seuls, même si nous partageons notre lit avec un être aimé. Lorsqu'un problème paraît insoluble, la sagesse populaire conseille de laisser passer « une bonne nuit de sommeil » et elle a raison. A qui n'est-il pas arrivé de devoir prendre une décision difficile et d'être allé se coucher sans avoir pu trancher? Or, en se réveillant le lendemain matin, on s'aperçoit souvent que la solution est devenue si évidente qu'on ne comprend même pas comment on a pu hésiter la veille. Un processus d'examen et de mise en ordre s'est déroulé durant le sommeil, processus dont la nature reste mystérieuse.

Un autre exemple d'intégration qui demande du temps, de la solitude et, de préférence, une période de sommeil est le processus de l'étude. Les étudiants constatent souvent qu'ils ont du mal à retenir ou reproduire des données qu'ils ont tenté de mémoriser juste avant de passer un examen. En revanche, des données apprises plus tôt, avant une ou plusieurs « bonnes nuits de sommeil », reviennent beaucoup plus facilement en tête. Il faut croire qu'une réverbération quelconque autour des circuits neuronaux relie les nouvelles données à d'autres plus anciennes et permet de les enregistrer dans les réservoirs à long terme de la mémoire.

Bien que nous passions environ un tiers de notre vie à dormir, on ne comprend pas encore pleinement pourquoi nous avons besoin de sommeil. Ce qui est certain, c'est qu'il nous est en effet indispensable. On s'est d'ailleurs depuis longtemps rendu compte que la privation de sommeil constituait une méthode rapide pour briser la résistance d'un prisonnier que l'on voulait faire parler. Certes, quelques êtres d'exception peuvent survivre sans sommeil pendant d'assez longues périodes et ne pas en pâtir, mais la majorité des personnes normales, après quelques jours et nuits sans sommeil, commencent à manifester des symptômes psychotiques, tels qu'illusions et hallucinations. Il est en outre intéressant de noter que de nombreux épisodes de troubles mentaux sont précédés de périodes d'insomnie.

La fonction d'intégration du sommeil est peut-être liée au rêve. En 1952, Nathaniel Kleitman a découvert qu'il y avait deux types de sommeil, dont on peut montrer, en enregistrant l'activité électrique du cerveau, qu'ils suivent un cycle régulier. Lorsque le sujet se détend et s'endort, les ondes électriques assez rapides qui caractérisent l'activité cérébrale durant l'état de veille sont remplacées par des ondes plus lentes et plus amples. Elles s'accompagnent de mouvements oculaires lents et circulaires que l'on distingue parfaitement à travers les paupières fermées du dormeur et qui sont totalement involontaires. Il est possible de les enregistrer en même temps que les ondes cérébrales. Lorsqu'on s'endort, on sombre très vite dans une phase de sommeil profond d'où on ne vous tirera que difficilement. Au bout de trente ou quarante minutes, le sommeil devient plus léger; la respiration du dormeur se fait plus rapide et plus irrégulière; on discerne de petites crispations du visage et du bout des doigts, et les yeux décrivent des mouvements rapides comme si le sujet regardait effectivement quelque chose. Cette phase de mouvements oculaires, dite aussi phase de sommeil paradoxal, dure une dizaine de minutes. Ensuite, le sujet retombe dans un sommeil plus profond. Le cycle entier dure environ quatre-vingt-dix minutes. Une personne qui dort sept heures et demie passe, en général, entre une heure et demie et deux heures dans cette phase de sommeil paradoxal.

Une importante proportion de ceux que l'on réveille durant le sommeil paradoxal se rappellent un rêve, alors que c'est rarement le cas lorsqu'on est réveillé durant les phases de sommeil plus profond. Autrement dit, il semble que chaque nuit la plupart des gens rêvent durant de courtes périodes toutes les quatre-vingt-dix minutes environ.

Consécutivement à la découverte des deux variétés de sommeil, il devint possible d'empêcher les gens de rêver, tout en leur accordant une période suffisante de sommeil. Les premières expériences au cours desquelles on priva des sujets de sommeil paradoxal donnèrent à penser que le fait de supprimer les rêves produisait toutes sortes de symptômes, mais les expériences ultérieures n'ont pas confirmé ces résultats. Cependant, lorsqu'on cesse d'empêcher des gens de rêver, on constate chez eux un accroissement de la proportion de sommeil paradoxal par rapport au sommeil profond.

On a observé le même phénomène chez les gens qui prennent des barbituriques, des amphétamines ou de l'alcool. Lorsqu'on les empêche d'en prendre, il y a un phénomène de contrecoup. On constate chez le sujet un accroissement du sommeil paradoxal, comme s'il essayait de rattraper le temps perdu. Selon Villiam C. Dement, les schizophrènes en état de rémission montrent un besoin de sommeil paradoxal tout particulier. Au bout de deux nuits sans rêves, à peine, ils témoignent par contrecoup un besoin excessif de sommeil paradoxal. Lorsqu'ils ne sont pas en état de rémission, c'est-à-dire lorsqu'ils manifestent ouvertement des symptômes de schizophrénie, tels qu'hallucinations ou illusions, ou des types de comportement bizarre, caractéristiques de leur maladie, on ne constate aucun besoin accru de sommeil paradoxal après deux nuits de privation [7]. Si d'autres expériences confirment que les psychotiques déclarés n'ont pas besoin de rêver autant que les gens normaux, la vieille idée selon laquelle la schizophrénie consiste à « rêver tout éveillé » devient encore plus convaincante. Inversement, bien que le commun des mortels ne devienne pas psychotique, même si on le prive totalement de sommeil paradoxal, il ne fait aucun doute que nos échappées nocturnes dans l'univers fou des rêves sont probablement bénéfiques à la santé mentale d'une façon que l'on ne comprend pas encore pleinement.

Il semble évident qu'une forme quelconque d'examen ou de reprogrammation prend place dans les rêves, laquelle exerce un effet bénéfique sur le fonctionnement mental ordinaire. Le rêve paraît être adaptatif sur le plan biologique. Stanley Palombo suggère que les rêves sont des tentatives d'harmoniser les expériences passées et présentes. Il pense que

> le rêve compare la représentation d'un événement important sur le plan émotionnel avec celle d'un aspect important sur le plan émotionnel de l'expérience du jour précédent [*].

Cette fonction de traitement des informations, remplie par le rêve, sert à diriger la nouvelle expérience vers la niche appropriée dans la mémoire permanente. Il semble douteux que ce modèle soit valable pour tous les rêves; mais il permet d'expliquer en partie pourquoi, si souvent dans les rêves, le temps paraît n'avoir ni queue ni tête. S'il s'agit de comparer le passé et le présent, il n'est pas étonnant qu'ils semblent se confondre dans les rêves.

Autre exemple d'une espèce de réagencement prenant place dans le cerveau : la phase du processus créateur que Graham Wallas a appelée l'*incubation.* Pour Wallas, la première étape est la *préparation.* Le créateur conçoit un intérêt préliminaire pour un sujet particulier, recueille des données et lit tout ce qui lui tombe sous la main à ce sujet. Ensuite intervient une période durant laquelle les données accumulées « mijotent », si l'on peut dire, ou sont inconsciemment scrutées, comparées à d'autres contenus mentaux, organisées ou complétées. Nous ne comprenons pas ce qui se passe durant cette période d'incubation, mais c'est un prélude nécessaire au stade suivant, celui de l'*illumination*. C'est le moment où le créateur a une nouvelle vision, découvre une solution à son problème ou s'aperçoit, d'une façon quelconque, qu'il peut mettre de l'ordre dans les données accumulées, en ayant recours à un principe directeur ou à une conception globale.

Le temps consacré à l'incubation peut être de quelques minutes ou de quelques mois, voire quelques années. Brahms a dit que lorsqu'une nouvelle idée lui venait, il lui arrivait de se tourner vers autre chose et de ne plus y penser, parfois pendant des mois. Lorsqu'il la reprenait, il constatait que cette idée avait pris, sans qu'il en ait conscience, une forme différente qu'il se mettait alors à travailler.

Il serait absurde de suggérer que la nouvelle idée va se répercuter à travers le réseau cérébral pendant plusieurs mois, à l'exclusion de toute autre chose. Le cerveau est extrêmement complexe et capable d'effectuer simultanément de nombreuses opérations. Toutefois la similitude avec le processus d'examen ou de tri qui survient spontanément dans les rêves ou qui est délibérément encouragé durant la prière ou la méditation est frappante. Ce qui se passe dans le circuit cérébral est un mystère, mais on peut affirmer en toute confiance que ces processus demandent du temps, de la passivité et, de préférence, de la solitude. Les créateurs peuvent avoir besoin ou non de la paix qu'apporte l'isolement physique. Schubert et Mozart, par exemple, étaient capables de se concentrer sur leurs idées dans des conditions qui en auraient distrait bien d'autres. Les observateurs ont généralement noté, cependant, que de tels hommes sont profondément absorbés dans leurs pensées, même lorsqu'ils se trouvent en compagnie. La description paradoxale de Winnicott, « être seul en présence de », peut s'appliquer non seulement au bébé avec sa mère, mais aussi à ceux qui sont capables d'une concentration et d'une attention intenses concernant leurs propres démarches intérieures, alors même qu'ils sont entourés.

Le fait que les processus mentaux du type décrit plus haut demandent du temps et que l'incubation qui aura pour résultat de nouvelles visions risque de nécessiter de longues périodes de gestation peut être aussi relié à un facteur que certains chercheurs ont distingué comme étant caractéristique de l'intelligence humaine. Le comportement intelligent a été défini comme « un comportement variable sur le plan de l'adaptation durant la vie de l'individu [9] ». C'est le contraire du comportement régi par des schémas préprogrammés, typique de nombreuses espèces situées plus bas sur l'échelle de l'évolution. Le comportement déterminé par des réactions congénitales aux stimuli de l'environnement est à la fois automatique et immédiat. Le comportement humain, qui dans la plupart des cas est beaucoup plus souple, ne dépend pas seulement de l'apprentissage et, partant, de la mémoire, mais aussi de la faculté de ne *pas* réagir de façon automatique et immédiate à un stimulus donné. Selon Stenhouse, pour que le comportement intelligent découle du comportement instinctif, trois facteurs doivent être analysés.

> Le facteur le plus important est celui qui donne à chaque animal le pouvoir de *ne pas réagir* de la façon habituelle à la situation de stimulus qui jusque-là avait déclenché une séquence instinctive culminant dans un acte consommatoire. Ce pouvoir de ne pas réagir peut être absolu ou être simplement lié à la faculté de retarder la réaction – de la contenir provisoirement, si l'on veut – mais son absence nierait la possibilité même de la variabilité adaptative dans le comportement [10].

Si l'individu doit produire une nouvelle réaction à une situation donnée, il doit être capable d'apprendre et aussi de mettre en réserve ce qu'il a appris. Le deuxième facteur de Stenhouse est le développement d'une mémoire centrale dans laquelle les différentes données reliées sur le plan fonctionnel peuvent être stockées et qui servira de critère pour évaluer les expériences nouvelles. Nous avons déjà parlé de l'idée de Palombo selon laquelle les rêves ont peut-être trait au processus qui consiste à trier et à comparer les expériences nouvelles aux anciennes.

Le troisième facteur de Stenhouse est le développement d'une faculté d'abstraction ou de généralisation.

> Si l'on doit choisir certaines données mises en mémoire plutôt que d'autres pour modifier le comportement actuel, il doit exister une capacité de percevoir les similarités et les différences [11].

Cette capacité est présente, à un moindre degré, chez tous les animaux capables de tirer les leçons de leurs expériences, mais elle est particulièrement développée chez l'homme.

L'idée que le comportement intelligent dépend de la faculté de ne pas réagir immédiatement à une situation donnée peut, elle aussi, être liée au phénomène du rêve. Dans les rêves, il nous arrive de nous voir occupés à voyager, marcher, courir, lutter ou nous livrer à toutes sortes d'autres activités physiques. Pourtant, dans la réalité, les rêveurs ne remuent que fort peu, en dehors de mouvements oculaires rapides et de quelques crispations des membres. Il y a donc une inhibition des centres moteurs du cerveau, alors même que le cortex indique une activité cérébrale accrue. Des expériences sur les chats ont montré que, si la partie du cerveau chargée d'inhiber les centres moteurs est détruite, l'animal « mimera » ses rêves, en se montrant agressif ou joueur durant son sommeil. L'inhibition de l'activité motrice qui survient dans les rêves peut être considérée comme un moyen de retarder les réactions immédiates, de façon à ce qu'une activité de tri puisse s'opérer dans le cerveau.

Une inhibition comparable de l'activité motrice a lieu quand nous sommes éveillés et occupés à *réfléchir*. La réflexion peut passer pour le préliminaire de l'action; un examen des possibilités, un enchaînement des concepts, un passage en revue des stratégies possibles. Pour finir, la réflexion a pour résultat une action physique quelconque, même s'il ne s'agit de rien de plus énergique que d'appuyer sur les touches d'une machine à écrire. Tant que dure la réflexion, cependant, cette éventuelle action doit être différée. Or, beaucoup de gens ont du mal à différer ainsi l'action et se livrent à une quelconque activité de déplacement, pendant qu'ils réfléchissent; ils font, par exemple, les cent pas, ou fument ou encore tripotent un crayon. La réflexion est presque toujours une activité solitaire, même si d'autres personnes sont présentes, lorsqu'on s'absorbe ainsi dans ses pensées.

On pourrait aussi rapprocher la prière du concept de « la faculté d'être seul » proposé par Winnicott. La prière, en effet, est bien autre chose que de solliciter des bienfaits pour soi-même ou pour d'autres. Elle peut être un acte public d'adoration; toutefois, quiconque prie en privé a le sentiment d'être seul en présence de Dieu. C'est une autre façon de mettre l'individu en contact avec ses sentiments les plus profonds. Selon certaines religions, celui qui prie n'attend même pas de réponse de l'être surnaturel auquel il s'adresse. La prière est faite non pas dans l'intention d'influencer une déité, ni dans l'espoir de voir ses souhaits directement réalisés, mais afin de parvenir à un état d'esprit harmonieux. La prière et la méditation facilitent l'intégration en donnant à des pensées et sentiments sans rapports préalables entre eux le temps d'agir les uns sur les autres. Être capable d'entrer en contact avec ses pensées et sentiments les plus profonds et leur donner le temps de se regrouper selon de nouvelles formations, de nouvelles combinaisons, voilà deux aspects importants du processus créateur, ainsi qu'un moyen de soulager la tension et de favoriser la santé mentale.

Il semble donc qu'un certain développement de la faculté d'être seul soit nécessaire pour que le cerveau ait un rendement optimal et que l'individu réalise pleinement son potentiel. Les êtres humains se laissent facilement détourner de leurs propres besoins et sentiments profonds. Apprendre, réfléchir, innover et maintenir le contact avec son univers intérieur : autant d'opérations facilitées par la solitude.

3

A QUOI SERT LA SOLITUDE?

Dans le tumulte des hommes et des événements, la solitude était ma tentation. Maintenant, elle est mon amie. De quelle autre se contenter quand on a rencontré l'Histoire?

Charles de GAULLE

La faculté d'être seul est une ressource précieuse lorsqu'on a besoin de modifier son attitude mentale. Après un bouleversement dans ses conditions de vie, une réévaluation fondamentale de l'importance et du sens de l'existence peut s'imposer. Dans une culture où les relations interpersonnelles passent, d'une manière générale, pour fournir la réponse à toutes les formes de détresse, il est parfois difficile de persuader ceux qui se portent à votre secours, animés par les meilleures intentions du monde, que la solitude peut être aussi thérapeutique que le soutien émotionnel.

Un pénible bouleversement, dont presque tout le monde fait l'expérience, est le deuil; que l'on perde un conjoint, un enfant, un parent ou des frères et sœurs. Les recherches ont confirmé la supposition fort raisonnable qu'il faut du temps pour se faire à la perte d'un être cher; elles ont aussi révélé que le processus du deuil peut être entravé par les diverses mesures défensives auxquelles les êtres humains ont recours, lorsqu'ils veulent éviter d'éprouver des sentiments douloureux.

Certaines de ces mesures sont renforcées et sanctifiées par la répugnance que montrent le plus souvent les classes supérieures et moyennes dès qu'il s'agit d'exprimer ouvertement ses émotions. L'homme qui vient de perdre une épouse tendrement chérie, mais qui n'en continue pas moins à se rendre au bureau, comme d'habitude, qui ne fait aucune allusion à son deuil et qui fait même peut-être des heures supplémentaires, sera généralement admiré. C'est en partie parce que nous apprécions le stoïcisme et en partie parce que celui qui souffre sans mettre à nu ses sentiments épargne à ses semblables des échanges embarrassants. Nombreux sont les gens qui ne savent pas quoi dire à une personne qui vient de subir un deuil. Si cette dernière se comporte comme si de rien n'était, ses amis peuvent n'être que trop contents d'en conclure qu'elle ne désire pas entendre leurs manifestations de sympathie.

Or, c'est à mauvais escient que l'on admire ce genre de courage. Tous les psychothérapeutes ont eu un jour à traiter des patients chez qui le deuil a été différé et n'a pas été mené à son terme, parce qu'ils se sont efforcés, face à leur perte, d'adopter le masque du courage ou de l'indifférence. Lorsque le défunt est mentionné en cours de psychothérapie, le patient manifestera parfois un chagrin incontrôlable, alors que la perte a eu lieu plusieurs mois, voire plusieurs années auparavant.

Des études objectives ont montré que les veuves qui ne manifestent pas d'émotion immédiatement après le décès de leur mari souffrent d'un plus grand nombre de symptômes physiques et psychologiques au cours du mois suivant, restent perturbées plus longtemps; et treize mois après leur deuil manifestent toujours plus de troubles que celles qui ont pu « s'effondrer » durant la première semaine [1].

De nombreuses cultures fournissent la période de deuil nécessaire en interdisant à la personne concernée de travailler ou de prendre part aux activités ordinaires. Dans le chapitre précédent, nous avons mentionné certains processus psychiques, comme l'incubation, qui exigent beaucoup de temps pour parvenir à terme. Le deuil est un autre exemple de processus qui se prolonge parfois énormément. Dans la Grèce rurale, les femmes doivent porter le deuil pendant cinq ans, durant lesquels elles s'habillent en noir, se rendent tous les jours sur la tombe du défunt et commencent à converser avec lui. Bien souvent, la tombe est personnifiée : plutôt que de dire qu'elle se rend sur la tombe de son mari ou de sa fille, la femme dit qu'elle va rendre visite au défunt. Les rites obligatoires ont pour effet de souligner la réalité de la perte.

> De nombreux villageois grecs pratiquent ce que l'on pourrait appeler une théorie indigène de la catharsis. Ils reconnaissent que, même s'il est fort désirable de se plonger entièrement dans les émotions de la douleur et du chagrin, l'objectif suprême d'une femme en deuil doit être de se purger de ces émotions en les exprimant de façon répétée [2].

La fin du deuil, l'acceptation de la mort, prend place après l'exhumation de la dépouille. Les os du défunt sont alors réunis, placés dans une boîte métallique et vont rejoindre les restes d'autres villageois dans l'ossuaire de l'endroit.

> Une nouvelle réalité sociale est édifiée qui permet à la personne endeuillée de vivre plus pleinement dans un monde auquel le défunt n'a aucune part... Le processus est effectué par le biais d'une diminution progressive de

> l'intensité des émotions liées à la mort, par celui de la formation de nouveaux rapports sociaux avec de nouveaux êtres chers, et par le biais d'une constante confrontation avec les faits objectifs de la mort, dont le point culminant est l'exhumation des os du défunt. Le résultat de ce processus est une acceptation aussi complète que possible de la nature définitive et irréversible de la mort [1].

A la suite d'un deuil, les juifs orthodoxes sont censés rester calfeutrés chez eux, à l'exception d'une visite quotidienne à la synagogue, tandis que d'autres personnes se chargent de pourvoir à leurs besoins matériels. Bien que Murray Parkes mette en doute l'efficacité des coutumes juives dans certaines familles, ma propre expérience, assez limitée, me laisse penser que la ségrégation partielle de la personne endeuillée et l'interdiction de poursuivre des activités normales sont bénéfiques. Se résigner à la perte est un processus difficile, douloureux et en grande partie solitaire, qui peut être différé plutôt que facilité par les dérivatifs. Tout rite qui soulignera le fait que le deuil est une expérience profondément traumatisante est un bienfait. Aujourd'hui, la religion connaît un net déclin et il y a peu d'indications concernant ce que l'on attend des personnes endeuillées. Il était probablement plus facile pour elles de procéder à l'ajustement nécessaire lorsque leur deuil était affiché par l'adoption de vêtements noirs et sa durée fixée par les conventions.

Même si le soutien et la sympathie de la famille et des amis apportent un secours aux personnes endeuillées, on ne saurait entièrement partager avec quiconque les épreuves imposées par la perte d'un être aimé qui vous était très proche. Le processus est tout à fait privé, parce qu'il est si étroitement lié à des détails intimes qu'il aurait été impossible de partager avec une tierce personne lorsque le défunt était encore en vie. Le « travail » du deuil est, de par sa nature, un phénomène qui s'accomplit durant les heures de veille et dans les recoins solitaires de l'esprit de chacun.

Le deuil est un de ces processus mentaux prolongés qui mènent à un éventuel changement d'attitude. Au lieu de considérer que la vie est nécessairement liée à l'existence d'une relation intime avec le défunt, voire constituée par elle, la personne endeuillée en arrive à voir les choses différemment. Elle peut former de nouveaux liens intimes; mais qu'elle le fasse ou non, elle en vient d'ordinaire à comprendre que le sens de la vie ne dépend pas entièrement des rapports d'intimité et que la vie de quelqu'un qui n'entretient pas de tels rapports a aussi un sens.

Les changements d'attitude demandent du temps, parce que nos façons de voir la vie et de nous voir nous-mêmes deviennent si aisément routinières. Aux débuts de la psychanalyse, les analystes rechignaient à traiter des patients quinquagénaires ou plus âgés, parce qu'ils estimaient trop faible la possibilité de parvenir à les faire changer de comportement. Par la suite, on a compris que même les personnes âgées sont capables de changer et d'innover. Certaines personnes ont beaucoup de mal à s'adapter aux changements, mais ce manque de souplesse est davantage le fait d'une personnalité obsessionnelle que de l'âge.

Chez les jeunes comme chez les vieux, les changements d'attitude sont facilités par la solitude et bien souvent aussi par un changement d'environnement. Cela, parce que les attitudes et le comportement habituels sont souvent renforcés par les conditions extérieures. Pour prendre un exemple banal, quiconque a un jour tenté d'arrêter de fumer s'est aperçu que le désir de cigarette dépend souvent de signaux émis par l'environnement, qui reviennent à intervalles réguliers. Quand on finit de manger, que l'on s'assoit pour travailler derrière son bureau familier, que l'on se sert à boire après le travail; tous ces insignifiants stimuli de renforcement sont bien connus de tous ceux qui ont voulu se soustraire à l'esclavage du tabac. C'est pourquoi beaucoup de gens trouvent plus facile d'arrêter de fumer lorsqu'ils sont en vacances. Dans un cadre nouveau, où l'on ne fait plus la même chose à la même heure tous les jours, les signaux de l'environnement disparaissent ou perdent une partie de leur force.

Les vacances permettent d'échapper à la routine de la vie quotidienne. Quand nous avons besoin de vacances, nous disons souvent qu'il nous faut « changer d'air ». Les vacances et la faculté de changer vont de pair. Le mot « retraite » comporte lui aussi des connotations analogues. Certes, la retraite face à l'ennemi risque de précéder la défaite, mais ce n'est pas forcément vrai : *reculer pour mieux sauter* s'applique à une variété de manœuvres mentales et physiques, notamment le sommeil, le repos et la récréation. Le mot « retraite » peut d'ailleurs désigner un laps de temps et, par extension, un lieu, spécialement conçu pour la méditation religieuse et de discrètes dévotions. « The Retreat » (la retraite) est le nom de l'un des plus célèbres asiles d'aliénés de Grande-Bretagne, fondé en 1792 et qui existe toujours, où le pionnier de la médecine mentale, Samuel Tuke, institua un régime de tolérance, de bonté et de contraintes minimales. En leur fournissant un havre de sécurité, à l'abri des harcèlements du monde extérieur, on espérait effectuer un changement salutaire dans les esprits dérangés des malades mentaux.

Le même concept sous-tendait la « cure de repos » prônée pour les troubles mentaux par Silas Weir Mitchell, neurologue américain exerçant vers la fin du XIXe siècle. Au siècle suivant, ce fut la « narcose continue » ou « cure de sommeil » qui succéda à cette idée; c'est une technique qui consiste à maintenir les patients endormis, à l'aide de médicaments, pendant vingt heures ou plus sur vingt-quatre. Comme nous l'avons vu, les médicaments, en inhibant le sommeil paradoxal, ont tendance à empêcher le sommeil de dévider « l'écheveau embrouillé des soucis » aussi efficacement qu'il le fait quand il reste tout à fait naturel, ce qui explique peut-être pourquoi cette méthode n'est plus utilisée.

Tant pour la cure de repos que pour la cure de sommeil, le patient devait être éloigné de sa famille et partiellement isolé. De nos jours, les manuels de psychiatrie précisent rarement que l'isolement peut être thérapeutique. On met plutôt l'accent sur la participation à des activités de groupe, la « thérapie de milieu », les réunions de service, l'interaction entre le personnel médical et les patients, la thérapie occupationnelle, la thérapie artistique et tous les autres moyens que l'on a pu concevoir pour tenir les malades mentaux constamment occupés et les aider à maintenir le contact non seulement avec les médecins et les infirmières, mais aussi avec les autres patients. Dans le cas des schizophrènes, trop facilement enclins à se couper complètement du monde extérieur, cette activité incessante est probablement bénéfique. Je suis moins convaincu de sa valeur en ce qui concerne les patients dépressifs; et je regrette que la grande majorité des hôpitaux psychiatriques ne soient pas en mesure de satisfaire les patients qui désirent être seuls et à qui cela ferait du bien.

Les grands chefs religieux ont tous compris que la solitude favorise les intuitions au même titre que le changement; d'ordinaire, ils ont commencé par se retirer du monde avant de revenir y partager ce qui leur avait été révélé. Même si les récits varient, la lumière qui s'est finalement faite dans l'esprit de Bouddha, alors qu'il méditait sous un arbre sur les rives de la Neranjara, fut, dit-on, l'apogée d'une longue réflexion sur la condition humaine. Jésus, si l'on en croit aussi bien saint Matthieu que saint Luc, a passé quarante jours dans le désert, soumis aux tentations du démon, avant de revenir proclamer son message de repentir et de salut. Mahomet, tous les ans durant le mois du Ramadan, se retirait du monde pour gagner la grotte de Hera. Sainte Catherine de Sienne passa trois années recluse dans sa petite chambre de la Via Benincasa, durant lesquelles elle eut toute une série d'expériences mystiques, avant de se lancer dans une existence active d'enseignement et de prédication.

Dans la culture occidentale contemporaine, la paix de la solitude est bien difficile à atteindre. Le téléphone constitue une menace permanente. Dans les grandes villes, il est impossible de se soustraire aux bruits de la circulation automobile, aérienne ou ferroviaire. Cela n'est certes pas un problème récent. Dès avant l'invention de l'automobile, les rues des villes étaient peut-être encore plus bruyantes que ce que nous connaissons. Les roues cerclées de fer des charrettes passant sur les pavés inégaux faisaient beaucoup plus de vacarme que les pneus sur le macadam. Toutefois le niveau général du bruit dans les villes est en augmentation constante, en dépit des tentatives faites pour le contrôler légalement.

A vrai dire, le bruit est un phénomène si universel que beaucoup de gens se sentent mal à l'aise quand il n'y en a pas. D'où la menace de cette « musique d'ambiance » ou de fond qui a envahi les boutiques, les hôtels, les avions et jusqu'aux ascenseurs. Certains automobilistes déclarent que la conduite les détend, tout simplement parce qu'ils se retrouvent seuls et momentanément inaccessibles aux autres. Toutefois la popularité des autoradios et lecteurs de cassettes atteste le désir très répandu d'un fond sonore permanent, et la possibilité de faire désormais installer un téléphone dans sa voiture permet aux conducteurs de ne jamais perdre le contact avec ceux qui désirent leur parler. Nous étudierons plus loin certains aspects de la « privation sensorielle ». Comme l'ont découvert les partisans de la lutte contre le bruit, son contraire, la surcharge sensorielle, est un problème en grande partie négligé. L'actuelle vogue de pratiques telles que la « méditation transcendantale » représente peut-être une tentative de faire contrepoids à l'absence de silence et de solitude que nous inflige l'environnement urbain moderne.

Le fait de s'extraire volontairement de son environnement habituel encourage la compréhension de soi-même et la prise de contact avec les profondeurs intimes de l'être, qui vous échappent dans le tohu-bohu de la vie quotidienne. En règle générale, le sens que nous avons de notre propre identité dépend d'une interaction à la fois avec le monde physique et avec autrui. Mon bureau, dont les murs sont tapissés de livres, reflète mes intérêts, confirme mon identité d'écrivain et renforce mon sentiment sur le genre de personne que je pense être. Mes rapports avec ma famille, mes collègues, mes amis et mes relations moins intimes me définissent comme étant un homme qui professe certaines opinions et que l'on peut s'attendre à voir se comporter de façon prévisible.

Je puis toutefois en venir à penser que ces facteurs qui me définissent d'habitude ont aussi l'inconvénient de me limiter. Supposons que je sois insatisfait de ma personnalité ordinaire, ou que j'estime qu'il y a des zones d'expérience ou de compréhension de moi-même que je ne parviens pas à atteindre. Une façon de les explorer est de quitter mon cadre du moment et de voir ce qui se passe. La chose n'est pas sans danger. Toute forme de nouvelle organisation ou intégration à l'intérieur du cerveau doit être précédée, dans une certaine mesure, d'une désorganisation. Or nul ne peut dire, tant qu'il n'en a pas fait l'expérience, si oui ou non quelque chose de mieux succédera à cet éclatement des anciens schémas.

Le désir de solitude en tant que moyen d'échapper aux pressions de la vie quotidienne et de se régénérer a été illustré de façon frappante par l'amiral Byrd qui a retracé par écrit sa surveillance d'une base météorologique avancée de l'Antarctique, durant l'hiver de 1934. Il insista pour accomplir seul cette tâche. Il reconnaît que sa volonté de tenter pareille expérience n'était pas liée principalement à son désir de faire des observations scientifiques, même si celles-ci constituaient le but avoué de ce long séjour solitaire.

> En dehors du travail météorologique et auroral, je n'avais aucun objectif important. Il n'y avait rien de semblable. Rien d'autre, en fait, que le désir d'un homme de faire pleinement une telle expérience, d'être pour un temps livré à lui-même et de savourer la paix, la tranquillité, la solitude assez longtemps pour découvrir l'étendue réelle de leurs vertus [4].

Ce n'était nullement un malheur d'ordre personnel que Byrd cherchait à fuir, car il se dépeint comme un homme extraordinairement heureux dans sa vie privée. Néanmoins les tensions endurées pour organiser toutes sortes d'expéditions au cours des quatorze années précédentes, combinées aux préoccupations liées à leur financement et à l'inévitable publicité qui entourait ses exploits, engendrèrent ce qu'il appelle « une confusion envahissante ». Il en arriva à un point où sa vie lui paraissait vide de sens. Il avait l'impression de ne plus avoir le temps de lire les livres qui le tentaient, d'écouter la musique qui le séduisait.

> Je voulais autre chose que le simple isolement au sens géographique du terme. Je voulais prendre racine dans quelque philosophie régénératrice [5].

Il reconnaît aussi qu'il voulait mettre à l'épreuve ses capacités d'endurance en menant une existence plus rigoureuse que tout ce qu'il avait connu jusque-là. Son espoir de trouver un sens nouveau à la vie fut comblé. Il écrivit dans son journal, à la date du 14 avril :

> Aujourd'hui, j'ai fait ma promenade quotidienne à 16 heures par moins trente degrés... Je me suis arrêté pour écouter le silence... Le jour mourait, la nuit naissait – mais dans une paix infinie. Il y avait là des processus impondérables et des forces du cosmos, dans un silence harmonieux. L'harmonie, c'était bien cela! Voilà ce qui surgissait du silence – un doux rythme, les échos d'un accord parfait, était-ce la musique des sphères?
>
> Il me suffisait de saisir ce rythme, d'en faire moi-même partie, momentanément. En cet instant, je n'eus pas le moindre doute du fait que l'homme ne faisait qu'un avec l'univers. La conviction me vint que ce rythme était trop bien ordonné, trop harmonieux, trop parfait pour être le résultat d'un hasard aveugle – qu'il devait donc y avoir un sens à tout cela et que l'homme faisait partie de ce tout et n'était pas un simple caprice de la nature. C'était une sensation qui transcendait la raison; qui s'insérait jusqu'au cœur du désespoir de l'homme et le trouvait sans fondement. L'univers était un cosmos, pas un chaos; l'homme faisait partie de ce cosmos aussi légitimement que le jour et la nuit [6].

En une autre occasion, il déclare se sentir « plus vivant » qu'à toute autre période de sa vie. Malheureusement, Byrd tomba malade, intoxiqué par les émanations d'un poêle défectueux. La seconde partie de son récit concerne avant tout sa lutte contre la faiblesse physique, plutôt que son expérience océanique et mystique. Toutefois, en dépit de l'issue presque fatale de son expérience, Byrd, quatre ans après la fin de cette épreuve, pouvait écrire :

> Je remportai effectivement avec moi quelque chose que je n'avais pas pleinement possédé auparavant : l'appréciation de la beauté pure, du miracle d'être vivant, ainsi qu'un humble ensemble de valeurs... La civilisation n'a point modifié mes idées. Je vis plus simplement à présent et dans une plus grande paix [7].

Ce que décrit Byrd, c'est une expérience mystique d'unité avec l'univers, expérience familière à ceux qui ont pu lire des récits analogues dans les écrits de personnages religieux. Comme le nota William James dans *The Varieties of Religious Experience* * :

> Le fait de surmonter ainsi toutes les barrières habituelles qui séparent l'individu de l'Absolu représente la grande expérience mystique. Dans ces états mystiques, nous fusionnons avec l'Absolu et prenons conscience de cette fusion [8].

Dans son traité, *Malaise dans la civilisation,* Freud se réfère à sa correspondance avec Romain Rolland, à qui il avait envoyé son livre rejetant la religion, *L'Avenir d'une illusion.* Rolland déplorait que Freud n'eût pas saisi quelle était la véritable source du sentiment religieux, qu'il décrivait lui-même comme « une sensation *d'éternité,* un sentiment de quelque chose d'illimité, d'infini – d'*océanique* pour ainsi dire ». Freud affirme qu'il ne parvient pas à trouver en lui-même la moindre trace d'un tel sentiment et poursuit en déclarant que ce que décrit Rolland est « le sentiment d'un lien indissoluble, l'impression de ne faire qu'un avec le monde extérieur dans son ensemble [9] ».

Freud entreprend alors de comparer ce sentiment avec l'apogée de la passion amoureuse, durant laquelle un

* Les variétés de l'expérience religieuse.

homme peut avoir l'impression de ne faire qu'un avec sa bien-aimée. Comme on pourrait s'y attendre, Freud considère le sentiment océanique comme une régression vers un stade antérieur : celui du bébé à la mamelle, avant qu'il n'ait appris à distinguer son ego du monde qui l'entoure. Selon Freud, il s'agit d'un processus progressif.

> Il doit être très fortement impressionné par le fait que certaines sources d'excitation, qu'il reconnaîtra plus tard comme étant ses propres organes corporels, peuvent lui fournir des sensations à tout moment, alors que les autres sources lui échappent de temps en temps – parmi elles celle qu'il désire par-dessus tout, le sein de sa mère – pour ne reparaître qu'en réponse à ses appels à l'aide. De cette façon, se trouve pour la première fois placé au-dessus de l'ego un « objet » sous la forme de quelque chose qui existe « au-dehors » et qu'on ne peut forcer à apparaître que par une action spéciale [10].

Freud n'attache guère d'importance aux protestations de Rolland qui prétend que le sentiment océanique est la source du sentiment religieux. Il affirme, quant à lui, que le besoin de religion a pour origine le sentiment d'impuissance du bébé : « Je ne puis imaginer de besoin plus fort, durant l'enfance, que celui de la *protection d'un père* [11]. » Il reconnaît, toutefois, que le sentiment océanique peut avoir été associé à la religion à un stade ultérieur et subodore que « ne faire qu'un avec l'univers » est

> une première tentative de consolation religieuse, comme s'il s'agissait d'une autre façon de nier le danger dont l'ego se sait menacé par le monde extérieur [12].

Bien qu'il nous arrive, à tous certes, de nous abuser et de prendre nos désirs pour des réalités, l'explication que fournit Freud du sentiment océanique et de sa signification n'est rien moins que convaincante. L'expérience semble plus importante qu'il ne veut bien l'admettre. Les stratégies défensives et les affabulations irréalistes paraissent généralement superficielles et en partie inauthentiques, même à ceux qui les utilisent. Mais quiconque a connu les états d'esprit dépeints par Byrd et William James assure qu'ils ont eu un effet permanent sur sa perception de lui-même et du monde et y voit les moments les plus profonds de son existence. La chose est vraie tant pour qui a eu l'impression de se fondre dans l'univers que pour qui a éprouvé le sentiment de ne faire qu'un avec un être aimé.

Freud avait raison de voir une étroite similarité entre ces deux sortes de fusion, mais tort de les considérer comme de simples régressions. Les sentiments de ce genre sont intensément subjectifs et ne sont guère susceptibles d'être mesurés ou soumis à des examens scientifiques. Cependant, se fondre totalement avec l'univers ou avec un être cher est une expérience tellement profonde que, même si elle n'est que passagère, on ne peut y voir un simple désir d'évasion ou de défense contre une réalité déplaisante.

Il est certes possible que le sentiment océanique soit lié à une expérience infantile précoce, dominée par le sentiment de ne faire qu'un avec la mère. La fusion du sujet et de l'objet, du moi avec la Nature ou avec un être aimé, peut refléter l'unité originelle avec notre mère en qui nous commençons tous notre vie et dont nous nous différencions progressivement pour former deux entités séparées. Mais Freud, peut-être parce qu'il nie lui-même avoir fait une telle expérience, n'y voit qu'une illusion; alors que ceux qui décrivent des sentiments extatiques d'unité les dépeignent généralement comme plus intensément réels que tout autre sentiment dont ils aient gardé le souvenir.

Les expériences extatiques de ce genre sont parfois liées à l'acceptation de la mort, voire à un désir de mort. Wagner, qui idéalisait la passion érotique en tant que prototype de l'union extatique, clôt *Le Vaisseau fantôme* sur la rédemption du Hollandais par l'amour et le suicide de Senta. Il indiqua même dans la partition que l'on devait voir, dans la mise en scène, le couple transfiguré monter au ciel dans la lumière du soleil couchant, au-dessus de l'épave du vaisseau. A la fin du *Crépuscule des dieux*, dernier volet de la tétralogie *L'Anneau des Niebelungen*, Brünhilde enfourche son cheval et bondit au milieu des flammes du bûcher funéraire de Siegfried, pour le rejoindre dans la mort. *Tristan et Isolde* s'achève par la *Liebestod*, la mort d'amour, Isolde extasiée expirant sur le cadavre de Tristan. Wagner a écrit :

> Une seule chose reste vivante : le désir, le désir que rien ne peut assouvir, une nostalgie se perpétuant à tout jamais, un besoin fiévreux; une seule rédemption – la mort, le répit d'exister, le sommeil qui ne connaît point de réveil!... Ayant épuisé sa puissance, le cœur retombe pour se languir de son désir – un désir jamais comblé, car chaque jouissance sème les graines d'un nouveau désir, jusqu'à ce que dans sa lassitude dernière l'œil brisé entrevoie une lueur fugitive de la félicité suprême : c'est celle qui consiste à quitter la vie, à ne plus être, celle de l'ultime rédemption dans ce miraculeux royaume dont nous nous éloignons le plus lorsque nous cherchons à y entrer par la force la plus féroce. L'appellerons-nous la mort? Ou bien n'est-ce point le monde merveilleux de la nuit, d'où – selon la légende – jaillirent un lierre et une vigne enlacés sur la tombe de Tristan et Isolde [13]?

Dans son livre, *Beyond Endurance*, Glin Bennet décrit le sentiment océanique de fusion avec soi-même et avec l'univers qui accompagne les errances solitaires. La quête d'expériences de cet ordre constitue d'ailleurs l'une des raisons de tels voyages, mais elles peuvent comporter la tentation du suicide. Bennet cite le cas de Frank Mulville, navigateur solitaire, qui, dans la mer des Caraïbes, fut saisi par un désir insurmontable de regarder de loin son superbe yacht et qui dut donc se mettre à l'eau pour y parvenir. Le spectacle le séduisit à tel point qu'il fut sérieusement tenté de lâcher la corde qu'il tenait et de se fondre pour l'éternité avec les flots [14].

Bennet donne un autre exemple du même danger, noté par Christiane Ritter. Elle passa plusieurs jours entièrement seule dans une cabane, dans le nord-ouest de l'île de Spitzberg, alors que son mari et son compagnon étaient partis chasser. Elle a décrit toute une variété d'illusions et d'hallucinations, notamment le sentiment de s'être identifiée au clair de lune. Elle rêva aussi d'eau courant sous la glace, qui semblait l'appeler. Après neuf jours de solitude, elle n'osait plus sortir de la cabane [15].

Dans son « Ode à un rossignol », le poète Keats a saisi à la fois l'extase et son lien avec la mort.

Dans l'obscurité, j'écoute; et maintes fois
J'ai été à demi amoureux de la Mort apaisante,
Lui ai dit des mots doux dans maints poèmes rêveurs,
Pour qu'elle emportât dans les airs mon souffle paisible
A présent, plus que jamais il paraît riche de mourir
De cesser d'être au milieu de la nuit, sans souffrir
Tandis que tu déverses ton âme à la ronde
Dans une telle extase [16]!

L'association des états d'âme extatiques et de la mort se comprend aisément. Ces rares moments sont d'une telle perfection qu'il est bien difficile d'en revenir à la banalité et tentant de mettre fin à la vie avant que les tensions, angoisses, chagrins et autres contrariétés ne reviennent y faire irruption.

Pour Freud, la dissolution de l'ego n'est rien d'autre qu'un regard en arrière vers un état infantile qui, certes, était peut-être béat, mais qui représente un paradis perdu qu'aucun adulte ne pourra jamais, et ne devrait pas vouloir regagner. Pour Jung, le fait d'arriver à de tels états est une grande réussite; ce sont des expériences surnaturelles, fruit de longs efforts pour se comprendre et donner un sens à sa vie. Nous étudierons un peu plus loin le concept de l'individuation, de l'union des contraires à l'intérieur du cercle de la psyché individuelle proposé par Jung.

4

LA SOLITUDE FORCÉE

La pire solitude, c'est d'être privé d'amitié sincère.

Francis BACON

Dans le chapitre précédent, nous avons décrit certains des effets bénéfiques d'une solitude librement choisie. Une autre affaire est la solitude imposée par autrui. La détention solitaire est généralement perçue comme un châtiment très dur et, lorsqu'elle s'accompagne de menaces, d'incertitude, de manque de sommeil et d'autres mesures, la victime risque de souffrir d'un effondrement de ses fonctions mentales normales, sans être capable d'accéder à une réintégration compensatoire. En revanche, des conditions de détention moins rigoureuses se sont parfois avérées fertiles. Coupé des distractions de la vie quotidienne, le prisonnier doué d'un potentiel créateur est encouragé à faire appel aux ressources de son imagination. Comme nous le verrons, toute une pléiade d'auteurs ont commencé à écrire en prison, lorsque la chose était autorisée; d'autres y ont traversé des périodes de bouleversement spirituel et mental qu'ils ont ensuite exprimé dans leur œuvre.

A l'origine, les peines d'emprisonnement visaient à amener les criminels au repentir; c'était l'équivalent humanitaire d'atroces châtiments physiques par lesquels les condamnés étaient amputés, marqués au fer rouge, fouettés, roués ou soumis à d'autres tortures et brutales méthodes d'exécution. Les prisons locales, où l'on pouvait enfermer pour un temps les vagabonds, alcooliques, mendiants et autres perturbateurs de l'ordre public, furent largement utilisées pendant des siècles. On y logeait aussi les accusés en instance de jugement et les condamnés attendant leur châtiment. Toutefois, l'emprisonnement en tant que punition spécifique pour des personnes coupables de crimes graves est une sanction relativement récente. Norval Morris prétend que

> la prison est une invention américaine, une invention des quakers de Pennsylvanie durant la dernière décennie du XVIIIe siècle... Dans leur « pénitencier », les quakers avaient l'intention de substituer les propriétés correctrices de l'isolement et du repentir et les effets régénérateurs des propos religieux et des lectures solitaires de la Bible à la brutalité et à l'inutilité de la peine capitale et des châtiments corporels. Ces trois opérations – éloigner le prisonnier de l'influence corruptrice de ses semblables, lui donner le temps de réfléchir et de faire son examen de conscience, lui fournir l'aide des préceptes bibliques – auraient sans aucun doute été d'un grand secours, en cas d'incarcération, aux quakers réfléchis qui conçurent la prison, mais il leur arrivait bien rarement d'échouer entre ses murs. La pertinence de tels remèdes pour la grande masse de ceux qui vinrent ultérieurement peupler le pénitencier est plus contestable [1].

Il s'agit bien sûr d'une litote pleine d'ironie. De nos jours, dans le cadre de la lutte contre le crime, on considère généralement l'emprisonnement comme un remède pire que le mal. Son effet de dissuasion est douteux et son rôle réformateur quasi inexistant. Les prisons renforcent au contraire une sous-culture criminelle en parquant ensemble tous les délinquants. En séparant les condamnés de leur famille, les peines prolongées entraînent la rupture des liens familiaux. Or, la présence d'une famille et d'un soutien social après la remise en liberté est l'un des rares facteurs dont on sache qu'il diminue les probabilités de nouvelle condamnation pour de nouveaux délits, si bien qu'un emprisonnement prolongé accroît indéniablement les risques de récidive. La possibilité de trouver un emploi convenable après la remise en liberté est un autre facteur dont on sait qu'il réduit les probabilités de rechute. Malheureusement, la plupart des sociétés répugnent à dépenser de l'argent pour les prisons et leurs pensionnaires, et les programmes de formation ou d'apprentissage destinés aux détenus sont tout à fait insuffisants.

Dans une prison britannique ordinaire, on a rarement recours à la détention solitaire, sauf en tant que punition relativement brève pour de sérieuses violences. En France, du moins jusqu'à une époque récente, la détention solitaire était utilisée au début des emprisonnements à vie, quoique mitigée par une participation réduite à des activités de groupe. A l'origine, l'isolement était censé encourager le remords et la réforme qui en résulterait, en obligeant le détenu à affronter sa propre conscience. Les cellules dans lesquelles les prisonniers subissaient leur peine étaient copiées sur celles des monastères. Toutefois, les autorités carcérales en vinrent à comprendre que l'isolement infligeait une tension considérable aux détenus et menait à l'instabilité mentale et à un comportement rebelle. Même si la compagnie d'autres criminels risque de renforcer la volonté de vivre dans l'illégalité, on a fini par considérer ce désavantage comme le moindre de deux maux et on reconnaît désormais que les longues périodes d'isolement sont aussi cruelles qu'inefficaces.

En outre, depuis la Seconde Guerre mondiale, la surpopulation des prisons est si aiguë et si permanente que, même si l'on jugeait désirable d'obliger les prisonniers à méditer dans la solitude sur la noirceur de leurs crimes, la chose serait matériellement impossible. Aujourd'hui, les cellules conçues pour un détenu doivent en accueillir trois. Cette situation contrevient au Règlement minimum standard pour le traitement des prisonniers, adopté par le Congrès des Nations unies en 1955, lequel précise que chaque détenu occupera la nuit une cellule ou chambre personnelle, sauf en cas de surpopulation *temporaire.*

Au Danemark, une forte proportion de personnes en instance de jugement pour délit criminel subissent une détention solitaire pendant que l'on enquête sur leur cas. Aucun autre pays d'Europe n'a recours à pareil isolement durant la détention préventive, encore qu'il y ait récemment eu des plaintes concernant des pratiques similaires en Suède. Les périodes d'isolement vont de deux à quatre semaines, ou davantage, mais on connaît plusieurs cas de détenus subissant entre un et deux ans de détention solitaire.

Ces prisonniers passent vingt-trois heures sur vingt-quatre dans une petite cellule. Ils ont droit à deux demi-heures d'exercice, mais leur solitude n'est interrompue que par les visites aux toilettes et l'arrivée des repas. Bien qu'ils aient à leur disposition livres, radio et télévision, lettres et, dans certains cas, visites surveillées, leur isolement relatif a souvent des effets nocifs sur leur équilibre mental. De nombreux détenus se plaignent d'agitation, d'insomnie, d'incapacité à se concentrer et de troubles partiels de la mémoire. Ils ont beaucoup de mal à mesurer le passage du temps et inventent, pour marquer les heures et structurer leur journée, des rites qui tournent à l'obsession. Lorsque ces rites sont interrompus par un interrogatoire ou par les visites de l'avocat, les détenus deviennent affreusement angoissés. L'automutilation et les tentatives de suicide sont fréquentes.

En 1980, sept suicides sur dix réussis en prison étaient le fait de personnes en détention préventive. Si l'isolement se poursuit au-delà de quelques semaines, de nombreux prisonniers se plaignent de fatigue inexplicable. Certains deviennent presque totalement apathiques; d'autres perdent le contrôle de leurs émotions au point de croire qu'ils deviennent fous. Même si on les sort de leur isolement, de nombreux symptômes persistent. Les détenus se plaignent de ne pas pouvoir se souvenir de ce qu'ils ont lu; ils se disent même incapables de suivre une émission de télévision. On ne s'étonnera donc pas d'apprendre que certains font des déclarations inexactes ou contradictoires à la police quand on les interroge. Après des périodes d'isolement prolongées, beaucoup ont peur de reprendre des relations sociales et n'osent pas se risquer à des rapports d'intimité. Ces dégradations de la faculté de communiquer avec autrui peuvent persister pendant des années [2].

Si d'aussi graves séquelles suivent de courtes périodes d'isolement, lesquelles sont, sous d'autres rapports, comparativement humaines, il n'est pas difficile d'imaginer combien pires doivent être les effets de la détention solitaire sous les régimes totalitaires où les droits les plus élémentaires de l'homme sont bafoués. Les travaux de Lawrence Hinkle et Harold Wolff sur les techniques d'interrogatoire et d'endoctrinement utilisées par les États communistes sont devenus un document de référence et je me suis largement inspiré de leurs écrits [3].

La méthode habituelle est la suivante. La personne soupçonnée de crimes contre l'État, c'est-à-dire d'être un dissident politique, est placée sous surveillance. Il en va de même pour ses amis et relations. Le suspect s'aperçoit souvent de cet état de choses et devient la proie d'une angoisse aiguë. Lorsqu'un nombre suffisant de « preuves » a été accumulé, la police d'État procède à l'arrestation du suspect. Quiconque est ainsi arrêté est présumé coupable, bien que les crimes dont il est accusé ne soient jamais spécifiés. L'arrestation a généralement lieu au milieu de la nuit. Les prisonniers dont les cas sont relativement peu importants seront sans doute incarcérés avec d'autres détenus qui sont souvent des informateurs. En revanche, les personnes à qui on veut soutirer des renseignements ou qui sont destinées à faire l'objet de poursuites publiques sont placées en détention solitaire. Leur cellule est petite. Elle n'a d'ordinaire qu'une seule fenêtre, située haut dans le mur, en sorte que le prisonnier ne peut rien voir du monde extérieur. En revanche, la porte est percée d'un judas par où on peut l'observer à tout moment sans qu'il le sache :

> A toute heure du jour, sauf lorsqu'il mange, dort, prend de l'exercice ou subit un interrogatoire, le prisonnier reste absolument seul dans sa cellule. Il n'a rien à faire, rien à lire et personne à qui parler. En cas de régime encore plus sévère, il peut être contraint à rester debout ou assis dans la même position toute la journée. Il n'a le droit de dormir qu'à certaines heures. Il doit alors se coucher dès qu'on le lui ordonne et rester allongé sur le dos, les mains à l'extérieur de la couverture. S'il quitte cette position, le gardien posté au-dehors le réveillera pour la lui faire reprendre. Une lumière brûle en permanence dans la cellule. Il doit toujours garder le visage tourné vers elle quand il dort [4].

D'habitude la température de la cellule est trop basse pour qu'on s'y sente bien, encore qu'elle puisse parfois être au contraire surchauffée. La nourriture est infecte et suffit à peine à assurer les besoins nutritionnels. La faim, s'ajoutant au manque de sommeil, aux températures inconfortables et à l'angoisse constante et intense, contribue à miner la résistance de tous les prisonniers, hormis les plus solides.

Au cours des trois premières semaines d'un tel régime,

la plupart des détenus deviennent affreusement inquiets et agités. Ils n'ont pas le droit de parler aux gardiens, ni d'avoir le moindre contact avec les autres prisonniers. On ne leur dit absolument rien sur ce qui va leur arriver, non plus que sur le sort de leur famille et de leurs amis. De nombreux prisonniers constatent que l'*incertitude* est le pire de leurs tourments.

Au bout de quatre semaines environ, presque tous les détenus comprennent que leurs protestations, questions et requêtes sont absolument inutiles. Ils font l'expérience vécue de ce qui, pour la majorité d'entre nous, n'est jamais qu'un fantasme; ils doivent endurer le pire cauchemar de l'homme : se retrouver totalement impuissant entre les mains de cruels persécuteurs. C'est là, à ce que je crois, l'une des peurs fondamentales de l'humanité, qui pourrait bien remonter à la toute petite enfance, lorsque chacun d'entre nous dépend totalement de personnes beaucoup plus puissantes que lui et se trouve entièrement à leur merci.

A ce stade, beaucoup de prisonniers sombrent dans une dépression profonde. Certains ont l'esprit troublé et sont victimes d'hallucinations. D'autres délaissent toute espèce d'activité spontanée, cessent de se soucier de leur apparence et de leurs habitudes personnelles et entrent dans un état qui ressemble fort à une hébétude dépressive.

Du fait que le seul rapport humain qui leur soit proposé est celui qu'ils peuvent avoir avec leur juge instructeur, de nombreux prisonniers commencent par accueillir avec empressement les séances d'interrogatoire et cherchent même à les prolonger. Cependant, lorsque le détenu s'aperçoit que son interlocuteur est invariablement mécontent de ce qu'il a à dire de lui-même et de ses « crimes », lorsqu'il commence à souffrir des diverses formes de coercition auxquelles il est soumis, les séances deviennent plutôt une hantise qu'une interruption bienvenue à son isolement. La station debout prolongée, qui provoque des douleurs atroces, suivies de troubles de la circulation et de problèmes rénaux, est fréquemment utilisée. Quoique officiellement interdites, des méthodes plus barbares de torture physique sont parfois employées. Ces périodes d'interrogatoires hostiles et de pressions intenses alternent avec des périodes de bienveillance apparemment détendue, durant lesquelles le prisonnier est mieux traité. Du fait que l'instructeur reste le seul être humain avec lequel existe un contact, une relation s'établit entre eux. Il arrive même au détenu de concevoir une certaine sympathie pour son bourreau, ce dernier ayant pu le persuader qu'il fait tout simplement son devoir, que toute l'affaire lui est aussi désagréable qu'à sa victime et que si seulement celle-ci acceptait de passer aux aveux complets concernant ses prétendus « crimes », tous ces détestables interrogatoires prendraient fin. Hinkle et Wolff notent :

> On possède des exemples de prisonniers ayant signé des aveux en grande partie par sympathie pour leurs juges instructeurs, parce qu'ils avaient le sentiment que ces hommes seraient punis s'ils ne parvenaient pas à obtenir une déposition dans les règles. En d'autres termes, les sentiments chaleureux et amicaux qui se développent entre le prisonnier et le juge instructeur peuvent avoir une influence énorme sur le comportement du premier [5].

Même s'il n'est pas question de sentiments positifs envers le juge instructeur, plutôt que d'affronter un surcroît d'interrogatoires, d'isolement et de torture, presque tous les détenus finiront par signer une déposition reconnaissant ce que la loi communiste définit comme « des crimes contre l'État ».

Ces techniques pour arracher des aveux ont été mises au point de façon empirique au fil des siècles. On a raffiné les méthodes employées par la police secrète tsariste. L'isolement y joue encore un rôle important. Primo, il entraîne des troubles du fonctionnement mental; secundo, il encourage la dépendance vis-à-vis du juge d'instruction et incite donc le prisonnier à céder.

Bien que les prisonniers refusant de signer après pareil traitement soient extrêmement rares, il y a des exceptions notoires. Le Dr Edith Bone a laissé un témoignage de ses extraordinaires facultés d'endurance et de résistance [6].

Le Dr Bone avait plus de soixante ans, lorsqu'elle fut arrêtée en Hongrie en 1949. Linguiste distinguée, elle avait été invitée dans ce pays pour traduire des ouvrages scientifiques anglais en langue hongroise. Elle était membre du parti communiste depuis 1919. Accusée d'être un agent britannique, elle refusa de signer de faux aveux ou de collaborer de quelque façon que ce fût avec ses instructeurs. Cette dame déjà âgée passa alors sept années en prison, avant d'être finalement libérée en novembre 1956. Pendant trois de ces sept années, elle n'eut même pas le droit de lire ou d'écrire. La cellule où elle fut d'abord incarcérée était atrocement froide et n'avait pas de fenêtre. Le pire restait pourtant à venir. Pendant cinq mois, elle fut enfermée dans une cave, dans l'obscurité totale. Les murs suintaient d'eau, quand ils ne disparaissaient pas sous les champignons; le sol était couvert d'excréments. Il n'y avait aucune ventilation. Le Dr Bone inventa diverses techniques pour ne pas devenir folle. Elle récitait et traduisait des poèmes et en composait parfois. Elle fit mentalement l'inventaire de son vocabulaire dans les six langues qu'elle parlait couramment et se livra à des promenades imaginaires à travers les rues de nombreuses villes qu'elle connaissait bien. Tout au long de ces épreuves et de bien d'autres, le Dr Bone traita ses bourreaux par le mépris et ne cessa jamais de protester de son innocence. Elle donne non seulement un extraordinaire exemple de courage, dont peu de gens sont capables, mais contribue aussi à prouver qu'un esprit bien nourri et discipliné peut résister à toutes les attaques.

Des méthodes identiques, pour préserver un fonctionnement mental normal, furent employées par Christopher Burney qui a décrit sa détention en France dans son ouvrage, *Solitary Confinement*[7]. Lui aussi eut recours aux promenades imaginaires et aux inventaires mentaux pour rester maître de ses facultés. Il nota, en outre, l'importance vitale pour les prisonniers de conserver quelque part un certain pouvoir de décision, fût-il infime. Même un prisonnier qui accepte d'être totalement à la merci de ses geôliers peut garder un certain degré d'autonomie, en décidant, par exemple, s'il va manger le pain qu'on lui donne ou le mettre de côté pour le consommer plus tard. C'est de décisions en apparence aussi futiles que dépend parfois la possibilité de garder un sentiment d'indépendance.

Bien que la détention solitaire n'ait guère eu cours dans les camps de concentration nazis, Bruno Bettelheim * a souligné lui aussi la nécessité de conserver une faculté de décision indépendante. D'après ses propres observations, faites durant sa détention à Dachau et Buchenwald, Bettelheim en est venu à la conclusion que les détenus qui abandonnaient la lutte et mouraient étaient ceux qui avaient renoncé à toute tentative d'autonomie personnelle; qui acceptaient la volonté qu'avaient leurs geôliers de les déshumaniser et d'exercer sur eux un contrôle total.

> Dans les camps de concentration, les efforts faits pour priver les prisonniers du moindre vestige d'autonomie étaient particulièrement cruels et envahissants. Néanmoins, le système ne réussit qu'à des degrés divers,

---

* Cf. *Survivre* et *Le Cœur conscient* (coll. Réponses, Laffont éd.).

> affectant certains aspects de la vie plus que d'autres. La mesure dans laquelle un détenu était privé d'autonomie entraînait une désintégration de la personnalité d'une sévérité correspondante, tant dans sa vie intérieure que dans ses rapports avec autrui [8].

Yehudi Menuhin a cité un autre merveilleux exemple de la façon dont un esprit bien meublé pouvait délibérément faire appel à la mémoire pour éviter l'effondrement. Vers la fin de la guerre, lorsque les Allemands ramassaient les juifs à Budapest pour les déporter, la mère du chef d'orchestre, Antal Dorati,

> fut parquée avec des dizaines d'autres personnes dans une petite pièce où on les laissa plusieurs jours sans nourriture et sans aucune installation sanitaire. La plupart des autres devinrent comme fous, mais elle resta saine d'esprit en jouant méthodiquement dans sa tête les quatre parties de chacun des quatuors de Beethoven qu'elle connaissait tous par cœur [9].

Les troubles mentaux causés par l'emprisonnement et plus spécialement par la détention solitaire résultent en partie de ce qu'on a appelé la *privation sensorielle.* Durant les heures de veille, le cerveau ne fonctionne efficacement que s'il reçoit du monde extérieur des stimuli perceptibles. Nos relations avec notre environnement et notre faculté de le comprendre dépendent de l'information que nous obtenons grâce à nos cinq sens. Lorsque nous dormons, nos perceptions du monde extérieur sont largement réduites, même si les bruits importants, par exemple les pleurs d'un enfant, peuvent nous réveiller. Nous pénétrons dans l'univers fantastique des rêves; un univers hallucinatoire, subjectif, qui ne dépend pas de la mémoire immédiate, mais qui est régi par notre expérience préalable, par nos désirs, nos peurs et nos espoirs.

La recherche sur la privation sensorielle commença au début des années 1950; elle faisait partie d'une enquête sur les méthodes utilisées par les communistes pour arracher des aveux grâce au prétendu « lavage de cerveau ». On enferma des volontaires dans des pièces insonorisées, plongées dans l'obscurité, en leur demandant de rester allongés sans bouger sur un lit, sauf pour manger et aller aux toilettes. Dans les expériences les plus strictes, les sujets, déjà privés de la vue et de l'ouïe, étaient en outre suspendus dans de l'eau tiède et priés de bouger le moins possible afin de recevoir le minimum d'informations de la peau et des muscles. Du fait que les sujets en question étaient des volontaires, on veilla à ce qu'ils aient la possibilité de mettre fin à l'expérience dès qu'ils le voudraient, si les conditions leur devenaient intolérables.

Malgré certaines variations dans les résultats de ces expériences, dues aux différentes méthodes utilisées, il est possible de résumer leurs conséquences globales.

Premièrement, les facultés intellectuelles se détérioraient, surtout si l'on demandait aux sujets d'entreprendre quelque chose de nouveau ou de « créatif ». Beaucoup d'entre eux signalaient des difficultés à se concentrer et se révélaient incapables de suivre un raisonnement logique. Certains se plaignaient de pensées insistantes, obsessionnelles qu'ils ne parvenaient pas à contrôler. D'autres abandonnaient toute tentative de réflexion cohérente et se laissaient aller à leurs rêveries.

Deuxièmement, la suggestibilité était nettement accrue. Une expérience montrait que le sujet était huit fois plus sensible à une propagande quelconque que d'autres sujets placés dans des conditions normales. Lorsqu'une personne reçoit un minimum d'informations, le peu qui parvient jusqu'à elle fait une plus forte impression; c'est un fait qui n'a pas échappé aux régimes totalitaires qui contrôlent la presse.

Troisièmement, de nombreux volontaires souffraient d'hallucinations visuelles et quelques-uns signalaient aussi des hallucinations tactiles ou auditives.

Quatrièmement, un certain nombre de volontaires furent victimes de crises de panique. Certains souffraient de peurs irrationnelles; l'un par exemple redoutait de perdre la vue. D'autres se persuadèrent que les responsables de l'expérience les avaient abandonnés. Un volontaire demanda très vite à arrêter, parce que son esprit était envahi par des souvenirs d'enfance si désagréables qu'il était incapable de les supporter. Même volontairement choisi, l'isolement n'est donc pas toujours tolérable.

A Princeton, où furent faites quelques-unes des expériences les plus complètes de privation sensorielle, avec leurs propres étudiants pour sujets, les chercheurs se trouvèrent à court de volontaires durant l'été, la plupart des jeunes gens étant rentrés chez eux. Ils recrutèrent donc dans d'autres universités, où, à l'encontre de Princeton, les cours se poursuivaient pendant cette période. Cette tentative se solda par un échec. Quoique rémunérés au prorata du temps passé, les volontaires extérieurs à Princeton demandèrent presque tous à être rapidement libérés. En effet, alors que les étudiants de Princeton connaissaient les responsables de ces expériences et leur faisaient confiance, il n'en allait pas de même pour les jeunes gens venus d'ailleurs.

Ce dernier point vaut d'être souligné, car il illustre le fait que les mêmes conditions d'isolement ou de privation sensorielle peuvent avoir un impact fort différent selon les circonstances.

Certaines maladies ou blessures exigent des traitements entraînant une réduction de l'alimentation sensorielle, ce qui peut causer de sévères souffrances mentales. Par exemple, pour soigner un brûlé grave, il faut parfois l'immobiliser complètement et lui bander une grande partie du corps, y compris quelquefois les yeux. Des infirmières devront alors pourvoir à tous ses besoins physiques. Or, on a souvent signalé chez de tels patients des épisodes psychotiques.

Le corps médical sait que la chirurgie oculaire provoque fréquemment des symptômes psychiatriques, surtout lorsqu'il faut couvrir les deux yeux et avoir aussi recours à l'immobilisation, par exemple en cas de décollement de la rétine.

Après une opération du cœur, le malade doit souvent rester totalement immobile et être relié à différents appareils de survie. Il peut être davantage encore coupé d'une alimentation sensorielle normale si on le place sous une tente à oxygène. Dans ces circonstances, on ne s'étonnera pas que des cas de délire soient souvent signalés.

La cécité et la surdité ont souvent été désignées comme des causes de maladie mentale. La surdité est particulièrement apte à provoquer une paranoïa, la personne qui en souffre en arrivant à se persuader que les autres parlent d'elle, la critiquent ou la trompent. En revanche, la privation sensorielle partielle de ce type peut aussi avoir des effets positifs, semblables à ceux décrits par l'amiral Byrd, en obligeant le sujet à plonger au-dedans de lui-même.

La surdité de Beethoven commença probablement vers 1796; il avait alors vingt-six ans. Elle ne devint grave qu'au bout de plusieurs années et Beethoven continua à se produire en public, au prix de difficultés croissantes, jusque vers 1814. A partir de 1816, il dut se servir d'un cornet acoustique. Les carnets de conversation, grâce auxquels ses visiteurs communiquaient avec lui par écrit, datent de 1818. Durant les deux ou trois premières années du XIXe siècle, le compositeur traversa les pires angoisses concernant son ouïe et sa santé en général; il les exprima dans ses lettres à ses amis et dans le fameux testament de Heiligenstadt, de 1802, adressé à ses frères et découvert parmi ses papiers après sa mort.

> Mais quelle humiliation pour moi lorsque quelqu'un qui se trouvait à mes côtés entendait une flûte au loin et que *moi, je n'entendais rien*, ou lorsque quelqu'un entendait *chanter un berger* et que je n'entendais toujours rien. De tels incidents me plongeaient presque dans le désespoir; pour un peu, j'aurais mis fin à mes jours – seul *mon art* me retint [10].

La surdité de Beethoven accrut sa méfiance envers ses semblables, son irascibilité et ses difficultés à nouer des rapports d'intimité. Cependant, un de ses récents biographes a écrit :

> Toutefois, dans un certain sens, on peut dire que la surdité a joué un rôle positif dans sa créativité, car nous savons qu'elle n'émoussa point, qu'elle aiguisa même peut-être ses facultés de compositeur, soit en éliminant la virtuosité pianistique en tant que moyen d'expression rival de sa créativité, soit en lui permettant de se concentrer totalement sur la composition dans des conditions d'isolement auditif croissant. Dans son univers de sourd, Beethoven pouvait mettre à l'épreuve de nouvelles formes d'expérience, délivré de l'intrusion des bruits extérieurs, débarrassé du carcan rigide du monde matériel, libre, comme le rêveur, d'agencer et de réagencer à sa guise, selon des formes et des structures encore jamais imaginées, le matériau de la réalité [11].

Goya est un autre exemple de créateur de génie dont l'art doit une bonne part de son originalité à la surdité. Né en 1746, il devint le peintre le plus couru et le plus célèbre d'Espagne; il fut nommé peintre de la cour et directeur adjoint de la peinture à l'Académie royale de Madrid. En 1792, cependant, Goya contracta une maladie qui le laissa sourd. Il délaissa alors les portraits pour exécuter des œuvres qui, comme il l'écrivit lui-même, laissaient davantage libre cours à ses dons d'invention et de fantaisie. A ses eaux-fortes satiriques, *Los Caprichos*, succédèrent *Los Desastres de la guerra*, exécutés en réaction aux horreurs de l'invasion napoléonienne. De 1820 à 1823, il décora les murs de sa maison, la Quinta del Sordo (la maison du sourd), de ses peintures dites « noires », qui se trouvent aujourd'hui au Prado. André Malraux a écrit :

> Pour que son génie lui apparaisse, il faut qu'il ose *cesser de plaire*. Séparé de tous par la surdité, il découvre la vulnérabilité du spectateur, il apprend que le peintre peut ne lutter qu'avec lui-même pour devenir, plus ou moins tôt, vainqueur de tous [12].

Goya avait une imagination atroce. Son isolement, dû à son infirmité, le poussait à mettre sur la toile ses visions cauchemardesques, son désespoir face à la sottise et à la nature mauvaise de l'homme, sa compassion pour les souffrances de ses semblables, avec une intensité qu'on ne retrouve chez aucun autre artiste. Son effroyable tableau, « Saturne dévorant ses enfants », ornait le mur de sa salle à manger. On a peine à comprendre comment un homme obsédé par de telles horreurs pouvait supporter de vivre avec lui-même; mais Goya était un des êtres les plus résistants qu'on ait jamais vus. A l'âge de quatre-vingt-deux ans, il nota qu'il ne pouvait plus ni voir, ni écrire, ni entendre : « Il ne me reste plus rien que la volonté – mais cela j'en ai à revendre [13]. »

Nous avons vu plus haut que, dans des conditions de privation sensorielle partielle, il est très facile d'en arriver à douter de l'intégrité de ceux à qui l'on a confié sa personne en qualité de patient ou de volontaire rémunéré. Il n'est donc pas étonnant qu'une solitude forcée, imposée par des ennemis, ait souvent des effets dévastateurs. Une angoisse intense et une pénible incertitude concernant l'avenir se combinent à la peur de la torture et à l'isolement pour troubler le fonctionnement normal du cerveau. Les effets de ces troubles persisteront parfois pendant des mois, voire des années.

En Irlande du Nord, la privation sensorielle fut délibérément incluse dans la méthode mise au point pour interroger les terroristes présumés. La technique était la suivante. On couvrait la tête des détenus d'une épaisse cagoule noire, sauf durant les interrogatoires. On maintenait un fond sonore ininterrompu et monotone dont le volume était suffisamment élevé pour interdire toute communication avec les autres prisonniers. On obligeait les hommes à se tenir debout face à un mur, les jambes écartées, s'appuyant au mur du bout des doigts. En outre, durant les premiers jours, on les privait de sommeil et on ne leur donnait à boire et à manger qu'un petit pain et un demi-litre d'eau toutes les six heures. S'ils essayaient de prendre un peu de repos en appuyant la tête contre le mur, on les en empêchait. S'ils s'écroulaient, on les ramassait et on les forçait à reprendre la même posture.

Les pièces à l'épreuve du bruit et de la lumière, utilisées pour la recherche sur la privation sensorielle, coûtent très cher, mais la méthode mise au point en Irlande du Nord se révéla un substitut efficace. Les cagoules empêchaient les hommes de recevoir la moindre information visuelle. Le fond sonore assurait qu'ils n'auraient pas d'autre information auditive qu'un bruit fort et monotone. La position en équilibre contre le mur réduisait l'information kinesthésique que transmettent la peau et les muscles. De cette façon, les détenus étaient efficacement isolés et privés de leurs perceptions, alors qu'ils étaient soumis à ces techniques dans la même pièce que d'autres détenus.

Les effets étaient épouvantables. Une quasi-inanition,

entraînant une rapide perte de poids, combinée au manque de sommeil et à une position inconfortable, suffit à causer une tension extrême et à troubler en partie le fonctionnement cérébral, même sans y ajouter la privation d'informations visuelles et auditives. Hormis les brefs instants où ils prenaient leur eau et leur pain ou se rendaient aux toilettes, certains hommes passèrent quinze ou seize heures de suite appuyés à un mur. Beaucoup eurent des hallucinations et crurent devenir fous. Par la suite, plusieurs déclarèrent qu'ils préféreraient mourir plutôt que d'endurer de nouveaux interrogatoires.

Un examen psychiatrique de ces hommes après leur remise en liberté révéla des symptômes persistants : cauchemars, tensions et angoisses à l'état de veille, tendances suicidaires, dépression et divers troubles physiques, tels que migraines et ulcères de l'estomac, que l'on pense généralement liés au stress. Des psychiatres d'une compétence indubitable ont estimé que certains de ces hommes ne se remettraient jamais tout à fait de cette expérience.

Lorsque l'on commença à entendre parler de ces méthodes d'interrogatoire, des protestations surgirent, émanant de nombreuses personnes, profondément scandalisées à l'idée que des fonctionnaires britanniques avaient recours, pour faire parler des détenus, à des moyens qui ressemblaient furieusement à la torture. Selon toute apparence, ces techniques s'étaient développées progressivement, sans être sanctionnées par les autorités. Finalement, le Premier ministre (à l'époque Edward Heath) en interdit l'emploi pour l'interrogatoire des prisonniers et des suspects.

Même si en Grande-Bretagne et dans les autres pays démocratiques, les longues peines de prison comportent rarement des périodes prolongées de détention solitaire, elles n'en privent pas moins le prisonnier de la plupart de ces stimuli extérieurs qui donnent du sel à la vie; elles imposent donc, dans une certaine mesure, une privation sensorielle au sens le plus large du terme. L'environnement monotone de la prison, l'accès limité à l'exercice physique et au grand air, la routine immuable, l'absence d'intimité, aussi bien sociale que sexuelle, avec les êtres chers – autant de privations qui, en cas de séjour prolongé en prison, ont un effet nocif permanent sur l'esprit du prisonnier.

Naguère les détentions « perpétuelles » se terminaient généralement par une remise en liberté conditionnelle après neuf ou dix ans au maximum, des périodes plus longues interdisant virtuellement au prisonnier, une fois relâché, d'être capable de faire face aux exigences du monde extérieur. En Grande-Bretagne, les détenus condamnés à la réclusion perpétuelle peuvent être libérés à tout moment, mais ils restent en liberté conditionnelle jusqu'à leur mort. Cela signifie que pour le restant de leur vie, on peut les remettre en prison, si les autorités estiment la chose nécessaire. De nos jours, de nombreux juges, lorsqu'ils doivent fixer la peine de condamnés ayant commis un crime atroce, comme un viol ou un meurtre, recommandent que le criminel soit enfermé pendant vingt ans ou plus. Or, leurs recommandations sont prises très au sérieux. Si elles sont suivies à la lettre, un nombre croissant de délinquants risquent d'être rendus irréversiblement inadaptés à la vie communautaire.

La privation des stimuli extérieurs est particulièrement sévère dans les prisons où existe un régime de « haute sécurité », parce que les prisonniers qui s'y trouvent sont considérés comme dangereux ou susceptibles d'essayer de s'évader. Il s'agira, bien sûr, le plus souvent de prisonniers condamnés à de lourdes peines. Il existe, certes, quelques exemples de prisonniers purgeant de très longues condamnations et sortant intacts de cette épreuve, notamment le célèbre « prisonnier d'Alcatraz », mais en règle générale, la détérioration et la « névrose institutionnelle » sont très fréquentes. Les prisonniers à long terme se replient sur eux-mêmes, deviennent apathiques et cessent de s'intéresser à leur propre apparence et à leur environnement. Dans leur livre, *Psychological Survival,* Stanley Cohen et Laurie Taylor passent en revue, de façon remarquable, tous ces effets, en se fondant sur leur étude des détenus à longue échéance du quartier de haute sécurité de la prison de Durham, aujourd'hui fort heureusement supprimé. Les deux auteurs avaient été recrutés pour donner des cours hebdomadaires de sciences sociales à ces prisonniers. Alors que ces cours suscitaient un intérêt considérable chez les détenus qui n'étaient pas en prison depuis très longtemps, ils ne furent pratiquement pas suivis par les détenus déjà incarcérés depuis plusieurs années. Pourtant, un prisonnier qui se trouvait là depuis quatorze ans y venait régulièrement. Il écrivit par la suite aux auteurs :

> Pouvez-vous imaginer ce que c'est que d'être détenu à vie, vos rêves se transformant en cauchemars, vos châteaux en Espagne réduits en cendre, vous ne songez plus qu'à vos fantasmes et pour finir vous tournez le dos à la réalité et vous vivez dans un univers difforme, de faux-semblants; vous refusez d'accepter les règles de vos semblables et en inventez d'autres adaptées à votre propre petit univers, il n'y a pas de lumière du jour en ce monde pour le condamné « à perpète », tout n'est que ténèbres et c'est dans ces ténèbres que nous trouvons la paix et la faculté de vivre dans un univers qui nous est propre, un univers de faux-semblants [14].

Les exemples cités dans le présent chapitre prouvent que la séparation d'avec les stimuli de la vie quotidienne peut être thérapeutique ou nocive selon les circonstances : et tout spécialement selon que cette séparation est imposée ou volontaire. La durée dans le temps est importante, elle aussi. Il est probable, même si la chose n'a pas été définitivement établie, que le fait d'être soustrait – par les autres ou non – à la vie ordinaire durant des périodes prolongées a des effets néfastes permanents.

Cependant les conditions d'incarcération varient énormément et, par le passé, elles étaient parfois moins rigoureuses qu'elles ne le sont aujourd'hui. Il existe plusieurs exemples notoires prouvant qu'une solitude partielle et un divorce d'avec la vie normale peuvent, même en prison, encourager la créativité.

Sous le roi ostrogoth Théodoric, le philosophe romain Boèce se hissa jusqu'à la position importante de *magister officiorum.* Cela faisait de lui le directeur de la fonction publique et le chef des fonctionnaires du palais, ce qui ne devait guère lui laisser de temps pour son passe-temps favori, l'étude de la philosophie. Mais Théodoric ne fit pas longtemps confiance à Boèce. Ce dernier fut accusé de trahison, arrêté, condamné et exilé en attendant son exécution. Durant son emprisonnement à Pavie, Boèce composa *La Consolation de la philosophie,* l'ouvrage grâce auquel on le connaît surtout aujourd'hui. Il fut torturé, puis battu à mort, à coups de gourdin, en 524 ou 525.

Sir Thomas More, chancelier du roi Henri VIII d'Angleterre à partir de 1529, fut emprisonné à la Tour de Londres pour avoir refusé de rejeter la suprématie papale et d'accepter de considérer le souverain comme chef de l'Église d'Angleterre. Il passa plus d'un an en prison avant d'être jugé et exécuté, en 1535. Il en profita pour écrire *A Dialogue of Cumfort against Tribulacion* que l'on a dépeint comme un chef-d'œuvre de sagesse chrétienne.

Sir Walter Raleigh, accusé de trahison, fut condamné à mort, mais sa peine fut commuée et il fut enfermé à la tour de Londres de 1603 à 1616. Dans son cas, comme dans celui de Thomas More, on peut supposer que les conditions n'étaient pas trop rigoureuses, car, durant ces treize années, Raleigh écrivit *The History of the World.* Son ouvrage allait de la création au IIe siècle avant Jésus-Christ et fut publié en 1614. A sa remise en liberté, Raleigh entreprit une seconde expédition en Guyane. Malheureusement pour lui, celle-ci échoua. L'or promis resta à l'état de mirage; la condamnation à mort jadis commuée fut remise en vigueur et il fut exécuté en 1618.

John Bunyan, qui était devenu membre de l'Église séparatiste de Bedford vers 1655, fut libre de prêcher ses convictions assez peu orthodoxes jusqu'en 1660, date de la restauration de Charles II. Le 12 novembre de cette année-là, il fut traduit devant les magistrats, accusé de célébrer des offices qui n'étaient pas conformes aux rites de l'Église d'Angleterre. En janvier 1661, il fut envoyé à la prison de Bedford, où il resta jusqu'en mars 1672. Toutefois, les conditions d'incarcération étaient suffisamment libérales pour lui permettre de rendre visite à ses amis et à sa famille, et même de prêcher à l'occasion. Durant ses douze années de détention, il écrivit son autobiographie spirituelle, *Grace Abounding* (1666) et composa presque certainement une partie considérable de *The Pilgrim's Progress.* La déclaration d'indulgence envers les non-conformistes émise par Charles II, qui permit la remise en liberté de Bunyan, fut ultérieurement révoquée et il fut de nouveau emprisonné pour prédication illégale en 1677.

Le jour de Noël 1849, Dostoïevski commença le long périple qui devait le mener de Saint-Pétersbourg jusqu'en Sibérie où il allait passer les quatre années suivantes dans un bagne. Avec les autres membres du cercle Petrachevsky, il avait été arrêté en avril de la même année et avait déjà passé huit mois en prison dans la forteresse Pierre-et-Paul. Durant toute cette période initiale, il fut maintenu au secret et n'eut même pas le droit, au début, d'avoir de quoi lire ou écrire. En dépit de cela, il découvrit à l'intérieur de lui-même des ressources qui lui permirent de tolérer la captivité beaucoup plus facilement qu'il ne l'aurait cru au départ. Peut-être même son arrestation le sauva-t-elle d'une dépression nerveuse, plutôt que de l'y précipiter, car certains faits donnent à penser que la part qu'il prenait à une organisation révolutionnaire clandestine avait hanté son esprit durant l'hiver précédent et l'avait conduit au bord de l'effondrement.

Au début de juillet, lorsque les prisonniers furent enfin autorisés à recevoir des livres de la bibliothèque de la forteresse, Dostoïevski se rua sur ces lectures. Il écrivit en outre à son frère Mikhaïl, pour lui annoncer qu'il avait échafaudé dans sa tête trois nouvelles et deux romans. Le célèbre incident du simulacre d'exécution sur la place Semenovski, au cours duquel l'écrivain se retrouva devant un peloton d'exécution pour n'être gracié qu'à la toute dernière minute, survint le 22 décembre. En Sibérie, la seule activité littéraire de Dostoïevski fut de noter clandestinement dans un carnet les expressions de ses codétenus. Il parvint à confier ce carnet à un des aides-soignants qui le lui rendit à sa remise en liberté. Il en utilisa le contenu pour ses *Souvenirs de la maison des morts,* dans lesquels il décrivait son séjour au bagne.

Ce fut une expérience atroce, non seulement à cause des épouvantables conditions matérielles dans lesquelles vivaient les détenus, sans cesse menacés du fouet, mais aussi parce que Dostoïevski se retrouva, en sa qualité de « bourgeois », totalement rejeté par les paysans et les brutes dont il avait épousé la cause et pour l'amour de qui il endurait, en tant que révolutionnaire en puissance, l'exil et la prison. Au cours de sa détention, l'écrivain subit une conversion grâce à laquelle sa désillusion presque complète à l'endroit des paysans fit place à une conviction presque mystique de leur vertu fondamentale. Celle-ci était fondée sur un souvenir d'enfance, dont le protagoniste était un des moujiks de son père, Marey, qui l'avait réconforté dans un moment de frayeur. Bien qu'il souffrît profondément de l'impossibilité d'être physiquement seul durant ses années de bagne, l'isolement émotionnel et l'absence de compagnie qu'endura Dostoïevski eurent pour effet de le plonger en lui-même et de permettre à son esprit de dériver vers le passé.

> Tout au long de ses quatre années de bagne, il avait utilisé cette technique de la libre association, laquelle remplissait sans doute à peu près le même rôle qu'une psychanalyse ou une thérapeutique à base de médicaments pour libérer les souvenirs refoulés et par là remédier à ses blocages psychologiques et à ses fixations morbides. Cette technique avait en outre une autre fonction rassurante, qui était de maintenir vivantes ses facultés artistiques durant une période où il lui était interdit d'utiliser sa plume [15].

L'expérience que fit Dostoïevski de la détention marqua de façon indélébile sa vision de la nature humaine et imprégna son œuvre entière. Ainsi, le fait de voir des bagnards impitoyablement écrasés depuis des années exploser soudain et s'affirmer, souvent de façon violente et irrationnelle, le convainquit que l'expression ou l'aboutissement de soi-même était un besoin fondamental de l'homme, besoin qui ne s'accordait pas avec la subordination de l'individualité aux exigences collectives de l'État que prônait le socialisme.

Il y a aussi des exemples moins admirables d'entreprises littéraires facilitées par l'emprisonnement. Le marquis de Sade fit l'objet de multiples incarcérations tout au long de sa vie, jusqu'à sa réclusion permanente à l'asile de Charenton, où il mourut le 2 décembre 1814, à l'âge de soixante-quatorze ans. Son imagination perverse s'épanouit en captivité et c'est au donjon de Vincennes ou à la Bastille que nous devons des ouvrages tels que *Justine* et *Les Cent Vingt Journées de Sodome.*

La prédilection de Sade pour le pouvoir absolu éveilla certains échos dans les écrits d'Adolf Hitler, autre auteur dont les œuvres durent quelque chose à son emprisonnement. Après l'échec de son putsch à Munich, Hitler fut enfermé dans la vieille forteresse de Landsberg. Quoique condamné à cinq années de prison, il n'y passa que neuf mois et y fut traité en hôte de marque. C'est alors qu'il commença à dicter *Mein Kampf* à Rudolf Hess.

> Sans mon séjour en prison, devait remarquer Hitler longtemps après, jamais *Mein Kampf* n'aurait été écrit. Cette période me donna l'occasion d'approfondir diverses notions pour lesquelles je n'avais alors qu'un sentiment instinctif [16].

Contrastant avec la plupart des exemples cités dans le présent chapitre, on a parfois noté des cas où une mise au secret imposée par des ennemis pouvait quand même déclencher des expériences psychologiques dont la valeur ne s'est pas démentie. Anthony Grey, qui subit une détention solitaire en Chine, et Arthur Koestler, qui connut le même sort en Espagne, comparèrent leurs expériences respectives sur un plateau de télévision. Le compte rendu de leur débat figure dans le recueil d'essais de Koestler, *Kaléidoscope.*

Les deux hommes se félicitaient pareillement de ne pas avoir eu à partager une cellule avec un autre prisonnier. Tous deux avaient le sentiment que la solitude avait rehaussé leur appréciation de leurs semblables et leur sympathie envers eux. Tous deux ressentirent intensément le fait qu'il existait une sorte d'ordre suprême de la réalité, avec lequel la solitude les mettait en contact. Tous deux pensaient qu'en cherchant à traduire cette expérience par des mots, ils la banalisaient, parce qu'elle relevait pratiquement de l'indicible. Quoique ni l'un ni l'autre ne nourrît de convictions religieuses, tous deux reconnaissaient avoir senti l'existence abstraite de quelque chose d'indéfinissable ou qui ne pouvait être exprimé que par des symboles.

Anthony Grey pensait que son expérience lui avait ouvert les yeux sur la vie quotidienne et lui avait permis de mieux l'apprécier. Koestler partageait cet avis, mais ajoutait qu'il avait aussi pris davantage conscience des horreurs tapies sous la surface. Il évoque aussi un

> sentiment de liberté intérieure, une impression d'être seul et confronté aux réalités dernières plutôt qu'à votre relevé de banque. Car les relevés de banque et autres banalités sont eux aussi une sorte de détention. Pas dans l'espace physique, mais dans l'espace spirituel... Vous avez donc un dialogue avec l'existence. Un dialogue avec la vie, un dialogue avec la mort.

Grey fait remarquer qu'il s'agit d'une zone d'expérience dans laquelle n'entrent pas la plupart des gens. Koestler répond, avec raison, que la plupart des gens ont à l'occasion des confrontations de cet ordre

> lorsqu'ils sont gravement malades ou qu'un de leurs parents meurt, ou lorsqu'ils tombent amoureux pour la première fois. Ils sont alors transportés de ce que j'appelle le plan de la banalité au plan du tragique ou de l'absolu. Mais la chose n'arrive que rarement. Alors que dans le type d'expérience que nous avons partagé, on vous met le nez dedans, et ce, durant une période prolongée [17].

Donc, parfois, le bien peut découler du mal. Anthony Grey s'est rappelé qu'un ami chinois lui avait montré un tableau dans lequel un superbe lotus poussait dans une flaque de boue. L'esprit humain n'est pas indestructible, mais quelques êtres courageux découvrent quelquefois que c'est du fond de l'enfer qu'ils aperçoivent, fugitivement, le paradis.

5

LA FAIM DE L'IMAGINATION

N'était l'imagination, Monsieur, un homme serait aussi heureux dans les bras d'une soubrette que dans ceux d'une duchesse.

Samuel JOHNSON

Nous avons vu que la faculté de rester seul est une ressource précieuse. Elle permet aux hommes et aux femmes de prendre contact avec leurs sentiments les plus profonds; de s'habituer à une perte; de remettre leurs idées en place; de changer d'attitude. Dans certains cas, il arrive même que l'isolement forcé de l'incarcération encourage le développement de l'imagination créatrice.

On peut dire, sans trop s'avancer, que l'imagination est plus développée chez l'homme que chez toute autre créature. Même si les animaux rêvent et si les grands primates manifestent indubitablement une certaine faculté d'invention, l'étendue de l'imagination humaine dépasse de très loin tout ce que peut trouver un singe, si intelligent soit-il. De toute évidence, l'évolution de l'imagination de l'homme est adaptative au niveau biologique; mais il nous faut toutefois payer un certain prix pour cette évolution. L'imagination a donné à l'homme de la souplesse, mais, ce faisant, elle l'empêche d'être jamais satisfait.

Le comportement des créatures moins évoluées que nous est souvent régi en grande partie par des schémas pré-programmés. Certains d'entre eux, comme la parade de l'oiseau-à-berceau ou les habitudes de chasse des guêpes, sont superbes et fort complexes. Tant que l'animal se conforme à ces schémas séculaires, son comportement est aussi bien adapté à l'environnement qu'une clef peut l'être à sa serrure. Si l'environnement reste constant, les besoins fondamentaux de l'animal, pour la survie et la reproduction, seront pourvus de façon plus ou moins automatiques. (Je suis tenté de verser dans l'anthropomorphisme et de dire que l'on pourrait tenir l'animal en question pour « heureux ».) En revanche, si l'environnement change, l'animal dont le comportement est régi selon des schémas pré-programmés est désavantagé, car il ne peut s'adapter facilement à des conditions différentes.

Les êtres humains, parce que leur comportement est en grande partie régi par l'apprentissage et la transmission de la culture, de génération en génération, sont beaucoup plus souples. Les bébés viennent au monde munis d'un certain nombre de réactions incorporées qui leur permettent de survivre, mais le trait distinctif de l'homme est que, chez lui, tant de choses sont apprises et si peu déterminées de façon innée. C'est cela qui a permis aux hommes de survivre sous des climats extrêmes, de l'Équateur aux Pôles, dans des lieux qui ne leur fournissent presque rien de ce dont ils ont besoin. Les hommes sont même parvenus à quitter totalement la surface de la terre et à exister durant de longues périodes dans l'espace. De tels environnements obligent à se montrer ingénieux et habile. La survie ne peut être assurée si l'intelligence et l'imagination ne viennent pas suppléer aux schémas innés pour pourvoir aux besoins fondamentaux.

Seulement le prix de cette souplesse, le prix qu'il faut payer pour être délivré de la tyrannie de schémas de comportement rigides et incorporés, c'est que le « bonheur » que représente cette parfaite adaptation à son environnement ou la complète satisfaction des besoins n'est que rarement connu. « Ne dites pas d'un homme qu'il est heureux tant qu'il n'est pas mort », a dit Solon. Lorsque les gens tombent amoureux, ou s'écrient « Euréka! » en faisant une nouvelle découverte, ou connaissent le genre d'émotion transcendante décrite par Wordsworth qui s'avoue « surpris par la joie », ils éprouvent un bienheureux sentiment de ne faire qu'un avec l'univers; mais, comme chacun sait, ces moments sont fugitifs.

Dans un précédent ouvrage, j'ai émis l'idée que l'insatisfaction de ce qui est, ou « mécontentement divin », était un aspect inévitable de la condition humaine. Comme l'a fait remarquer Samuel Johnson, le présent passe si vite que nous ne parvenons guère à penser autrement qu'en termes de passé ou de futur. Quand le philosophe Imlac emmène Rasselas visiter la Grande Pyramide, il se demande tout haut pourquoi la pyramide a été bâtie.

> L'étroitesse des chambres prouve qu'elle ne pouvait point fournir de retraite contre l'ennemi et l'on aurait pu entreposer des trésors de façon beaucoup moins onéreuse et tout aussi sûre. Elle semble n'avoir été érigée que pour assouvir cette faim de l'imagination qui hante sans cesse la vie et qu'il faut toujours apaiser par quelque plaisir. Ceux qui ont déjà eu tout ce dont ils pouvaient jouir doivent élargir leurs désirs [1].

Ce que Johnson appelle la « faim de l'imagination » est aussi un trait nécessaire de l'adaptation humaine. L'extraordinaire réussite de l'homme en tant qu'espèce provient de son insatisfaction qui le pousse à se servir de son imagination. Le type d'homme moderne qui manifeste la plus grande insatisfaction, à savoir l'homme occidental, a d'ailleurs connu la plus grande réussite.

Il y a, de prime abord, des exceptions à ce que je viens d'écrire. Dans certaines parties du monde, il existe encore de petites communautés dans lesquelles les modes de vie traditionnels se sont perpétués, tels quels, depuis des siècles. Tant que l'on n'en saura pas plus long sur leur vie intérieure et leur imagination, il est impossible de dire dans quelle mesure les membres de ces communautés souffrent d'insatisfaction; toutefois, même les mieux adaptés imaginent fort probablement un paradis où ils seront protégés du danger et délivrés du labeur. Ce qui est tragiquement certain, en tout cas, c'est que ces groupes sont toujours menacés, parce que, comme les animaux régis par des schémas de comportement innés, ils ont beaucoup de mal à s'adapter à l'impact de la civilisation occidentale. Ce sont toujours les mécontents qui l'emportent. L'homme occidental a traité avec une monstrueuse cruauté les aborigènes d'Australie, les Indiens des deux Amériques, les habitants de l'Afrique et des Indes et bien d'autres groupes ethniques. Cependant, compte tenu de l'inventivité inépuisable de l'Occident, le déplacement des populations traditionnelles est sans doute inévitable, même lorsqu'on n'a pas délibérément recours à la ségrégation et à l'extermination.

On peut donc considérer que l'insatisfaction est adaptative, parce qu'elle encourage l'emploi de l'imagination et incite ainsi les hommes à faire d'autres conquêtes et à maîtriser de mieux en mieux leur environnement. A première vue, ce propos semble être en accord avec la conception du fantasme proposée par Freud. Ce dernier écrivit, en effet, dans son article « Les écrivains créateurs et la rêverie » :

Nous pouvons affirmer qu'une personne heureuse n'a jamais de fantasmes; ils sont réservés aux insatisfaits. Les forces motrices des fantasmes sont les désirs inassouvis et chaque fantasme particulier revient à exaucer un souhait, à corriger une réalité insatisfaisante [2].

Toutefois, Freud considère le fantasme comme étant essentiellement une évasion, il y voit une façon de fuir la réalité plutôt qu'un prélude à la modification de la réalité dans la direction souhaitée, comme je le suggère. Freud pensait que le fantasme était dérivé du jeu et que ces deux activités non seulement appartenaient à l'enfance, mais étaient en outre une négation de la réalité.

L'enfant qui grandit, lorsqu'il cesse de jouer, ne renonce à rien d'autre qu'au lien avec les objets réels; au lieu de *jouer*, le voici désormais qui *fantasme*. Il bâtit des châteaux en Espagne et crée ce qu'on appelle des *rêveries* [3].

Freud croyait que les bébés étaient dominés à l'origine par le principe de plaisir : c'est-à-dire par le besoin d'éviter la douleur et d'obtenir du plaisir. Lorsque les besoins instinctifs de nourriture, de chaleur, de confort perturbaient son repos, le nourrisson réagissait en comblant ses besoins par une hallucination.

Ce à quoi il pensait (ou qu'il désirait) était tout simplement présenté sous une forme hallucinatoire, exactement comme cela se passe encore toutes les nuits avec nos rêves. Ce n'était que la non-venue de la satisfaction attendue, la déception subie qui menaient à l'abandon de cette tentative de se satisfaire au moyen d'une hallucination. Au lieu de cela, l'appareil psychique devait décider de former une conception des circonstances réelles dans le monde extérieur et s'efforcer de les modifier réellement. Un nouveau principe de fonctionnement mental était ainsi introduit; ce qui se présentait à l'esprit n'était plus l'agréable, mais le réel. Ce recours au *principe de réalité* s'avéra une démarche d'une extrême importance [4].

Freud considérait que le principe de plaisir n'était que progressivement remplacé par le principe de réalité. Du fait qu'aucun contenu mental n'est jamais totalement évacué, il restait quelques traces du principe de plaisir que l'on pouvait, selon Freud, détecter non seulement dans les rêves, mais aussi dans les jeux. Et, nous l'avons vu, il pensait que les formes plus tardives du fantasme étaient dérivées du jeu.

Freud semble partir du principe que le monde réel peut ou doit pouvoir fournir une satisfaction totale et que, dans l'idéal, il devrait être possible à la personne mature de renoncer complètement aux fantasmes. Freud pourtant était un homme trop réaliste, pratique et pessimiste pour croire qu'un tel idéal pourrait jamais être atteint. Il n'en considérait pas moins que les fantasmes devaient devenir de moins en moins nécessaires, à mesure que l'individu mûrissant approchait de l'adaptation rationnelle au monde extérieur. Le fantasme, dans le schéma conceptuel de Freud, est lié à l'hallucination, au rêve et au jeu. Or, selon lui, toutes ces formes d'activité mentale relevaient du désir d'évasion : c'étaient autant de façons de fuir la réalité, qui dépendaient de la forme infantile du fonctionnement mental qu'il désignait sous le terme de « progression primaire » et qui étaient régies par le principe de plaisir plutôt que par le principe de réalité. La vision quelque peu puritaine de Freud était que l'adaptation convenable et adulte au monde était gouvernée par une réflexion délibérée et une planification rationnelle. Jamais il n'aurait soutenu notre thèse actuelle : à savoir qu'un univers intérieur fantasmatique fait partie de l'acquis biologique de l'homme et que c'est le décalage inévitable entre cet univers et le monde extérieur qui oblige les hommes à faire appel à l'invention et à l'imagination.

Pourtant toute l'œuvre de Freud lui-même vient à l'appui de ce que j'écris. Presque jusqu'à sa mort, à l'âge de quatre-vingt-trois ans, il ne cessa de réviser ses idées. Il croyait, certes, avoir découvert les principes fondamentaux d'une science nouvelle, mais il ne considérait nullement que l'édifice de la psychanalyse était achevé. Comme tous les créateurs, artistes ou savants, Freud était incapable de se reposer sur ses lauriers. L'abîme qui séparait la psychanalyse qu'il imaginait dans l'avenir de celle qui existait réellement resta béant.

Si, à l'encontre de Freud, nous partons du principe qu'un univers intérieur fantasmatique fait partie de l'acquis biologique de l'homme et que la réussite de l'homme en tant qu'espèce dépend de cet univers, nous constatons que nous ne devrions pas seulement nous efforcer de remplacer le fantasme par la raison, comme le voudrait Freud. Nous devrions plutôt mettre à profit notre faculté de fantasmer pour jeter des ponts entre l'univers intérieur de l'imagination et le monde extérieur. Ces deux univers ne coïncideront jamais tout à fait, comme nous pouvons supposer qu'ils le font dans le cas d'animaux dont les cycles de vie sont principalement régis par des schémas de comportement innés, mais il ne faut pas le regretter. Si nous n'avions pas, en quelque sorte, les yeux plus grands que le ventre, nous ne serions plus humains. Une race d'hommes dépourvue de la faculté de fantasmer serait non seulement incapable d'imaginer une vie meilleure en termes matériels, mais serait en outre privée de religion, de musique, de littérature et d'arts plastiques. Comme l'a écrit Goya :

> La fantaisie abandonnée par la raison produit des monstres impossibles; unie à elle, elle devient la mère des arts et l'origine de leurs merveilles [5].

La science elle-même dépend davantage des fantasmes que Freud ne voulait bien le dire. De nombreuses hypothèses scientifiques sont dues à des envols de l'imagination, qui parurent d'abord tout à fait fous, mais qui résistèrent ensuite à un examen réfléchi et à une mise à l'épreuve détaillée. Lorsque Newton émit l'idée que la pesanteur était un phénomène universel couvrant des distances énormes, il s'agissait d'un bond de l'imagination qui dut paraître absurde tant qu'il n'eut pas fait la preuve mathématique de sa thèse. La découverte de la structure des molécules organiques par Kekulé eut pour origine une vision onirique d'atomes se combinant en chaînes qui formaient ensuite des anneaux, évoquant des serpents en train de se manger la queue. La théorie de la relativité d'Einstein ne put être formulée que parce qu'il avait été capable d'imaginer comment l'univers pourrait apparaître à un observateur se déplaçant à une vitesse voisine de celle de la lumière. Voici des exemples de fantasmes qui, bien qu'ils soient nés de l'imagination, n'en sont pas moins reliés au monde extérieur d'une façon qui l'a éclairé et l'a rendu plus compréhensible.

A d'autres fantasmes, donnant naissance à des hypothèses censément scientifiques, il a manqué cette liaison avec le monde extérieur. En conséquence, ces produits de l'imagination ont fini par être rejetés comme illusoires. Ainsi, tout au long du XVIIIe siècle, on avait l'habitude d'expliquer la combustion par la théorie du *phlogiston.* On considérait le phlogiston comme le principe matériel de la combustibilité. Lorsqu'un objet quelconque brûlait, on supposait qu'il perdait son phlogiston, imaginé sous la forme d'un fluide impondérable. On finit par démontrer, cependant, que le phlogiston n'existait que dans l'imagination de certains et que rien, dans le monde extérieur, ne correspondait à cette notion.

Nous pouvons donc voir que dans le domaine de la science, il existe deux sortes de fantasmes. La première s'ouvre au monde extérieur et, en maintenant avec lui un lien qui correspond à son fonctionnement véritable, devient une hypothèse fructueuse. La seconde, n'arrivant pas à établir ce lien, finit par être repoussée en tant qu'illusion.

Ces deux sortes de fantasmes se reconnaissent aussi dans le domaine artistique. Quand un grand écrivain comme Tolstoï se sert de son imagination pour raconter une histoire et inventer des personnages qui nous émeuvent profondément et deviennent immortels, nous supposons, à juste titre, que ses fantasmes sont liés à la réalité extérieure qu'ils éclairent pour nous. En revanche, nous nous rendons compte que les fantasmes d'écrivains de moindre envergure, qui se manifesteront peut-être sous la forme de « romans policiers » ou de « romans à l'eau de rose », n'ont presque rien à voir avec la réalité et ne sont peut-être, d'ailleurs, qu'une tentative de la fuir.

Dans son article que j'ai déjà cité, « Formulations sur les deux principes du fonctionnement mental », Freud semble être partiellement d'accord avec ces propos, puisqu'il écrit :

> D'une façon particulière, l'art amène une réconciliation des deux principes. Un artiste est à l'origine un homme qui se détourne de la réalité, parce qu'il ne parvient pas à s'accommoder de la renonciation à la satisfaction instinctuelle qu'elle commence par exiger, et qui laisse libre cours à ses désirs érotiques et ambitieux dans la vie fantasmatique. Il retrouve, cependant, le chemin de la réalité, à partir de cet univers fantasmatique, en utilisant ses dons spéciaux pour modeler ses fantasmes en vérités d'une nouvelle sorte, que les hommes vont apprécier parce qu'ils y voient de précieux reflets de la réalité. Ainsi, d'une certaine façon, il devient bel et bien le héros, le roi, le créateur ou le favori qu'il souhaitait être, sans suivre le long chemin détourné qui

> consiste à effectuer des changements dans le monde extérieur. Mais il ne peut y parvenir que parce que d'autres hommes éprouvent la même insatisfaction que lui vis-à-vis de la renonciation exigée par la réalité et parce que cette insatisfaction, qui résulte du remplacement du principe de plaisir par le principe de réalité, fait elle-même partie de la réalité [6].

La confusion, évidente dans ce passage, est due au fait que Freud ne peut pas rejeter son postulat selon lequel le fantasme est un phénomène qui, chez l'adulte mature, devrait céder la place à une pensée pratique et rationnelle. Lorsqu'il fait allusion à l'artiste modelant ses fantasmes en « vérités d'une nouvelle sorte », Freud commence à reconnaître qu'il ne s'agit pas uniquement d'un moyen détourné de prendre ses désirs pour des réalités, mais il ne va pas jusqu'au bout de son raisonnement. L'eût-il fait, il en aurait sûrement conclu que certains fantasmes relèvent peut-être de l'évasion, mais qu'il en existe d'autres qui annoncent des manières nouvelles et fructueuses de s'adapter aux réalités du monde extérieur.

Il y a d'excellentes raisons biologiques de croire que l'homme est ainsi fait qu'il possède un univers intérieur de l'imagination qui diffère du monde extérieur de la réalité, auquel il est toutefois relié. C'est le décalage entre ces deux univers qui actionne l'imagination créatrice. Ceux qui prennent conscience de leur potentiel créateur sont constamment occupés à combler le fossé entre l'intérieur et l'extérieur. Ils prêtent au monde extérieur une signification, parce qu'ils ne rejettent pas plus son objectivité que leur propre subjectivité.

Cette interaction entre univers intérieur et extérieur apparaît clairement lorsqu'on regarde jouer des enfants. Ceux-ci utilisent des objets réels du monde extérieur, mais en leur donnant des significations dérivées de l'univers de leur propre imagination. Ce processus commence très tôt chez l'enfant. De nombreux bébés conçoivent un violent attachement pour des objets particuliers. D.W. Winnicott fut le premier psychanalyste à attirer l'attention sur l'importance de tels attachements dans son article « Les objets transitionnels et les phénomènes transitionnels [7] ». Les phénomènes en question sont étroitement liés aux débuts de l'indépendance et à la faculté de rester seul.

Selon Winnicott, l'âge auquel les bébés manifestent pour la première fois de l'attachement aux objets extérieurs varie, mais le phénomène peut survenir dès quatre mois. Au début, les bébés se servent de leur propre pouce ou de leur poing pour se réconforter. Par la suite, ils peuvent leur substituer un bout de couverture, une serviette ou un mouchoir. Il peut arriver qu'une couverture ou un édredon particulier, ou ultérieurement une poupée ou un ours en peluche, revête pour l'enfant une importance vitale, surtout quand il s'agit de s'endormir. L'objet devient un moyen de se défendre contre l'angoisse; un réconfort qui, dans une certaine mesure, se substitue au sein de la mère ou à la mère elle-même en tant qu'objet d'attachement sûr. Ces objets peuvent devenir presque inséparables de l'enfant et être parfois plus importants que la mère elle-même.

Winnicott les appelle « objets transitionnels » parce qu'il considère qu'ils représentent des stades intermédiaires entre l'attachement de l'enfant pour sa mère et son attachement ultérieur pour d'autres « objets », c'est-à-dire pour des gens qu'il en viendra à aimer et sur qui il comptera. Winnicott considère que les objets en question servent de médiateurs entre l'univers intérieur de l'imagination et le monde extérieur. La couverture, la poupée, l'ours en peluche sont de toute évidence des objets réels formant une entité séparée; mais, en même temps, ils sont lourdement chargés d'émotions subjectives appartenant à l'univers intérieur de l'enfant. Le processus de médiation entre l'intérieur et l'extérieur pourrait être décrit comme le premier acte créateur de l'enfant.

Winnicott précise, et c'est important, que l'utilisation d'un objet transitionnel n'a rien de pathologique. Certes, ces objets fournissent sécurité et réconfort, et l'on peut donc dire qu'ils se substituent ainsi à la mère, mais ce n'est pas parce que sa mère laisse à désirer que l'enfant y a recours. Les objets transitionnels n'apparaissent que lorsque le bébé est en mesure de leur prêter des qualités de soutien ou d'amour. Pour y parvenir, il doit bien sûr avoir connu l'un et l'autre. Ce n'est donc que quand la mère a été introjectée en tant qu'objet partiellement adéquat, pour le moins, que ces qualités peuvent être projetées sur un objet transitionnel. La faculté de concevoir des attachements pour des objets transitionnels est donc un signe de santé plutôt qu'un signe de carence, de même que la faculté de rester seul est un signe de sécurité intérieure plutôt qu'une expression de repli sur soi. Le fait, souvent observé, que les enfants placés en institution, et dont la faculté de former des liens d'attachement à d'autres personnes a pu être endommagée, ne s'attachent que très rarement à des joujoux en peluche vient étayer cette thèse [8].

En outre, c'est le bébé sécurisé qui manifeste par la suite le plus grand intérêt pour les jouets et autres objets impersonnels de son environnement. Comme nous l'avons noté plus tôt, l'exploration indépendante est caractéristique du bébé sécurisé, alors que celui qui s'accroche anxieusement à sa mère montre bien que son attachement n'est pas fondé sur un sentiment de sécurité.

L'utilisation d'objets transitionnels laisse penser que les fonctions positives de l'imagination commencent très tôt dans la vie de l'être humain. Dans notre Introduction, nous avons émis l'idée qu'il y avait dans la nature humaine deux tendances opposées : la tendance à nouer des liens étroits avec nos semblables et la tendance à être indépendants et autonomes. Ne pourrait-on penser que la première manifestation de cette seconde tendance est le recours à des objets transitionnels? En effet, l'utilisation de tels objets indique que le jeune enfant peut, en tout cas momentanément, se passer de la présence physique de sa mère. Les objets transitionnels peuvent donc être liés à la fois à la faculté de rester seul et au développement de l'imagination.

L'existence de tels objets étaye aussi la supposition selon laquelle les êtres humains sont dirigés vers l'impersonnel tout autant que vers le personnel. Ces manifestations très précoces de la faculté de donner une importance à des objets impersonnels prouvent bien que l'homme n'est pas né uniquement pour l'amour. Le sens prêté à de tels objets sera peut-être reporté par la suite sur des objets d'intérêt scientifique ou sur l'un des multiples aspects du monde extérieur qui retiennent l'attention de l'adulte.

Les objets transitionnels perdent progressivement leur charge émotionnelle à mesure que l'enfant grandit. Bien souvent, ils finissent par être liés à une variété d'autres objets et sont utilisés dans le jeu. Les enfants transforment aisément un balai en cheval, un fauteuil en maison. A un stade plus avancé, les activités ludiques sont remplacées par des fantasmes, dans lesquels il n'y a pas besoin du moindre objet extérieur pour accélérer le cours de l'imagination.

Freud avait raison de lier le jeu au fantasme, mais comment ne pas croire qu'il avait tort de prétendre que l'on doit abandonner aussi bien le jeu que les fantasmes en faveur de la rationalité? Lorsque j'ai émis l'idée que les gens qui réalisaient leur potentiel créateur étaient sans cesse occupés à combler le fossé entre univers intérieur et extérieur, je ne faisais pas seulement allusion à la création d'œuvres d'art ou à l'échafaudage d'hypothèses scientifiques, mais à ce que Winnicott a appelé avec beaucoup d'à-propos « aperception » créatrice. Ce phénomène dépend de l'établissement d'un lien entre subjectif et objectif; de la faculté de parer le monde extérieur des chaudes couleurs de l'imagination. Winnicott a écrit :

> C'est « l'aperception » créatrice, plus que toute autre chose, qui donne à l'individu le sentiment que la vie vaut la peine d'être vécue [9].

Il semble probable qu'il y a toujours un élément ludique dans une existence créatrice. Lorsque cet élément disparaît, la joie de vivre disparaît avec lui, ainsi que le sentiment d'être capable d'innover. Il n'est pas rare pour les créateurs de connaître des périodes de désespoir durant lesquelles leur faculté de créer du nouveau semble les avoir abandonnés. Cela arrive souvent parce qu'une œuvre particulière a pris une importance tellement considérable qu'il n'est plus possible d'y voir un simple jeu. Ce que Gibbon appelait « la vanité des auteurs » les incite parfois à prendre leur travail tellement au sérieux qu'il leur devient impossible de « s'en amuser ». Kekulé, décrivant la vision qui déboucha sur la découverte de la structure des molécules organiques, dont nous avons parlé plus haut, conseilla : « Apprenons à rêver, messieurs. » Il aurait pu tout aussi bien dire : « Apprenons à jouer. »

Le subjectif peut être si exagérément mis en relief que le monde intérieur de l'individu perd totalement contact avec la réalité. Dans ce cas, nous disons que l'individu est fou. D'un autre côté, comme le fait remarquer Winnicott, l'individu peut réprimer son univers intérieur à tel point qu'il se soumet beaucoup trop à la réalité extérieure. Si l'individu considère le monde extérieur uniquement comme une entité à laquelle il doit s'adapter, plutôt qu'à un lieu où sa subjectivité peut s'épanouir, son individualité disparaît et sa vie devient futile et dépourvue de signification.

On doit considérer qu'un univers intérieur fantasmatique fait partie du patrimoine biologique humain. L'imagination est en activité même chez les mieux adaptés et les plus heureux d'entre nous; mais l'étendue du fossé entre univers intérieur et extérieur, et, partant, l'aisance ou la difficulté avec laquelle ce fossé peut être comblé, varie énormément d'un individu à l'autre. Nous étudierons quelques-unes de ces variations dans les chapitres suivants.

6

L'IMPORTANCE DE L'INDIVIDU

Nul ne déploiera jamais les capacités de son propre intellect, s'il n'entrave quelque peu son existence par la solitude.

DE QUINCEY

Il existe chez tout homme un monde intérieur fantasmatique qui trouve à s'exprimer de façons infiniment variées. Le fanatique des champs de course ou le téléspectateur passionné de football laissent libre cours à leurs fantasmes, même s'ils ne créent ni ne produisent rien. Les passe-temps et activités favorites constituent souvent les aspects d'un être humain qui définissent le plus clairement son individualité et font de lui la personne qu'il est. Découvrir ce qui intéresse vraiment quelqu'un, c'est être en bonne voie pour le comprendre. Parfois, cet intérêt peut se porter sur la pratique d'un sport d'équipe et nécessiter de ce fait une interaction avec d'autres; mais bien souvent, il reflète ce que fait la personne quand elle est seule ou quand la communication et l'interaction sont réduites au minimum. En Grande-Bretagne, tous les week-ends, les bords des rivières et des canaux sont jalonnés de pêcheurs à la ligne, qui restent discrètement à distance les uns des autres et ne conversent que très rarement. Leur passe-temps est essentiellement une activité solitaire dans laquelle il se passe si peu de chose que les fantasmes doivent être particulièrement actifs. Il en va de même pour le jardinage et pour de nombreuses autres distractions, qu'elles soient ou non manifestement « créatrices », qui occupent les loisirs de ceux dont les besoins physiques fondamentaux ont été comblés. Chacun de nous a besoin d'intérêts personnels, tout autant que d'échanges humains; et ces intérêts, au même titre que les relations interpersonnelles, jouent un rôle important quand il s'agit de définir son identité spécifique.

L'affirmation de Bowlby, selon laquelle les attachements intimes sont le noyau autour duquel gravite la vie d'une personne; celle de Marris, selon laquelle les rapports spécifiques incarnent de façon cruciale le sens de la vie d'une personne, ne tiennent pas compte non seulement des intérêts personnels qui peuvent revêtir une importance vitale, mais aussi du besoin qu'éprouvent bon nombre d'entre nous de trouver une religion, une philosophie ou une idéologie qui donnent un sens à notre vie.

Dans un essai sur « Le concept de la guérison », j'ai suggéré qu'il y avait dans le processus d'analyse deux grands facteurs qui facilitaient le rétablissement des malades souffrant de névroses.

> Le premier facteur est que le patient adopte un schéma ou système de pensée quelconque, qui paraît donner un sens à son angoisse. Le second est qu'il établit une relation d'un caractère fructueux avec quelqu'un d'autre [1].

Ces deux facteurs interviennent dans la vie de chacun d'entre nous, mais certaines natures sont plus enclines à trouver un sens à la vie principalement grâce aux relations interpersonnelles, alors que d'autres ont tendance à le trouver dans des intérêts personnels, des croyances ou des systèmes de pensée.

Pour importantes que soient les relations humaines,

pour la personne douée de talent créateur, il arrive souvent que son champ d'activité particulier lui tienne encore plus à cœur. Le sens de sa vie dépend moins de ses relations personnelles que de son travail. Si elle connaît la réussite, le public partagera ce point de vue. Même si la plupart des gens s'intéressent à la vie privée des personnages hors du commun, nous considérons généralement leur œuvre créatrice comme beaucoup plus importante que leurs rapports personnels. S'ils se comportent mal vis-à-vis de leurs conjoints, amants ou amis, nous serons sans doute plus indulgents envers eux qu'envers le commun des mortels. Wagner était notoirement dépourvu de scrupules, mais ses écarts de conduite sexuels et financiers pâlissent à côté de l'ampleur et de l'originalité de ses compositions. Strindberg se conduisit de façon intolérable avec ses trois femmes et avec beaucoup de ses anciens amis, mais le talent avec lequel il met en scène son goût des querelles et sa haine des femmes dans des pièces telle que *Le Père* et *Mademoiselle Julie* nous incite à oublier sa cruauté.

Les analystes passent leur vie à écouter des gens qui ont des problèmes dans leur vie privée. N'est-il pas remarquable que les deux analystes les plus originaux du XXe siècle, ayant entrepris de rédiger leur autobiographie, n'aient consacré que quelques mots à leurs épouses et familles respectives et d'ailleurs à quoi que ce soit en dehors du développement de leurs idées? *Une étude autobiographique* de Freud autant que *Souvenirs, Rêves, Réflexions* de Jung révèlent l'une et l'autre exceptionnellement peu de chose sur les rapports de leurs auteurs avec autrui. Certes, on peut louer leur discrétion et comprendre leur désir de ne pas étaler leur vie privée au grand jour, mais on peut aussi en conclure, à juste titre, que la façon dont ils se racontent eux-mêmes montre bien où résidait leur principal intérêt.

Il est vrai de dire que de nombreux créateurs ne

parviennent pas à établir des rapports personnels matures et que certains souffrent d'un profond isolement. Il est vrai aussi que, dans certains cas, un traumatisme, sous la forme d'une séparation ou d'un deuil survenu très tôt dans sa vie, a poussé le créateur en puissance à cultiver les aspects de sa personnalité susceptibles de s'épanouir dans une solitude relative. *Cela ne signifie pas, cependant, que les activités créatrices sont en soi pathologiques.* Même ceux d'entre nous qui entretiennent avec autrui les relations les plus heureuses ont besoin d'autre chose pour s'épanouir totalement.

Le développement de l'imagination a permis à l'homme d'utiliser l'impersonnel, aussi bien que le personnel, comme principal moyen d'autodéveloppement, comme voie royale vers la réalisation de soi-même. Les créateurs les plus originaux incarnent un aspect du potentiel humain que l'on trouve chez tous les hommes, mais qui reste chez la plupart d'entre nous à l'état embryonnaire. Même si nous nous efforçons d'y parvenir, nous ne mettons pas également à profit nos diverses potentialités, et on a l'impression que de nombreux créateurs cultivent leurs talents avec plus de soin que leurs rapports avec autrui.

L'idée que l'autodéveloppement personnel constitue une démarche importante est relativement récente dans l'histoire de l'homme; et l'idée que les arts véhiculent l'expression de soi ou peuvent servir les objectifs de l'autodéveloppement est encore plus nouvelle. Dans la nuit des temps, les arts étaient strictement fonctionnels et, qui plus est, fonctionnels pour la communauté entière et pas seulement pour l'artiste lui-même. Les artistes du paléolithique qui dessinaient et peignaient des animaux sur les murs des grottes où ils vivaient ne songeaient pas à faire œuvre d'art pour exprimer leur façon personnelle d'envisager le monde, mais à faire œuvre de magie. Comme l'a écrit Germain Bazin :

> L'artiste primitif était un magicien dont le dessin avait toute la vertu d'un enchantement magique, d'une incantation.

Bazin pense que l'homme préhistorique peignait et sculptait des formes naturelles « pour assurer la fertilité de sa proie, pour l'attirer dans ses pièges ou pour acquérir sa force à ses propres fins [2] ». Herbert Read dit des peintures rupestres qu'elles représentent « le désir de " réaliser " l'objet sur lequel devait être exercé le pouvoir magique [3] ».

Le fait de dessiner aiguise la perception de l'artiste, idée passionnément soutenue par Ruskin qui croyait que ce n'était qu'en s'efforçant de saisir le monde extérieur dans ses formes et ses couleurs que l'artiste apprenait à le percevoir. Dans le cas de nos lointains ancêtres, nous pouvons être sûrs que plus l'artiste représentait avec exactitude sa proie en puissance, plus on pouvait dire qu'il « connaissait » l'animal qu'il dessinait ainsi. Or, plus il était savant sur ce point, plus il avait de chances d'être bon chasseur.

Si le fait de donner un nom aux choses est, comme le veut Bazin, le premier acte créateur, le fait de les dessiner est peut-être le second. Le dessin peut se comparer à la formation de concepts. Il permet à l'artiste d'expérimenter avec des images distinctes de l'objet qui a retenu son attention à l'origine et lui donne donc un sentiment de maîtrise sur cet objet. C'était sans doute parce qu'ils croyaient au pouvoir de l'image que les sculpteurs égyptiens exécutaient des effigies des morts. On pensait en effet que cette image garantissait leur survie. Bazin nous apprend que, dans la vallée du Nil, on appelait le sculpteur « Celui qui maintient en vie [4] ».

Lorsque les anthropologues étudient aujourd'hui l'art d'autres cultures, ils le décrivent comme étant d'un caractère social. Raymond Firth déclare que

> l'artiste primitif et son public partagent essentiellement le même système de valeurs... Contrairement à ce qui se passe généralement dans la société occidentale, l'artiste n'est pas coupé de son public [5].

La majorité des sociétés pré-industrielles ne semblent pas posséder de mot voulant dire « art », bien qu'elles aient, bien évidemment, des mots désignant des activités artistiques particulières comme le chant ou la sculpture. A mesure que la civilisation occidentale s'est développée, la croyance dans le pouvoir magique de l'image a décliné, mais la peinture et la sculpture sont restées au service d'intérêts plutôt collectifs qu'individuels. Les artistes étaient des artisans de qui on n'attendait point d'originalité, mais de la docilité dans l'exécution des ordres de leurs protecteurs. Leur tâche principale était de rappeler aux fidèles, qui étaient alors bien souvent illettrés, les dogmes de la foi chrétienne; et, dans ce but, ils ornaient les murs des églises de scènes empruntées à la vie du Christ et de ses saints. L'artiste médiéval était recruté dans les classes inférieures de la société. Parce qu'elles nécessitaient un travail manuel, on estimait que la peinture et la sculpture étaient inférieures à la littérature et aux sciences théoriques. Ce ne fut qu'à partir du milieu du XIIIe siècle que l'on commença à noter les noms des peintres.

En outre, même quand les artistes faisaient le portrait de particuliers, l'individualité du sujet avait moins d'importance que son rang ou sa fonction dans la société. Colin Morris précise :

> Force nous est de reconnaître dès le départ qu'il n'est pas possible, en ce qui concerne les portraits datant d'avant l'an 1200, d'être certain qu'il s'agissait d'une étude personnelle, au sens moderne du terme [6].

Jacob Burckhardt prétend qu'en Europe l'Italie a donné naissance à la conscience individuelle.

> Au Moyen Age, les deux faces de la conscience humaine – celle qui était tournée vers l'intérieur et celle qui était tournée vers l'extérieur – gisaient, rêvant ou à demi éveillées, sous un voile commun. Celui-ci était tissé de foi, d'illusion et d'un préjugé enfantin, par la faute desquels on voyait le monde et l'histoire affublés d'oripeaux d'étranges couleurs. L'homme n'avait conscience de lui-même qu'en tant que membre d'une race, d'un peuple, d'un parti, d'une famille ou d'une corporation – c'est-à-dire uniquement par le biais d'une catégorie générale. Ce fut en Italie que ce voile s'évanouit pour la première fois dans les airs; il devint possible de traiter *objectivement* l'État et toutes les choses de ce monde. En même temps, le côté *subjectif* s'affirmait avec une emphase correspondante; l'homme devenait un *individu* spirituel et se reconnaissait en tant que tel [7].

L'art du portrait figuratif de personnages clairement reconnaissables fut hautement développé avant que l'autoportrait ne devînt le moins du monde commun. Comme l'a noté Peter Abbs dans sa thèse, « Le développement de l'autobiographie dans la culture occidentale », l'artiste de la Renaissance avait souvent l'habitude, devenue conventionnelle, de se représenter parmi les personnages d'une œuvre de commande, ou bien il se prenait comme modèle pour l'un des saints qu'il était chargé de peindre, mais l'autoportrait en tant que moyen de s'explorer ou de montrer hardiment sa véritable nature intérieure ne commença qu'à la fin du XVe siècle pour atteindre son apogée au XVIIe, avec la longue série d'autoportraits dus au pinceau de Rembrandt.

La musique, elle aussi, servit, au début, des fins communautaires. E.O. Wilson suppose que, de même que les chants d'oiseau ont pour fonction de communiquer des informations concernant le chanteur aux autres membres de l'espèce, la musique humaine servait à l'origine les objectifs des tribus. « Les chants et les danses ont pour but de mettre en contact différents groupes, d'orienter les émotions du peuple et de les préparer à une action conjuguée [8]. »

Raymond Firth écrit que, dans le type de communauté qu'il a étudié,

> les chansons elles-mêmes ne sont pas, en règle générale, composées uniquement pour être écoutées par plaisir. Elles ont une mission à remplir, elles servent de chants funèbres, elles accompagnent la danse, elles permettent de donner la sérénade à une femme aimée [9].

Il aurait pu ajouter que le rythme coordonne l'action musculaire, allège le poids du travail manuel et retarde la fatigue. Notre musique occidentale est un legs de l'Église. Il faut se rappeler que, pendant des siècles, l'église fut le lieu de réunion de tous les villages et villes. La fonction de la musique était collective : elle devait créer une émotion de groupe en tant que partie intégrante de l'acte de dévotion.

Les sociétés pré-industrielles n'ont guère de notions de la personne en tant qu'entité séparée. Un psychiatre nigérien m'a raconté qu'une clinique psychiatrique avait été fondée dans une zone rurale de son pays et qu'aux premiers temps, la famille des patients les accompagnait invariablement et tenait à assister à l'entrevue avec le psychiatre. L'idée qu'une personne existait en tant qu'individu distinct de la famille, ou pouvait avoir des problèmes personnels qu'elle ne souhaitait pas partager avec ses proches, n'effleurait même pas l'esprit de ces Nigériens, lesquels menaient encore une existence villageoise traditionnelle. Dans son ouvrage, *Social Anthropology*, Sir Edmund Leach mentionne

> l'éthos de l'individualisme qui est central à la société occidentale contemporaine, mais qui est notoirement absent de la plupart des sociétés qu'étudient les socio-anthropologues [10].

La croissance de l'individualisme et, partant, celle de la conception moderne de l'artiste fut précipitée par la Réforme. Bien que Luther fût un ascète qui critiquait la richesse et le luxe, c'était aussi un individualiste qui prêchait la suprématie de la conscience individuelle. Jusqu'au XVIe siècle, le critère suprême des institutions et activités humaines fut non seulement religieux, mais promulgué par une Église occidentale universelle. Comme le démontre Tawney, de façon fort éloquente, dans *La Religion et la Montée du capitalisme,* malgré la fréquence avec laquelle les hommes laissaient libre cours à leur convoitise et à leur ambition, il n'en existait pas moins une conception acceptée de la façon dont chacun *aurait dû* se comporter. L'idée que l'on pouvait poursuivre ses objectifs économiques jusqu'à l'extrême limite, pourvu qu'on restât dans la légalité, était étrangère à l'esprit médiéval qui considérait le soulagement de la pauvreté comme un devoir et l'accumulation privée des richesses comme un danger pour l'âme.

La Réforme rendit possible la croissance du calvinisme et l'établissement de l'éthique protestante du travail. Il ne fallut pas longtemps pour que la pauvreté fût considérée comme un châtiment pour la paresse ou l'imprudence de celui qui en souffrait, alors que l'accumulation des biens matériels était la récompense de vertus telles que le zèle et l'économie.

Durkheim fit remarquer par la suite que la croissance de l'individualisme était aussi liée à la division du travail. A mesure que les sociétés devenaient plus vastes et complexes, la spécialisation professionnelle entraînait une plus grande différentiation entre les individus. La croissance des villes instaurait des relations sociales plus lâches, moins intimes; et l'individu, tout en y gagnant une liberté personnelle, car il s'émancipait ainsi des liens plus étroits qui caractérisent les sociétés plus réduites, devenait vulnérable à l'*anomie*, c'est-à-dire l'aliénation due au fait qu'on cesse de se conformer à un code traditionnel.

Dans la thèse à laquelle j'ai déjà fait référence, Abbs fait remarquer que selon l'*Oxford English Dictionary*, ce ne fut qu'en 1674 que le mot « *self* » prit son sens moderne de « sujet permanent d'états de conscience successifs et variés ». Il continue en dressant une liste de divers exemples dans lesquels « *self* » forme des mots composés avec d'autres mots qui sont tous apparus dans la langue anglaise vers la même époque.

Abbs fait également remarquer que le mot *individual* (individuel) signifiait à l'origine *indivisible* et que l'on pouvait l'utiliser, par exemple, au sujet de la sainte Trinité ou d'un couple marié, pour dire « que l'on ne peut séparer ». Abbs écrit :

> L'inversion progressive du sens du mot « individuel », passant de ce qui est indivisible et collectif à ce qui est divisible et distinctif, porte en elle, sans y paraître, tout le développement historique de la conscience de soi, témoigne de la dynamique complexe du changement qui a séparé la personne de son univers, la rendant consciente de soi, un changement dans la structure des sentiments laquelle est passée, durant la Renaissance, d'un sentiment de fusion inconsciente avec le monde à un état d'invi-duation consciente [11].

Dans les sociétés où la fonction de l'artiste, qu'il fût peintre, sculpteur, musicien ou conteur, était de servir la communauté en exprimant la sagesse traditionnelle, ses talents étaient prisés, mais pas son individualité. De nos jours, nous exigeons de lui qu'il manifeste de l'originalité et que l'œuvre produite porte l'empreinte indubitable de sa singularité. Nous traitons un Titien authentique avec révérence, mais si un spécialiste d'histoire de l'art nous apprend qu'il ne s'agit que d'une copie, nous passerons probablement devant sans nous y attarder, même si elle est très belle. La valeur commerciale d'une œuvre d'art dépend de son authenticité prouvée plutôt que de ses mérites intrinsèques. L'art est devenu une déclaration individuelle et, pour l'artiste lui-même, un moyen de chercher à se réaliser.

L'autobiographie est issue du confessionnal. Saint Augustin en a fourni le modèle avec ses *Confessions.* Cependant, le mot « autobiographie » ne fut introduit que beaucoup plus tard. Au fil des siècles, l'autobiographie a cessé d'être un récit de la relation d'une âme avec Dieu pour devenir une entreprise beaucoup plus proche de la psychanalyse. En rapportant les événements de sa vie depuis l'enfance, le narrateur cherchait à définir les influences qui avaient façonné son caractère, à retracer les relations qui l'avaient le plus affecté, à révéler les motifs qui l'avaient incité à agir. Bref, il devenait un écrivain qui s'efforçait de fournir un récit cohérent de sa vie et, ce faisant, espérait peut-être découvrir le sens de celle-ci.

De façon assez semblable, le psychanalyste moderne se préoccupe de donner un sens cohérent à l'histoire de la vie de son patient. Comme je l'ai suggéré plus tôt, c'est un aspect important de la thérapie. La psychanalyse ne parvient pas nécessairement à débarrasser les gens de leurs symptômes névrotiques, ni à modifier la structure fondamentale de la personnalité; néanmoins, toute entreprise qui promet de mettre de l'ordre dans les aspects chaotiques de la vie d'un individu continuera à séduire les gens pour cette seule raison.

Le genre littéraire qu'est l'autobiographie est aujourd'hui si populaire que des hommes et femmes de peu d'intérêt et ne possédant guère de personnalité se croient obligés de mettre noir sur blanc l'histoire de leur vie. Peut-être faut-il croire que moins une personne se sent solidement fixée dans un réseau familial et social, plus elle estime devoir laisser sa trace de façon individuelle. Or, pour être original, il faut être assez hardi pour transgresser les normes acceptées. Parfois, cela vous vaut d'être incompris ou rejeté par vos semblables. Quiconque ne dépend pas trop des autres, ou n'est pas trop intimement lié à eux, aura moins de mal à se moquer des conventions. Les sociétés primitives éprouvent beaucoup de difficultés à permettre les décisions individuelles ou les différences d'opinion. Lorsque le maintien d'une solidarité de groupe est une considération première, il peut arriver que l'originalité soit étouffée. Bruno Bettelheim * a étudié des adolescents israéliens élevés dans des kibboutz. Il a constaté que la grande valeur accordée aux sentiments partagés par tout le groupe nuisait à la créativité.

> Je crois qu'ils trouvent presque impossible d'avoir une opinion profondément personnelle différant de celle du groupe, ou de s'exprimer dans un texte créatif – pas uniquement à cause du refoulement de leurs sentiments, mais parce que cela ferait voler leur ego en éclats. Si l'ego de quelqu'un est un ego de groupe, alors opposer son propre ego à celui du groupe devient une expérience qui vous brise. Et l'ego individuel se sent trop faible pour survivre lorsque son aspect le plus fort, l'ego de groupe, est perdu [12].

Un manuel sur l'art d'élever les enfants, ayant connu une grande vogue en URSS, insiste sur le besoin d'encourager l'obéissance chez les jeunes enfants, car cela

* *Les Enfants du rêve*, Coll. Réponses, Laffont éd.

« sert d'assise au développement de la très précieuse qualité qu'est l'autodiscipline ». L'auteur poursuit en ces termes :

> Ne faut-il pas aussi, nous demandera-t-on, développer l'indépendance chez les enfants? Nous répondrons : si un enfant n'obéit pas et n'a pas de considération pour les autres, son indépendance prend invariablement de bien fâcheuses formes [13].

A ce qu'on dit, les enfants soviétiques sont, dans l'ensemble, mieux élevés, moins agressifs et moins délinquants que leurs homologues occidentaux. Quant à savoir s'ils sont moins originaux, c'est une question à laquelle je ne saurais répondre; toutefois, à en juger par la façon dont les artistes et musiciens soviétiques ont été forcés, par le passé, de se conformer à des normes collectives, il semble improbable que l'originalité soit prisée ou encouragée dans une société collectiviste.

Ce que l'on a appelé « la culture de la pauvreté » comporte entre autres facteurs des lieux d'habitation surpeuplés, un grégarisme forcé et l'absence quasi totale d'isolement. Même si d'autres facteurs, notamment le manque d'éducation, interviennent aussi, cette vie communale explique peut-être pourquoi les miséreux ne possèdent guère d'écrivains qui soient leurs « porte-parole ». Les écrivains sont principalement issus des classes moyennes, ayant beaucoup plus facilement les moyens de s'isoler, et sont moins strictement tenus de se montrer solidaires de leurs amis et voisins.

Les grands créateurs ne seraient pas les seuls à accepter le postulat de Bowlby, selon lequel les attachements intimes sont le noyau autour duquel tourne la vie de chacun. Pour les gens profondément religieux, et surtout pour ceux dont la vocation exige le célibat, l'attachement à Dieu l'emporte sur l'attachement à son prochain. Même si les personnes en question parviennent à aimer leur prochain comme eux-mêmes, le commandement « Tu aimeras le Seigneur ton Dieu de tout ton cœur, de toute ton âme et de tout ton esprit » est véritablement « le premier et le plus grand des commandements [14] ». Durant la majeure partie de l'histoire de l'Europe, telle que nous la connaissons, on est parti du principe qu'il ne fallait pas attendre le bonheur suprême des rapports humains ni des institutions, car on ne pouvait le trouver que dans les rapports de l'homme avec Dieu.

Qui plus est, de nombreux vrais dévots croyaient que les rapports humains constituaient un obstacle à la communion avec Dieu. Les fondateurs de mouvements monastiques furent les ermites du désert égyptien dont l'idéal de perfection ne pouvait être atteint qu'à travers le renoncement au monde, la mortification de la chair et une vie solitaire de contemplation et de discipline rigoureuse. On comprit très vite que cette vie d'anachorète n'était pas accessible à tous, si bien que naquit la tradition « cénobite », selon laquelle les moines ne vivaient plus seuls, mais partageaient leur vie de dévouement à Dieu dans des communautés. Les attachements intimes, ou le désir de tels attachements, ne sont pas inconnus entre les murs des monastères, mais on les y considère comme des dérivatifs indésirables, fermement découragés.

Bien que l'érudition ne constitue pas un élément obligatoire de la vie monastique, les bibliothèques de ces établissements préservaient le savoir du passé et attiraient les moines nourrissant des intérêts savants. Aux XIIe et XIIIe siècles, les monastères prirent la tête d'une renaissance intellectuelle et ils prédominaient dans les domaines de l'histoire et de la biographie [15]. Peut-être faut-il penser que la discipline monastique et l'absence de liens personnels étroits, non seulement facilitaient les rapports avec Dieu, mais stimulaient en outre l'érudition.

Il serait, à mon avis, tout à fait faux de croire que tous ceux qui ont mis leurs rapports avec Dieu au-dessus de leurs relations avec leurs semblables sont anormaux ou névrosés. Certains de ceux qui choisissent la vie monacale ou le célibat le font, certes, pour de « mauvaises » raisons : parce qu'ils ont essuyé des échecs dans leurs rapports humains, ou parce qu'ils répugnent à endosser des responsabilités, ou parce qu'ils veulent se protéger du monde. Mais la chose n'est pas vraie de tous; et même si elle l'était, cela ne signifierait nullement qu'une vie dans laquelle les attachements intimes avec d'autres êtres humains n'ont guère d'importance est nécessairement incomplète ou inférieure.

Une personne religieuse pourrait faire valoir que les psychanalystes modernes ont idéalisé les attachements intimes; que les rapports humains sont, de par la nature même de l'homme, forcément imparfaits; et qu'en encourageant les gens à chercher un épanouissement complet dans cette voie, on leur a fait plus de mal que de bien. Comme je l'ai déjà laissé entendre, le taux croissant des divorces dans les pays occidentaux est dû non seulement au déclin du nombre de croyants attachés à l'indissolubilité du mariage prônée par le christianisme, mais aussi au fait que l'on a encouragé les gens à croire qu'ils pourraient trouver « l'homme (ou la femme) de leurs rêves » et connaître une union idéale.

Beaucoup de gens ont la chance de former des relations intimes qui durent jusqu'à la mort et constituent leur principale source de bonheur. Cependant, même les liens les plus étroits sont condamnés à passer par des crises, et c'est bien souvent parce qu'ils refusent de les accepter que les gens sont plus malheureux qu'ils ne devraient l'être et plus enclins à se quitter mutuellement. Si l'on admet qu'il n'existe pas de relation idéale, il est plus facile de comprendre pourquoi les gens ont besoin d'autres sources d'épanouissement. Comme nous l'avons vu, de nombreuses activités créatrices sont avant tout solitaires. Elles ont trait à la réalisation et au développement de soi dans l'isolement, ou bien au besoin d'agencer sa vie selon un schéma cohérent. Selon la personnalité et les talents de chacun, ces activités créatrices prendront plus ou moins de place dans sa vie. Tout le monde a besoin de rapports humains, mais tout le monde a également besoin d'une forme quelconque d'épanouissement qui lui soit propre. Du moment qu'ils ont des amis et des relations, les êtres passionnément investis dans des activités essentielles à leurs yeux peuvent connaître le bonheur sans nouer de liens très étroits.

7

SOLITUDE ET TEMPÉRAMENT

Avec l'extraversion et l'introversion, il s'agit clairement de deux attitudes ou tendances naturelles antithétiques, que Goethe a un jour désignées par les mots diastole et systole.

C.G. Jung

La plupart des psychiatres et psychologues s'accordent à dire que les êtres humains diffèrent par le tempérament et que ces différences sont en grande partie innées, pour autant qu'elles soient encouragées ou réprimées par les circonstances marquant l'enfance et les événements ultérieurs qui surviennent tout au long de la vie. La chose est particulièrement vraie lorsqu'on considère la réaction des gens à la solitude. Nous avons tous besoin, pour le moins, de la solitude du sommeil, mais durant les états de veille, les gens diffèrent beaucoup dans l'importance qu'ils attachent aux expériences mettant en jeu les rapports humains et celles qu'ils attachent à ce qui se passe quand ils sont seuls.

Dans son livre *Les Types psychologiques*, publié en 1921, Jung a introduit les termes *extraverti* et *introverti*. A la suite de sa rupture avec Freud, en 1913, Jung traversa une longue période de bouleversement mental, si intense qu'il se déclara « menacé de psychose [1] ». Il en a laissé une description très frappante dans son autobiographie. Au cours des huit années suivantes, il ne publia guère car il était surtout occupé à noter et interpréter le flot de visions, rêves et fantasmes qui menaçait de faire basculer sa raison. Cependant, tout en traversant cette période tumultueuse, Jung parvint à se forger un point de vue indépendant, dont le premier fruit fut *Les Types psychologiques.*

Jung prétend avoir commencé à s'intéresser au problème de typologie alors qu'il essayait de comprendre les différentes interprétations de la nature humaine proposées par Sigmund Freud et Alfred Adler. Comment deux psychiatres, confrontés au même matériau psychologique, parvenaient-ils à fournir deux explications aussi différentes de son origine et de sa signification? Jung donne quelques exemples lumineux de la façon dont il est possible d'expliquer des cas particuliers en se plaçant de l'un ou l'autre point de vue. Il écrit :

> Car si nous examinons les deux théories sans idée préconçue, nous ne saurions nier que l'une et l'autre comportent des vérités importantes et que, pour contradictoires que soient ces dernières, il ne faut pas considérer qu'elles s'excluent mutuellement... Or, puisque les deux théories sont, dans une large mesure, correctes – c'est-à-dire puisqu'elles paraissent l'une et l'autre expliquer leur matériau –, il s'ensuit qu'une névrose doit avoir deux aspects opposés, l'un saisi par la théorie de Freud, l'autre par celle d'Adler. Mais comment se fait-il que chaque chercheur ne voit qu'un seul côté et pourquoi prétend-il détenir la seule opinion valable [2]?

Jung en concluait que la différence fondamentale résidait dans la façon dont chacun des chercheurs envisageait la relation entre sujet et objet. Selon lui, Freud pensait que le sujet dépendait des objets importants et était, en grande partie, façonné par eux; tout spécialement par les parents et autres personnes influentes dans la petite enfance. Par conséquent, les difficultés du patient dans les relations d'objet suivent des schémas établis dès les premières années. Ceux-ci se répètent dans la situation de transfert qui, comme nous l'avons déjà vu, est devenue la préoccupation centrale d'analystes appartenant à toutes sortes d'écoles différentes.

Toujours selon Jung, Adler estimait, quant à lui, que le sujet devait se protéger contre l'influence indue des objets importants.

> Adler comprend comment un sujet qui se sent réprimé et inférieur s'efforce de s'assurer une sécurité illusoire au moyen de « protestations », d'« arrangements » et autres artifices adéquats, pareillement dirigés contre les parents, professeurs, règlements, autorités, situations, institutions et ainsi de suite. La sexualité elle-même peut figurer parmi ces artifices. Ce point de vue insiste exagérément sur le sujet, devant qui l'idiosyncrasie et l'importance des objets disparaissent complètement [3].

Et Jung de poursuivre :

> Certes, chacun des deux chercheurs voit le sujet en relation avec l'objet, mais combien différemment ils envisagent cette relation! Avec Adler, l'accent est mis sur un sujet qui, quel que soit l'objet, ne cherche que sa propre sécurité et sa propre suprématie; avec Freud, il est mis entièrement sur les objets qui, selon leur caractère spécifique, favorisent ou au contraire briment le désir de plaisir du sujet [4].

Cette façon de ranger ainsi Freud et Adler dans des catégories soulève certaines objections sur lesquelles nous n'avons pas à nous attarder. En tout cas, il ressort clairement de la description de Jung que l'attitude de

Freud, qu'il appelle *extravertie*, conçoit que le sujet est avant tout en quête de l'objet et se dirige *vers* lui. Alors qu'Adler, en revanche, part du point de vue *introverti* et conçoit que le sujet a besoin avant tout d'établir son autonomie et son indépendance et *s'éloigne* donc de l'objet.

Pour Jung, extraversion et introversion étaient des facteurs relevant du tempérament, fonctionnant dès le début de la vie et coexistant chez chacun d'entre nous à des degrés variés. Il ne fait aucun doute que la personne idéale manifesterait ces deux attitudes de façon équilibrée, mais dans la pratique, l'une ou l'autre prédomine généralement.

Selon Jung, si l'extraversion ou l'introversion devenait excessive, une névrose s'ensuivait. Une extrême extraversion faisait perdre son identité à l'individu bousculé par les gens et les événements. Une extrême introversion menaçait l'individu, en proie à ses préoccupations subjectives, de perdre le contact avec la réalité extérieure. Lorsque survenait ce type d'exagération, un processus interne se déclenchait pour tenter de compenser l'attitude unilatérale de l'individu. A ce stade, nous n'avons pas besoin de poursuivre les nouvelles subdivisions proposées par Jung, mais nous reviendrons à sa conception du psychisme en tant que système autorégulateur dans un chapitre ultérieur, car elle s'intéresse de très près au développement intérieur de l'individu en tant qu'entité séparée et se rattache donc directement au sujet du présent ouvrage.

D'autres observateurs ont proposé des classifications qui, même si elles soulignent différents traits de la personnalité, semblent rester étroitement liées à la dichotomie extraverti-introverti.

Wilhelm Worringer, spécialiste de l'histoire de l'art, a écrit en 1906 une dissertation qui devint ultérieurement son célèbre *Abstraktion und Einfühlung* (Abstraction et empathie). Elle fait l'objet d'un chapitre entier dans *Les Types psychologiques,* mais vaut d'être lue pour ses propres mérites. Worringer y affirme que l'esthétique moderne est fondée sur le comportement du sujet qui contemple.

> Le plaisir esthétique, écrit-il, est une autosatisfaction objectifiée. Goûter esthétiquement signifie prendre plaisir à un objet sensuel différent de moi-même, m'introduire en lui par empathie [5].

Il se rendait compte, toutefois, que le concept d'empathie n'était pas applicable à de longues périodes d'histoire de l'art, non plus qu'à toutes les variétés d'art.

> Son point archimédien est situé uniquement à l'un des pôles du sentiment artistique humain. Il ne prendra la forme d'un système esthétique global que lorsqu'il se sera uni aux lignes qui émanent du pôle opposé.
>
> Nous considérons comme ce pôle contraire une esthétique qui procède non pas du besoin d'empathie de l'homme, mais de son besoin d'abstraction. De même que le vif désir d'empathie en tant que prémisse de l'expérience esthétique trouve sa gratification dans la beauté de ce qui est organique, le vif désir d'abstraction trouve sa beauté dans l'inorganique qui nie la vie, dans le cristallin ou, en termes plus généraux, dans toute loi et nécessité abstraite [6].

Worringer considérait que l'abstraction avait son origine dans l'angoisse; comme étant, chez l'homme, une tentative d'ordre et de stabilité face à un monde dans lequel il se sentait à la merci des forces imprévisibles de la Nature. La polarité s'établit donc entre foi dans la Nature et peur de la Nature. Worringer comprenait qu'une extrême empathie amenait à « se perdre » dans l'objet – danger déjà mentionné dans le cas de l'extrême extraversion. La forme géométrique, en revanche, représentait une régularité abstraite que l'on ne trouvait pas dans la Nature. Worringer a écrit, parlant de l'homme primitif :

> Dans la nécessité et l'irréfragabilité de l'abstraction géométrique, il pouvait trouver le repos. Cette abstraction semblait purifiée de toute dépendance vis-à-vis des choses du monde extérieur, ainsi que du sujet lui-même. C'était la seule forme absolue que l'homme pouvait concevoir et atteindre [7].

Ainsi, l'abstraction est liée au détachement de l'objet potentiellement dangereux, à la sécurité et à un sens de l'intégrité et du pouvoir personnels. C'est aussi le genre de satisfaction que connaît le scientifique dans ses rencontres avec la Nature. Une nouvelle hypothèse scientifique, menant à une loi qui prédira les événements, a son origine dans les répétitions perçues, dans la capacité du scientifique à se détacher, lui et ses propres sentiments subjectifs, des phénomènes qu'il étudie, quels qu'ils soient, et, une fois prouvée, elle donnera un pouvoir d'autant plus grand sur la nature. Par exemple, de récents travaux laissent supposer qu'en mesurant les changements de pesanteur dans le voisinage des volcans, on pourrait accroître la possibilité de prévoir les éruptions, qui restent parmi les phénomènes naturels les plus puissants et les plus imprévisibles menaçant encore la vie des hommes.

Donc, l'abstraction est liée à l'autopréservation; au besoin adlérien, introverti, de prendre ses distances vis-à-vis de l'objet, d'en être indépendant et, si possible, de le contrôler.

Ces deux attitudes ou pôles de la nature humaine se reflètent aussi chez Liam Hudson, lorsqu'il classe les êtres humains en *divergeurs* et *convergeurs*. Hudson s'intéressa aux préférences des élèves très intelligents, cherchant à savoir s'ils étaient principalement attirés par les arts ou les sciences. Il découvrit que ces préférences étaient liées à un certain nombre d'autres traits de caractère, qui venaient étayer l'idée reçue que le Scientifique et l'Artiste sont des types humains bien différents.

Les « convergeurs », qui tendent à se spécialiser dans les sciences « pures » ou parfois dans les lettres classiques, possèdent l'espèce d'intelligence qui culmine dans les tests d'intelligence conventionnels, pour lesquels il n'y a qu'une seule réponse correcte par question. Ils réussissent moins bien dans les tests projectifs, pour lesquels toute une variété de réponses est possible. Durant leurs loisirs, les convergeurs s'adonnent à des passe-temps mécaniques ou techniques et ne manifestent que peu d'intérêt pour la vie des autres. Ils ont des attitudes conventionnelles envers l'autorité, sont inhibés sur le plan émotionnel et se rappellent rarement leurs rêves.

Les « divergeurs », par contre, se passionnent pour les arts et la biologie. Ils réussissent moins bien aux tests d'intelligence conventionnels, mieux aux tests projectifs qui exigent une bonne imagination créatrice. Leurs passe-temps sont liés aux gens plutôt qu'aux choses. Ils manifestent une attitude peu conventionnelle vis-à-vis de l'autorité, ne sont pas inhibés sur le plan des émotions et se rappellent souvent leurs rêves.

La mise au point moderne de tests prétendant mesurer l'extraversion et l'introversion, telles qu'elles sont définies dans les manuels de psychologie, ne montre pas nécessairement des parallèles aussi évidents que prévu entre l'extraversion et la divergence d'une part, l'introversion et la convergence de l'autre; ici, nous ne sommes soucieux, toutefois, que d'un seul aspect essentiel : la relation entre le sujet et l'objet. Les « divergeurs », tout comme les extravertis, semblent capables de s'identifier aisément à leurs semblables et de se montrer ouverts aux autres. Les « convergeurs », à l'instar des introvertis, semblent se tenir à l'écart des autres et être plus à l'aise avec les objets inanimés ou les concepts abstraits qu'avec les gens. Il s'agit bien sûr d'une généralisation à partir de cas extrêmes. Nul être humain n'est totalement « convergeur » ou « divergeur »; cependant, ces attitudes semblent effectivement se manifester très tôt et être remarquablement persistantes.

Une autre dichotomie qui va de pair avec celles dont nous venons d'esquisser la description a été indiquée par Howard Gardner dans son livre sur l'importance des dessins d'enfants. Il distingue deux types d'enfants qu'il appelle les *patterners* (ceux qui s'attachent aux formes) et les *dramatists* (ceux qui racontent une histoire). Les deux groupes sont, selon lui, égaux par l'intelligence et le charme, mais ils manifestent « des différences frappantes dans leur façon d'aborder leur expérience quotidienne ». Les différences en question se signalent dès l'âge de trois ans et demi, c'est-à-dire environ l'âge où l'enfant, pour la première fois, établit un lien entre l'acte de dessiner et sa perception du monde qui l'entoure, plutôt que de gribouiller tout ce qui lui passe subjectivement par la tête. Gardner écrit :

> D'une part, nous avons rencontré un ensemble de jeunes enfants que nous en sommes venus à appeler des *patterners*. En général, ces petits analysent le monde sous le rapport des configurations qu'ils discernent, des motifs et des répétitions qui leur tombent sous les yeux, et, tout particulièrement, des attributs physiques des objets – leurs couleur, taille, forme, etc. Ces « patterners » disposent avec enthousiasme des cubes les uns sur les autres, expérimentent sans fin avec les formes sur la table ou dans leurs dessins, apparient constamment les objets entre eux, composent des paires, des trios et autres ensembles, mais ils ne passent guère de temps à recréer des scènes familières dans leurs jeux et s'adonnent rela-

> tivement peu à la conversation sociale (bien qu'ils comprennent parfaitement ce qui se dit).
>
> Formant un contraste saisissant avec ces enfants, on trouve la cohorte de ceux que nous avons baptisés les *dramatists.* Ces enfants-là s'intéressent vivement à la structure des événements qui se déroulent dans leur environnement – les actions, aventures, heurts et conflits qui surviennent dans le monde des individus, au même titre que les contes fantastiques décrivant des événements encore plus passionnants, qu'ils demandent à réentendre à d'innombrables reprises. Alors que les « patterners » se cramponnent aux activités telles que le dessin, le modelage, l'agencement d'ensembles numériques, les « dramatists » préfèrent jouer à faire semblant, raconter des histoires, poursuivre la conversation et les échanges sociaux avec des adultes ou des enfants de leur âge. Pour eux, l'un des grands plaisirs de l'existence consiste à maintenir le contact avec les autres et à célébrer la fête colorée des relations interpersonnelles. Nos « patterners », en revanche, semblent presque mépriser le monde des rapports sociaux, préférant plutôt se plonger (et peut-être se perdre) dans le monde des formes (le plus souvent visuelles) [8].

Même si Gardner n'utilise pas lui-même ces termes, il me semble clair que l'on pourrait dire que les « patterners » sont pour la plupart introvertis ou sont peut-être des « convergeurs » en puissance, tandis que les « dramatists » sont surtout des extravertis et peut-être des « divergeurs » en puissance. En outre, les « patterners » qui s'intéressent moins aux gens – quand ils ne les évitent pas – ressemblent aux « convergeurs » en ce qu'ils se préoccupent de trouver ou d'imposer l'ordre. Les « dramatists », comme les « divergeurs », s'intéressent davantage à autrui et aiment à raconter des histoires.

Il est tentant de se risquer à deviner que, si certains de ces enfants manifestent par la suite un potentiel créateur, les « dramatists » deviendront romanciers, poètes ou véritablement dramaturges, alors que les « patterners » pencheront vers la science ou la philosophie. Seule une recherche portant sur de nombreuses années, durant lesquelles on suivrait le développement des deux types d'enfants, pourra confirmer ou infirmer cette supposition. Nous ne sommes même pas sûrs que ces attitudes sont vraiment aussi persistantes qu'elles le paraissent. Peut-être ceux qui commencent par être des « patterners » acquièrent-ils par la suite davantage de caractéristiques propres aux « dramatists » et vice versa.

Il convient de noter que les observations de Gardner indiquent elles aussi que l'accent mis de nos jours sur les rapports humains, en tant que principal déterminant de la santé mentale, est peut-être mal placé. Si l'on se fie aux descriptions de Gardner, il n'y a aucune raison de penser que les enfants plus introvertis, qui s'intéressaient à créer des formes plutôt qu'à nouer des relations avec leurs semblables, étaient névrosés ou anormaux; et il en va de même pour les « convergeurs » de Liam Hudson. Qui nous dit que la faculté de prendre ses distances vis-à-vis d'autrui et celle de donner un schéma cohérent à sa vie ne sont pas aussi des facteurs importants pour atteindre à la paix de l'esprit et conserver sa santé mentale?

Dans le chapitre précédent, nous avons fait allusion à deux facteurs facilitant le rétablissement des personnes souffrant de troubles névrotiques : primo, l'adoption d'un quelconque schéma ou système de pensée, paraissant donner un sens à l'angoisse du patient; secundo, l'établissement d'une relation fructueuse avec une autre personne.

Le besoin de donner un sens à son expérience n'est, bien sûr, nullement confiné à l'angoisse névrotique, mais forme une partie essentielle de l'adaptation de l'homme en tant qu'espèce. Le développement de l'intelligence, de la conscience, l'émancipation partielle par rapport à l'autorité de schémas instinctifs ont fait de l'homme un animal qui réfléchit, éprouve le besoin d'interpréter et d'ordonner aussi bien le monde de la réalité extérieure que l'univers interne de son imagination. Si l'on a beaucoup insisté sur la situation de transfert en psychanalyse, c'est parce qu'il s'agit d'un élément commun à différentes écoles psychanalytiques. En revanche, le fait de donner un sens à son expérience n'est pas assez souligné, en partie parce que les divers analystes envisageront de façons fort différentes cette même expérience.

En dernier ressort, il appartient à chacun de donner un sens à sa vie, même si les conseils d'un guide peuvent avoir une grande influence. Le schéma ainsi créé n'est pas nécessairement « vrai », au sens où on peut en faire la preuve, mais il est toutefois possible de dire que certains points de vue sont plus proches que d'autres de ce que l'on sait objectivement du monde. En tout cas, le besoin est là; et s'il se manifeste de façon plus voyante dans la psychologie des introvertis, « convergeurs » et « patterners » que dans celle des extravertis, « divergeurs » et « dramatists », cela ne signifie nullement qu'il n'existe pas aussi chez ces derniers. Si introverti soit-il, tout homme a besoin de quelques rapports humains; et inversement, le plus extraverti d'entre nous a besoin d'un certain ordre dans sa vie.

Les différences de tempérament entre les êtres humains sont peut-être déterminées avant tout sur le plan génétique, mais elles sont, bien entendu, influencées par une variété de facteurs inhérents à l'environnement, tout au long du développement de l'individu. Jusqu'à présent, nous avons considéré les variétés « normales » de tempérament; mais les attitudes névrotiques et psychotiques ne sont, somme toute, que les exagérations de tendances humaines normales. A l'heure où j'écris ces lignes, on estime, d'une manière générale, que la personne extrêmement introvertie est plus pathologique que l'être très extraverti. Et cela à cause de l'importance attachée actuellement aux relations d'objets et au manque d'intérêt pour les processus s'élaborant dans la solitude. Cependant, il existe un lien entre l'extraversion et l'introversion et deux types différents de personnalité que l'on pourrait étiqueter « pathologiques », susceptibles de souffrir de troubles allant de la simple excentricité à la véritable psychose. Pour désigner ces deux types de personnalité, j'utiliserai désormais les termes *dépressif* et *schizoïde.* Aucune de ces classifications n'est véritablement adéquate, puisqu'elles échouent à rendre pleinement compte de l'infinie variété de l'homme. Mais si nous voulons nous efforcer de comprendre les différentes façons dont différentes sortes d'individus font l'expérience du monde, nous devons nous laisser guider par les classifications. Ce qui est particulièrement favorable à notre entreprise actuelle, c'est que ces deux types de personnes ont un besoin particulier d'être seules, bien que ce soit pour des raisons tout à fait distinctes.

Le chapitre 2 portait sur la faculté de rester seul. Le *besoin* d'être seul diffère de la *faculté* d'être seul, en ce qu'il laisse entendre que, parfois, les autres personnes peuvent constituer une gêne, une intrusion ou une menace.

De prime abord, il peut paraître étrange de dire que des extravertis ont besoin d'être seuls, puisque, par définition, ce sont des gens ouverts, sociables, dont le style de vie tout entier est caractérisé par leurs rapports confiants avec autrui. Cependant, comme nous l'avons sous-entendu un peu plus tôt, il arrive aux extravertis de perdre contact avec leurs besoins subjectifs en s'attachant de trop près aux objets, voire en se perdant en eux. La chose est particulièrement vraie du type d'extraverti que j'appelle le *dépressif,* mais elle fait partie d'une expérience qui nous est commune à presque tous.

La plupart des membres des cultures occidentales ont eu un jour à subir des événements liés à leur vie sociale qu'ils ont trouvés épuisants et ils ont accueilli avec bonheur l'occasion de se retirer dans leur coquille, afin de récupérer et de se retrouver « seuls avec eux-mêmes ». Pour que la société fonctionne sans à-coups il y a forcément des moments où l'on est obligé de feindre; de se montrer accueillant quand on est fatigué; de sourire quand on a envie de râler; bref, de faire semblant. Or, ce genre de dissimulation est fatigant.

A l'époque victorienne, une dame comme il faut avait l'habitude de se retirer régulièrement l'après-midi pour « se reposer ». Elle en avait besoin parce que les conventions l'obligeaient à être constamment à l'écoute des besoins d'autrui sans tenir compte des siens. Sa petite retraite de l'après-midi lui permettait donc de récupérer de son rôle social d'auditrice attentive et d'ange secourable, rôle qui ne laissait aucune part à l'expression de soi. Florence Nightingale elle-même, qui était bien plus qu'un des anges en question, découvrit que le fait de souffrir d'une maladie névrotique la délivra du fardeau des tâches ménagères et lui permit de se retirer dans la solitude de sa chambre à coucher, pour étudier et écrire.

Les faux-semblants sociaux sont des exemples passagers et délibérés de l'artifice de ce « faux self », fondé sur la complaisance, qu'a décrit Winnicott et dont nous avons parlé précédemment. Winnicott se penchait sur le cas de patients qui, ayant pris l'habitude d'adopter ce masque dès leur petite enfance, avaient perdu le contact avec leurs véritables sentiments intérieurs et ne se rendaient donc pas compte qu'ils menaient des existences dépourvues d'authenticité. La plupart des adultes bien élevés se croient, certes, obligés, lors de certains événements, de se montrer plus complaisants que d'habitude, mais en restant parfaitement conscients du fait que la « persona », le masque, qu'ils présentent aux autres ne reflète pas leurs sentiments profonds. Il existe toujours un décalage entre le visage que présente chacun de nous en public et ce qu'il est en privé.

Les êtres humains varient considérablement quant à leur faculté de rester eux-mêmes en présence des autres. Certains heureux mortels paraissent capables, dès leur plus jeune âge, d'exprimer tout ce qu'ils ressentent au contact de personnes relativement étrangères, sans risquer d'être réprimandés, critiqués, contredits ou ridiculisés. Ce genre d'aisance naît sans doute de multiples répétitions de l'expérience décrite par Winnicott; elle résulte du fait qu'on a été capable, tout bébé, de rester seul en présence de sa mère sans éprouver d'angoisse; et que l'on s'est senti, dans son enfance, aimé et accepté sans restriction.

D'autres personnes ont du mal à être authentiquement naturelles, même en présence de leur conjoint, amants, amis intimes ou proches parents. Sans aller jusqu'à s'inventer un « faux self » remplaçant entièrement le vrai, au niveau conscient, ces personnes ont un besoin tout spécial de solitude, qui va au-delà de la nécessité occasionnelle d'être seul. Une éventualité plausible, mais jamais prouvée jusqu'à présent, serait que, chez un adulte, ce besoin particulier d'être seul est issu d'un attachement relativement insécurisé, dans la petite enfance, ou s'en est trouvé renforcé. L'enfant qui, dans les premiers mois de sa vie, n'a pas formé de solides liens de confiance avec les objets de son attachement, peut réagir envers ses parents et, ultérieurement, envers tout le monde de diverses façons; il me semble, cependant, que ces variantes relèvent de deux thèmes fondamentaux. D'une part la *conciliation,* de l'autre l'*évitement.* Je m'efforcerai de montrer que la conciliation est associée au développement d'une personnalité dépressive, alors que l'évitement est lié à celui d'une personnalité schizoïde.

Nous ne sommes pas encore à même de déterminer

tous les facteurs qui décident si un bébé va ou non nouer des liens solides. L'attachement varie par sa qualité et son intensité. Il est certain qu'un attachement précaire, bien qu'il soit parfois le résultat de traitements physiques peu judicieux, d'un manque d'affection ou d'un rejet de la part de la mère, n'est pas toujours imputable à cette dernière. Les bébés diffèrent sur le plan génétique et certains s'avèrent parfois incapables de former des liens d'attachement solides, en dépit des soins pleins d'amour dont ils sont entourés. La chose est vraie de certains enfants que l'on qualifiera d'« autistes ».

Il est possible de tracer les grandes lignes d'un schéma très commun d'interaction parent-enfant, qui entraîne l'insécurité et la complaisance excessive. Sans être rejeté, ni maltraité en aucune façon, un enfant peut néanmoins éprouver en grandissant le sentiment que l'amour de ses parents lui est donné « sous conditions ». Il en viendra alors à se persuader que cet amour pour lui, et, partant, sa propre sécurité, ne dureront que s'il se montre non pas tel qu'il est vraiment, mais tel que ses parents veulent qu'il soit. Les parents qui font naître un tel sentiment chez leurs enfants s'inquiètent souvent énormément de leur bien-être, mais ont tendance à exiger un niveau de « bonne » conduite dramatiquement élevé, ce qui a le don de persuader l'enfant que ses élans instinctifs et ses réactions spontanées sont mauvais. Dans les cas extrêmes, cela entraîne la formation d'un « faux self », fondé sur l'identification avec le parent, et le refoulement total du vrai self. Dans les cas moins extrêmes, l'enfant présente un masque aux autres, mais conserve sa personnalité véritable qui ne réapparaît que quand il est seul. C'est une des raisons pour lesquelles on peut manifester un besoin particulier de solitude.

De toute évidence, un enfant qui manifeste ce genre de complaisance partielle n'a aucune chance d'incorporer à sa personnalité le sentiment intérieur de sa propre valeur, qui se développe chez les enfants certains que l'amour de leurs parents pour eux durera quoi qu'il advienne. L'assurance d'être précieux et important en tant qu'individu unique est l'un des biens les plus inestimables que l'on puisse posséder. Que des facteurs génétiques entrent en jeu ou non dans le développement de ce genre d'assurance, celle-ci est indubitablement encouragée ou entravée par la qualité de l'amour accordé par les parents.

Les enfants qui se sentent obligés de se montrer complaisants au point de nier ou de réprimer partiellement leur véritable nature ne peuvent que continuer à dépendre de sources extérieures pour maintenir leur estime de soi. Un tel enfant deviendra en grandissant un adulte tenaillé par le besoin de réussir, de faire le bien ou d'être universellement approuvé, s'il veut conserver le moindre sens de sa propre valeur. Cela le rend bien sûr spécialement vulnérable aux revers que nous devons tous essuyer un jour ou l'autre : vulnérable à l'échec lorsqu'il s'agit de passer un examen ou d'obtenir un emploi; vulnérable au rejet par un partenaire sexuel effectif ou potentiel; vulnérable aux deuils ou à toute autre espèce de perte. Les événements déplaisants de ce genre nous plongent tous momentanément dans le ressentiment ou le découragement, voire les deux; mais, chez ceux qui ne possèdent que peu ou pas d'estime de soi, ils peuvent entraîner un désastreux plongeon dans l'enfer de la dépression grave.

Les gens qui réagissent à la désapprobation, à l'échec ou à la perte en sombrant dans une dépression si sévère qu'ils sont manifestement « malades » semblent manquer de ressources intérieures auxquelles faire appel lorsque le malheur vient les frapper. Chez eux, des impondérables que les autres reçoivent comme des défis provoquent des sentiments de désespoir et d'impuissance. Certains hommes d'affaires mis en faillite se prennent par la main et créent une nouvelle entreprise. D'autres se jettent par une fenêtre du trentième étage. Ces derniers se comportent comme si la vie n'offrait aucune occasion de se racheter; comme s'ils dépendaient entièrement, pour le maintien de leur propre estime, du succès de l'entreprise dans laquelle ils sont présentement engagés, quelle qu'elle soit, sans tenir compte ni des bonheurs anciens ni des chances futures. L'amour ou la gloire qu'ils ont pu glaner par le passé ne comptent absolument pas; il n'y a au-dedans d'eux rien vers quoi ils puissent se tourner, ils n'éprouvent aucun sentiment de leur valeur *intrinsèque.*

Les patients souffrant d'une dépression d'une sévérité telle qu'ils sont étiquetés psychotiques se plaignent souvent de se sentir *vides*; ils assurent qu'il leur manque quelque chose, qu'il y a en eux un abîme que rien ne saurait combler. Les déclarations de ce genre, surtout accompagnées d'une peur de la maladie organique, sont souvent prises à la légère et traitées d'illusions hypocondriaques. Il serait plus approprié de les considérer comme des métaphores exprimant une vérité psychologique. Les patients gravement déprimés sont vraiment des gens à qui il manque intérieurement quelque chose que possèdent leurs semblables, moins vulnérables; un sens incorporé de leur propre valeur en tant que personne.

Les êtres humains susceptibles d'être ainsi précipités dans un gouffre de dépression sont ceux que nous avons désignés un peu plus haut sous le nom de *personnalités dépressives.* Il convient d'insister sur le fait qu'il s'agit là d'une description abrégée qui n'inclut nullement toutes les variétés de dépressifs potentiels, mais que l'on peut appliquer fort justement à ceux qui manifestent ce type répandu de vulnérabilité.

Les personnes douées d'un tel tempérament, ou possédant cette psychopathologie, adoptent en général une attitude conciliante, parce qu'elles ne peuvent pas se permettre d'être d'un avis opposé ou de risquer le moindre geste qui pourrait paraître offensant ou susciter la désapprobation. Le prix de l'approbation étant la complaisance, laquelle inclut nécessairement une certaine dissimulation, ce type d'individu a besoin de s'isoler des autres pour être lui-même et ne pas avoir à s'encombrer du besoin de plaire.

Une attitude « masochiste » et soumise met forcément en cause le refoulement de l'agressivité. La personne incapable de faire front, de s'affirmer quand il le faut, refoule son hostilité. Lorsqu'elle sombre dans la dépression, son hostilité envers les autres change de direction et se retourne contre elle-même, sous forme de reproches qu'elle s'adresse. Comme l'a fait remarquer Freud dans son article de référence « Deuil et mélancolie », les reproches dont s'abreuve la personne déprimée sont généralement explicables dans la mesure où elle aurait voulu les adresser à un être aimé, mais elle n'a pas osé les exprimer de peur de s'attirer l'hostilité de celui ou celle dont l'amour lui était nécessaire [9].

Les personnes de ce type constituent une fraction considérable de la clientèle psychiatrique. Elles réagissent d'ailleurs bien au traitement. Il est plus aisé de faciliter l'affirmation de soi chez un timide que d'inciter un arrogant à l'humilité. Il faut, cependant, souligner que les patients souffrant de dépression chronique ne correspondent pas tous au type que nous venons de décrire. Les patients maniaco-dépressifs dits « bipolaires », souffrant de crises de manie ou d'hypomanie en même temps que de dépression, sont généralement moins inhibés, moins complaisants et moins effacés que les personnes vulnérables qui souffrent uniquement de dépression chronique.

Si une personnalité dépressive possède le moindre don, elle peut s'apercevoir qu'elle est capable d'exprimer sa véritable nature sous forme d'œuvre créatrice plutôt que dans ses interactions avec autrui. Étant donné que les gens possédant ce type de tempérament sont avant tout extravertis, « dramatists » plutôt que « patterners », « divergeurs » plutôt que « convergeurs », les dons qu'ils possèdent seront vraisemblablement canalisés dans la voie de la narration d'histoires, du théâtre, de la poésie, de l'opéra ou d'autres activités créatrices tournées principalement vers les êtres humains, à cette différence près que les personnes auxquelles ils auront affaire seront les créations de leur imagination.

Beaucoup de gens se sont avoués déçus après avoir rencontré un écrivain. Cela tient fréquemment au fait que la véritable personnalité d'un auteur n'apparaît que dans ses écrits et reste cachée durant les échanges ordinaires de la vie sociale. Cela n'est pas vrai de tous les écrivains; uniquement de ceux qui possèdent le tempérament que nous venons de décrire. Comme chez tous les artistes, on trouve chez les écrivains toute une gamme de tempéraments allant de l'outrance d'un Balzac à la réserve extrême d'un Kafka; néanmoins, le tempérament dépressif est particulièrement répandu dans leurs rangs.

La seconde catégorie de personnes manifestant un besoin particulier de s'isoler est composée d'introvertis qui, lorsqu'ils souffrent de troubles psychiques ou relèvent clairement de la pathologie, sont dits *schizoïdes*. Nous avons laissé entendre plus haut qu'il existe peut-être un lien entre le développement de ce genre de personnalité et le type de comportement infantile que les théoriciens de l'attachement appellent *évitement*. Une fois de plus, il convient de souligner que ce lien est hypothétique et ne résoudrait pas, à supposer que la recherche parvienne à établir son existence, le problème de savoir dans quelle mesure ce type de personnalité est déterminé par la nature plutôt que par l'éducation.

Au chapitre 1, nous avons évoqué l'ouvrage de Bowlby sur le comportement des jeunes enfants séparés de leur mère. Lorsqu'il la retrouve après une période de séparation, le bébé montre son désir d'« évitement » en détournant les yeux, en tournant le dos à sa mère et en évitant tout contact avec elle. Si elle le prend dans ses bras, il risque de hurler et de se débattre jusqu'à ce qu'elle le repose. Ou bien, sans manifestations de ce genre, il peut tendre la main vers un objet présent dans la pièce et, lorsque la mère l'aura reposé, se désintéresser d'elle pour se concentrer sur cet objet. Ce comportement d'évitement est d'habitude tout à fait passager et disparaît au bout d'un laps de temps qui dépend d'une part de la durée de la séparation et de l'autre des rapports antérieurs entre la mère et l'enfant.

Cependant, la séparation n'est pas le seul facteur causant un comportement d'évitement. Selon Mary Main et Donna R. Weston, les mères qui manifestent de l'aversion pour les contacts physiques avec leur bébé durant les trois premiers mois de sa vie risquent de provoquer chez lui un tel comportement dès la fin de sa première année. Celles qui se laissent aller à des gestes de colère ou de menace provoquent aussi l'évitement chez leur bébé.

> Les mères de bébés qui les évitaient se moquaient d'eux ou prenaient un ton sarcastique pour leur parler ou parler d'eux; certaines regardaient fixement leur enfant jusqu'à ce qu'il détournât les yeux [10].

Les mères qui vont encore plus loin et frappent leurs bébés en font des enfants qui, selon certaines comparaisons avec des groupes de contrôle, sont

> plus susceptibles, en réponse à des gestes d'amitié, d'éviter les autres enfants et les personnes qui s'occupent d'eux, plus susceptibles de les attaquer ou de menacer de le faire et plus susceptibles de manifester un compor-

tement agressif imprévisible vis-à-vis des personnes qui s'occupent d'eux [11].

En outre, les mères qui se montrent d'une froideur impassible, c'est-à-dire qui ne manifestent vis-à-vis de leur bébé ni plaisir ni la moindre réaction, même lorsqu'il les agresse, provoquent chez lui un comportement d'évitement. Aucune de ces descriptions de comportements maternels ne permet de penser que c'est là la *seule et unique* cause d'évitement chez le bébé. Les différences génétiques ou les déficiences cérébrales peuvent aussi jouer un rôle.

Il faudrait approfondir ces recherches avant de pouvoir donner une explication péremptoire de la nécessité biologique du comportement d'évitement; néanmoins une idée intéressante, particulièrement adaptée au thème principal du présent ouvrage, est que l'évitement permet peut-être au bébé de garder le contrôle de son propre comportement et d'en doser la souplesse et l'organisation. Mary Main et Donna Weston notent :

> Qu'est-ce que la « désorganisation du comportement »? On peut dire que le comportement est désorganisé lorsqu'il vacille entre deux extrêmes opposés indépendamment des changements d'environnement ou lorsqu'il apparaît de façon répétée dans un environnement qui ne le justifie pas [12].

Lorsqu'une mère menace son bébé et refuse aussi tout contact physique avec lui, elle le met dans une situation impossible. Les menaces de toute espèce, venant de n'importe quelle source, déclenchent chez le bébé un besoin intense d'attachement, car la fonction première de l'attachement est de protéger des menaces ou du danger. Or, si la menace vient justement de la personne à qui le bébé doit demander protection, il se trouve devant un dilemme impossible. Mis dans une telle situation, le bébé hésite entre un comportement d'approche, d'évitement et de colère. Il ne pourra remédier à cette désorganisation de son comportement qu'en se détournant de tout ce qui touche à sa mère.

De toute évidence, l'évitement sous-entend un trouble plus profond dans la relation entre le bébé et sa mère que ne le fait la complaisance. Peut-être est-ce lié au fait que l'évitement se manifeste à un stade plus précoce du développement que le comportement plus complexe de la complaisance. Le premier est lié à la peur d'être maltraité ou détruit par l'hostilité. La seconde a trait à la crainte de perdre l'amour du parent. Dans l'évitement, il est douteux que le moindre amour ait été offert. Dans la complaisance, la disponibilité de l'amour est implicite, mais rien n'assure qu'il sera durable.

Ces schémas de comportement se manifestent le plus visiblement chez les types de personnalité pathologiques que l'on peut baptiser « schizoïde » ou « dépressive », mais on peut aussi les distinguer en tant que facteurs sous-jacents dans l'attitude qu'adoptent des personnes « normales » envers autrui. Quiconque a étudié l'œuvre de Melanie Klein associera aussitôt ces idées à une autre dichotomie : les stades du développement infantile qu'elle a appelés la « position paranoïde-schizoïde » et la « position dépressive ». Certes, de nombreux concepts avancés par Melanie Klein restent à prouver et paraissent d'ailleurs « improuvables », mais sa conviction que des mécanismes « psychotiques » sous-tendent et affectent les attitudes émotionnelles des personnes « normales » emporte l'adhésion. Par exemple, ce n'est qu'en acceptant l'existence d'un potentiel paranoïde latent, tapi dans les recoins de l'esprit normal, que l'on peut expliquer l'hystérie collective qui a provoqué les chasses aux sorcières ou le massacre des Juifs par les nazis. De grands nombres d'hommes et de femmes ordinaires nourrissaient à l'endroit des sorcières et des Juifs des opinions qui, eussent-elles été exprimées par une ou deux personnes et non par des communautés entières, auraient été taxées d'illusions paranoïdes. Des forces mentales extrêmement primitives et irrationnelles sont à l'œuvre dans nos cerveaux à tous, et sont d'ordinaire coiffées et contrôlées par la raison; parfois, cependant, elles sont ouvertement exprimées dans le comportement de ceux que nous appelons malades mentaux et se manifestent aussi dans le comportement de personnes normales soumises à la menace ou à toute autre forme de tension. Nul n'est si parfaitement équilibré qu'il n'utilise jamais l'évitement ou la complaisance dans ses démêlés avec autrui. Pourtant, ces attitudes peuvent à juste titre être liées aux variétés très précoces de comportement infantile décrites plus haut, ainsi qu'aux phénomènes pathologiques caractéristiques des déments.

L'un des traits les plus typiques de ceux que les psychiatres appellent schizoïdes est leur incapacité de former des relations d'intimité avec les autres sans se sentir menacés. Le dilemme schizoïde type est un besoin désespéré d'amour associé à une peur panique de l'intimité. Dans ses écrits, Kafka a retracé ce dilemme de façon frappante, sous une forme exacerbée; or Kafka fut un homme qui, dans sa vie d'adulte, se servit de l'évitement, utilisant ses écrits comme moyen d'empêcher une « désorganisation du comportement ».

Même s'il se fit, durant sa brève existence, un certain nombre d'amis qui l'aimaient beaucoup et l'idéalisaient même parfois, Kafka a déclaré que, fût-ce avec son ami le plus proche et futur biographe, Max Brod, il n'avait jamais pu avoir de conversation prolongée dans laquelle il se serait véritablement révélé. Les inconnus constituaient automatiquement une menace. Dans une lettre datée de juin 1913, il a écrit :

> Mais si je me trouve dans un lieu peu familier, parmi des gens que je ne connais pas, ou des gens que j'ai l'impression de ne pas connaître, la pièce entière semble se resserrer autour de ma poitrine et je suis incapable de bouger, ma personnalité tout entière paraît leur taper sur les nerfs et plus rien n'y fait [13].

Durant l'enfance et l'adolescence, Kafka avait profondément honte de son corps qu'il trouvait affreusement maigre et faible. Il dut attendre l'âge de vingt-huit ans pour avoir le courage de paraître au bord d'une piscine sans être paralysé par la gêne. Cette aliénation de son corps, caractéristique des personnalités schizoïdes, contribua à renforcer ses doutes quant à la validité de sa propre existence et ses craintes de voir les autres le terrasser ou le détruire. Souffrant de maux d'estomac, il s'imaginait que la douleur était causée par un inconnu le frappant à coups de gourdin. Ce fantasme paranoïde est tout à fait comparable à ceux attribués par Melanie Klein aux bébés qui se trouvent encore dans la phase paranoïde-schizoïde de leur développement. Selon sa théorie, le bébé, en raison de son impuissance, réagit à la frustration comme s'il s'agissait d'une persécution et redoute d'être anéanti par les parents tout-puissants dont il dépend. Dans la théorie de Klein, le bébé attribue à ceux qui s'occupent de lui des pulsions destructrices intenses qui font, en réalité, partie de sa propre psychologie; c'est-à-dire qu'il utilise le mécanisme psychologique de la projection paranoïde. Par la suite, la souffrance est susceptible de ranimer ces anciennes émotions et elle est donc ressentie comme une attaque extérieure contre le Moi plutôt que comme une expérience interne. Que l'on accepte ou non les idées de Melanie Klein sur le psychisme du bébé durant les premiers mois de la vie, il est certain que ce que dit Kafka sur sa réaction envers les inconnus et envers sa propre douleur atteste la persistance et l'importance de la projection paranoïde dans sa psychologie.

Avec un tel tempérament, on ne s'étonnera pas d'apprendre que Kafka eut des rapports difficiles avec les femmes. Pendant cinq ans, il resta profondément attaché à une jeune fille du nom de Felice Bauer, dont il demanda la main en juin 1913. Pourtant, tout au long de ces cinq années, les deux jeunes gens qui vivaient respectivement l'un à Prague, l'autre à Berlin, ne se virent pas plus de neuf ou dix fois, souvent pendant une ou deux heures tout au plus. Leur liaison fut presque uniquement épistolaire. Les lettres de Kafka, souvent désolantes, témoignent d'un violent besoin d'être auprès de Felice et d'une douloureuse angoisse à l'idée de ne pas savoir où elle se trouve, ni même ce qu'elle porte ou ce qu'elle mange. Il réclame des réponses immédiates à ses lettres quotidiennes et sombre dans un désespoir extrême s'il ne reçoit pas de ses nouvelles. En même temps, la présence physique de Felice fait figure de menace, du moins dans les lettres de l'écrivain.

> Vous avez dit un jour que vous aimeriez rester assise près de moi pendant que j'écris. Écoutez, dans ce cas je serais incapable d'écrire un mot. Car écrire, c'est se révéler à l'excès; le degré suprême de la révélation de soi et de la capitulation, degré auquel un être humain, lorsqu'il a affaire aux autres, aurait l'impression de se perdre et devant lequel il reculera toujours tant qu'il restera sain d'esprit – car chacun de nous veut vivre aussi longtemps qu'il est vivant –, eh bien, ce degré même de révélation de soi et de capitulation ne suffit pas pour écrire. L'écriture qui jaillit de la surface de l'existence – lorsqu'il n'y a pas d'autre moyen et que les puits plus profonds se sont taris – n'est rien et s'effondre dès qu'une émotion plus vraie fait trembler cette surface. C'est pourquoi on ne peut jamais être suffisamment seul quand on écrit, pourquoi il ne peut jamais y avoir assez

> de silence autour de celui qui écrit, pourquoi la nuit elle-même n'est pas assez nuit [14].

Inutile de dire que le mariage ne se fit pas.

Ce besoin qu'éprouvait Kafka d'être seul pour écrire aurait pu, à première vue, passer tout simplement pour une répugnance à laisser quiconque voir ou critiquer le Soi que révèlent « à l'excès » ses écrits. Certes, il trouvait peut-être nécessaire de réviser et corriger ce qu'il considérait comme si intensément personnel avant de laisser, fût-ce sa bien-aimée Felice, le lire. Cependant, son angoisse va plus loin que cela. Une proximité effective menaçait de saper la fragile organisation de son psychisme. Kafka vacillait au bord de la psychose. Erich Heller a écrit :

> Bien sûr, il s'agit d'une disposition apparentée à la folie, qui n'en est séparée que par la table où il écrivait, par une imagination capable de maintenir ensemble des éléments qui paraissaient posséder une tendance irrésistible à tomber en morceaux et par une intelligence d'une suprême intégrité [15].

Ce schéma d'intense attachement émotionnel sur le papier, combiné à un éloignement effectif de la bien-aimée, se répéta dans les rapports qu'il eut ensuite avec Milena Jesenská. Ce ne fut que dans la dernière année de sa vie, alors qu'il se mourait de tuberculose, que Kafka fut enfin capable de venir s'installer chez une femme, Dora Dymant, et de vivre avec elle. Et même alors, il dit de cet événement que c'était

> une décision imprudente que l'on ne peut comparer qu'à un grand événement de l'Histoire, comme la campagne de Russie tentée par Napoléon [16].

Kafka redoutait qu'une étroite intimité ne vînt menacer la seule chose qui l'empêchait de devenir fou : sa faculté de maintenir l'harmonie entre les éléments conflictuels de sa personnalité grâce à l'écriture. Sans cela, « les choses volent en éclats, le centre ne tient plus [17] ». La personne dont Kafka avait le plus besoin était en même temps une menace perpétuelle.

J'ai laissé entendre plus haut que les personnalités introverties ou schizoïdes, lorsqu'elles possédaient des talents créateurs, étaient plus susceptibles d'être attirées vers la philosophie ou la science pure que vers la fiction, car elles se soucient davantage de créer des formes que de raconter des histoires. Kafka est un exemple si émouvant de ce que j'ai appelé le dilemme schizoïde que je n'ai pu m'empêcher de le citer, même si, de prime abord, il ne semble guère correspondre à mon hypothèse. Toutefois, le terrifiant univers fictif de Kafka n'a pas précisément trait à de véritables hommes. Nombre de ses personnages ne portent même pas de nom et se distinguent uniquement par leur fonction : concierge, gardien, officier. L'univers de Kafka est essentiellement celui de l'être humain menacé par des forces impersonnelles qu'il ne peut ni comprendre ni maîtriser; une situation qui, selon Worringer, engendrait l'abstraction plutôt que l'empathie.

Une autre question demeure. L'ambivalence des sentiments de Kafka envers Felice et Milena évoque irrésistiblement le bébé « évitant » qui redoute justement la personne dont il dépend le plus. Mais est-il vraiment justifié de lier les traits d'une personnalité adulte avec un comportement infantile? Il me semble que oui, bien que je sois tout à fait conscient du fait que certaines recherches ont montré que les enfants peuvent changer considérablement au fil des années, selon les circonstances qui les entourent.

Un curieux paradoxe, lié à notre problème, mérite

d'être signalé. Les généticiens et de nombreux psychologues partent du principe que l'hérédité est beaucoup plus importante que l'environnement pour déterminer la personnalité adulte. Les psychanalystes croient, quant à eux, que les facteurs de l'environnement, surtout ceux qui existent durant la première année de vie et la petite enfance, sont les forces qui façonnent par-dessus tout les personnalités à venir. Toutefois, les deux camps s'accordent à supposer que ces différents facteurs agissent sur l'individu au début de son existence et que le très jeune enfant est nécessairement en gestation de l'adulte qu'il deviendra; ils se refusent, semble-t-il, à envisager la possibilité que des événements plus tardifs, survenus durant l'enfance et l'adolescence, puissent jouer eux aussi un rôle déterminant dans la fabrication de la personnalité adulte.

8

LA SÉPARATION, L'ISOLEMENT ET LA CROISSANCE DE L'IMAGINATION

Je crois que je pourrais aller vivre avec les animaux, si placides et réservés.
Je reste à les regarder pendant des heures et des heures.

Walt WHITMAN

Nous avons émis l'idée qu'un univers intérieur peuplé de fantasmes existait chez tous les êtres humains et que, chez de nombreux individus, les activités dans lesquelles l'imagination joue un rôle sont aussi importantes que les relations interpersonnelles, lorsqu'il s'agit de donner un sens à leur vie. Il n'y a rien de pathologique à user de l'imagination. Nous ne pouvons nous passer de fantasmes : si nous le pouvions, nous perdrions une grande partie de ce qui nous distingue en tant qu'êtres humains. Mais, comme on peut s'y attendre, l'imagination tend à se développer à un plus grand degré chez les personnes douées qui, pour une raison ou une autre, ont eu une enfance plutôt solitaire. Nous avons déjà noté que les effets de la solitude peuvent être nocifs ou fructueux, selon les circonstances. A moins que ces dernières ne soient si rigoureusement hostiles qu'elles provoquent une désintégration mentale; l'absence, ou en tout cas la privation partielle, de rapports interpersonnels encourage l'épanouissement de l'imagination.

Celle-ci, c'est un fait généralement reconnu, est particulièrement active durant l'enfance et c'est une ressource évidente chez les enfants qui passent une bonne partie de leur temps tout seuls, soit parce qu'il n'y a pas d'autres enfants dans le voisinage, soit parce qu'ils ont du mal à établir des relations avec leurs semblables. Les gens qui consacrent leur vie d'adulte à des activités où l'imagination joue un rôle majeur ont souvent pris le pli dès l'enfance, dans une mesure supérieure à la moyenne, en raison d'une séparation, d'un deuil ou d'une solitude forcée, qui les ont poussés dans cette voie. Les enfants isolés s'inventent souvent des compagnons imaginaires. Certains vont même plus loin et inventent des histoires dans lesquelles toute une variété de personnages fictifs jouent un rôle.

Divers types de privations dans la petite enfance font que ceux qui en souffrent ont du mal à former des attachements intimes. Cependant, la création d'un univers imaginaire peut parfois servir de refuge à l'enfant malheureux, de compensation à l'orphelin et fonder ainsi une réussite ultérieure dans un domaine créateur. Certains enfants, orphelins ou très isolés, abandonnent tout espoir de nouer des relations intimes et ne se risquent qu'à des rapports plus distants. Les relations établies par certaines personnes douées de talent créateur sont parfois limitées, incomplètes ou orageuses. Les artistes créateurs sont fort susceptibles de choisir des liens qui profiteront à leur œuvre, plutôt que des contacts intrinsèquement gratifiants, et leurs conjoints risquent fort de s'apercevoir que les liens conjugaux ne viennent pour eux qu'au second rang. Cependant, cette séquence d'événements n'a rien d'immuable. Certains ont eu des enfances très isolées, mais n'en sont pas moins capables d'établir des rapports d'intimité une fois adultes. Par ailleurs, certains artistes ont perdu une partie de leur élan créateur après avoir noué des liens étroits avec une autre personne.

Le romancier Anthony Trollope attribuait lui-même le développement de son imagination créatrice à une enfance isolée. Dans son autobiographie, il a décrit la désolation éprouvée durant ses années de scolarité aux collèges de Harrow et de Winchester. Son père était si pauvre qu'il lui fut impossible de régler les notes de pension et qu'il cessa de donner de l'argent de poche à son fils. Les camarades de celui-ci eurent vent de la chose. Corpulent, gauche, laid, le futur romancier devint, comme il le dit lui-même, un « paria » qui n'avait pas d'amis, objet du mépris de ses condisciples. Il se réfugia dans ses fantasmes.

> Jeune garçon et même petit garçon, je fus très souvent livré à moi-même. J'ai expliqué, en évoquant le temps où j'étais écolier, la raison pour laquelle les autres élèves refusaient de jouer avec moi. Je restais donc tout seul et dus inventer mes propres jeux à l'intérieur de moi-même. A l'époque, le jeu m'était nécessaire, comme il l'a toujours été. Je n'étais pas d'un naturel studieux, mais ne pouvais non plus me contenter d'être totalement oisif. Ce fut pour cette raison que j'eus en permanence quelque château en Espagne fermement bâti dans mon esprit.

Trollope expliquait que ces aventures compensatoires avaient occupé six ou sept ans de sa vie avant qu'il quittât l'école pour commencer à travailler dans les Postes et qu'elles s'étaient prolongées dans son esprit, alors qu'il exerçait déjà un métier.

> Il ne peut guère y avoir, à ce que j'imagine, d'habitude mentale plus dangereuse; mais je me suis souvent demandé si, n'eût été cette habitude, j'aurais jamais écrit

> le moindre roman. J'appris de cette façon à conserver mon intérêt pour une histoire fictive, à m'attarder sur un ouvrage créé par ma propre imagination et à vivre dans un monde situé complètement en dehors de ma vie matérielle [1].

L'opinion péjorative de Trollope, qualifiant ses rêveries de « dangereuses », fait penser à la vision puritaine du fantasme proposée par Freud, qui n'y voyait qu'un désir puéril d'évasion. Pourtant, la vie fantasmatique de Trollope se révéla par la suite si étroitement liée au monde extérieur que certains critiques ont accusé ses romans d'être terre à terre, prosaïques et dénués d'imagination. C.P. Snow, cependant, salue en lui « le meilleur psychologue naturel de tous les romanciers du XIXe siècle [2] ».

Certes Snow a raison d'attribuer la faculté d'empathie de Trollope à son enfance malheureuse. Le fait de se sentir rejeté, nous le verrons chez d'autres, incite souvent à l'observation, à une estimation circonspecte des sentiments et du comportement des autres, car ils risquent de vous infliger de nouvelles souffrances si vous n'apprenez pas à les satisfaire. C'est ainsi que le romancier en herbe apprend à observer les êtres humains et à percer à jour les mobiles qui les font agir.

Beatrix Potter est un intéressant exemple d'écrivain ayant eu une enfance très isolée qui, sans être véritablement malheureuse, fit d'elle une personne excessivement timide et incapable d'aligner trois mots en société. La biographie écrite par Margaret Lane, *The Tale of Beatrix Potter,* fut publiée en 1946. Humphrey Carpenter, dans son chapitre sur Beatrix Potter dans *Secret Gardens,* accuse Margaret Lane d'avoir exagéré l'isolement dont souffrit l'écrivain dans son enfance et ses difficultés à nouer des rapports humains [3]. Carpenter fait remarquer qu'en 1946, le journal secret de Beatrix Potter, écrit dans un code qu'elle avait inventé, n'avait pas encore été décrypté; il prétend que s'il avait été disponible, la biographe aurait tracé un tableau fort différent de son sujet. Toutefois, dans une réédition de son ouvrage qui date de 1968, Margaret Lane puise amplement dans le journal et rend hommage à Leslie Linder qui parvint à déchiffrer le code de Beatrix Potter et passa ensuite neuf ans à transcrire son journal.

Beatrix Potter naquit le 28 juillet 1866 et resta fille unique pendant les cinq premières années de sa vie. Des parents attentionnés peuvent parfois compenser la solitude d'un enfant unique en l'envoyant au jardin d'enfants, en invitant d'autres bambins et en veillant, de diverses façons, à lui fournir une compagnie de son âge. Ceux de Beatrix Potter n'y songèrent même pas. Confiée aux soins d'une nourrice écossaise, elle déjeunait dans la nursery et faisait sa promenade tous les après-midi. Qu'aurait pu vouloir d'autre une petite fille bourgeoise, élevée dans le quartier cossu de Kensington?

Elle ne fut pas envoyée à l'école, ne partagea guère la vie de ses parents et n'eut aucune occasion de fréquenter d'autres enfants, mis à part de rares rencontres avec des cousins. Ses parents ne recevaient guère; l'atmosphère du foyer était d'une étouffante respectabilité et aucune tentative n'était faite pour pourvoir aux besoins des enfants. Ce ne fut qu'à l'âge de dix-neuf ans que Beatrix Potter vit enfin les Horse Guards, l'Admiralty et Whitehall, car la voiture des Potter ne quittait que rarement les environs immédiats de South Kensington. Il n'est donc pas étonnant qu'elle soit devenue une jeune fille mal à l'aise en société. Les seuls moments où elle pouvait s'évader de « ce mausolée victorien », pour reprendre l'expression d'un cousin, étaient les visites à sa grand-mère paternelle près de Hatfield, de rares visites à d'autres membres de la famille et les vacances annuelles en Écosse, où elle commença à s'intéresser à la vie des animaux et à tisser autour de celle-ci ses premiers fantasmes. Elle apprit à lire dans les romans de Sir Walter Scott. Ses premières tentatives littéraires semblent avoir été des cantiques et des « descriptions sentimentales des paysages d'Écosse [4] ».

Un frère cadet, Bertram, fit son apparition, mais dès qu'il fut en âge de quitter ses parents, on l'expédia dans un pensionnat. Une gouvernante, Miss Hammond, apporta une présence encourageante qui nourrit l'intérêt de Beatrix pour la nature et le dessin, mais elle quitta ses fonctions alors que son élève n'était encore qu'une toute jeune adolescente, car, à l'en croire, Beatrix en savait déjà plus qu'elle. Ensuite des préceptrices vinrent lui donner des leçons d'allemand et de français, mais la jeune fille passait seule la majeure partie de son temps. Si la compagnie humaine lui faisait défaut, elle parvint, en revanche, à acquérir des animaux familiers : un lapin, un couple de souris, des chauves-souris et une famille d'escargots. Margaret Lane a écrit :

> Elle s'était liée d'amitié avec des lapins et des hérissons, des souris et des vairons, de même qu'un prisonnier mis au secret s'entichera d'une souris [5].

Il est intéressant de noter que lorsque le journal de Beatrix Potter fut enfin décrypté, on ne vit apparaître aucun secret nécessitant cette dissimulation. Margaret Lane a noté, avec beaucoup de perspicacité :

> Pas de communion cachée avec soi-même, pas de fantasme secret et même remarquablement peu de doléances. Elle semble s'être lancée dans ce labeur de plusieurs années presque en dépit d'elle-même, poussée par un besoin nerveux de se servir de ses facultés, d'élargir son esprit, de ne rien laisser échapper d'important, de créer *quelque chose* [6].

Beatrix Potter tint son journal jusqu'à l'âge de trente ans. Bien que son contenu n'eût rien de palpitant, le fait de s'y être consacrée avec tant d'assiduité pendant des années laisse penser que c'était pour elle un moyen essentiel d'affirmer son identité. Dans un foyer où l'on ne reconnaît guère l'individualité d'un enfant, toute affirmation de son identité peut lui donner l'impression de s'opposer à ses parents et donc de faire quelque chose de mal. Peut-être est-ce la raison pour laquelle elle préféra coder son journal.

Autre activité créatrice, le dessin et les livres sont là pour montrer qu'elle devint une artiste exquise et accomplie.

A l'âge de dix-sept ans, Beatrix Potter fut initiée à l'allemand par Annie Carter, avec qui elle se lia d'amitié. Lorsque cette dernière se maria, Beatrix continua à correspondre avec elle et à manifester de l'intérêt pour ses enfants. Le plus âgé d'entre eux, un garçon du nom de Noël, tomba gravement malade à l'âge de cinq ans. Pour le distraire, Beatrix Potter lui envoya une longue lettre illustrée narrant les aventures de Pierrot le Lapin. Elle fut publiée sous forme de livre, à compte d'auteur, en 1901, puis proposée au grand public en 1902 par Warne & Co.

Au cours des dix années suivantes, *Le conte de Pierrot le Lapin* fut suivi du *Conte de Noison l'Écureuil*, du *Conte de Jemima la Cane* et de tous les autres contes mettant en scène les charmantes créatures qui devinrent si familières et si chères à des générations de petits Anglais. Les animaux dessinés par Beatrix Potter sont si délicieux qu'ils ont fait l'objet, voici quelques années, d'une exposition à Londres. Il est intéressant de noter que ses dessins d'êtres humains n'ont jamais atteint le même niveau d'excellence. Pourquoi en eût-il été autrement? A cette époque de sa vie, les gens n'avaient jamais compté pour elle autant que les minuscules animaux familiers à qui elle avait donné son cœur et qu'elle avait observés de beaucoup plus près.

Il est intéressant aussi de noter que la période créatrice durant laquelle elle écrivit ses meilleurs livres ne dura qu'une dizaine d'années. En 1913, en dépit de l'opposition acharnée de ses parents, Beatrix Potter épousa un avocat avec qui elle alla s'installer dans une ferme du Lake District, dans le nord-ouest de l'Angleterre. C'était l'année de ses quarante-sept ans. On pourrait faire valoir qu'à mesure que le passage des années repousse l'enfance de plus en plus loin, la créativité fondée sur des fantasmes liés à cette période ne peut que décliner. Mais on peut penser aussi que, lorsque pour la première fois une autre personne vint occuper le centre émotionnel de la vie de Beatrix Potter, l'intensité des sentiments investis par elle dans la vie des animaux diminua et ses raisons d'inventer des histoires à leur sujet disparurent. Elle n'est pas l'unique exemple d'un écrivain dont l'intérêt pour la fiction créatrice semble s'être perdu ainsi; beaucoup d'autres femmes de lettres, en revanche, à l'instar de la mère de Trollope, continuèrent à écrire après le mariage et la maternité.

Au début de son chapitre sur Beatrix Potter, dont nous avons déjà parlé, Humphrey Carpenter déclare qu'elle était

> dans l'esprit de beaucoup de gens le stéréotype de l'écrivain spécialisé dans la littérature enfantine, au tournant du siècle. L'écrivain en question, homme ou femme, est censé avoir été un individu solitaire, réservé, introverti, à peine capable d'établir des rapports normaux avec ses semblables et ne sachant communiquer ses sentiments les plus profonds qu'en parlant à des enfants ou en écrivant des livres à leur intention [7].

Je partage cette antipathie de Carpenter pour les stéréotypes, mais il faut bien reconnaître, néanmoins, que très souvent (qu'ils soient ou non écrivains), les adultes peu doués pour nouer des rapports avec leurs contemporains sont plus à l'aise avec les enfants ou les animaux. Examinons brièvement quelques exemples d'écrivains doués de telles caractéristiques et chez qui le développement émotionnel et le choix d'une carrière ont été en partie dictés par une séparation très précoce d'avec leurs parents.

Edward Lear, dont les poèmes absurdes et les dessins humoristiques ont amusé des générations d'adultes et d'enfants tout à la fois, était le vingtième enfant de ses parents. Le père s'étant lourdement endetté, la famille dut se morceler. A l'âge de quatre ans, pour alléger le fardeau pesant sur sa mère, Lear fut confié aux soins de sa sœur aînée, Ann. A dater de ce jour, sa mère ne s'occupa plus du tout de son éducation. Vivien Noakes a écrit :

> C'était un petit garçon plutôt laid, myope, affectueux, qui fut frappé et blessé par l'inexplicable rejet de sa mère [x].

Sa sœur l'entoura d'un amour sincère et la famille fut par la suite réunie, mais Lear ne forma jamais, semble-t-il, des liens intimes avec l'un ou l'autre de ses parents et, à partir de l'âge de sept ans, il souffrit de dépression chronique qu'il appelait « ma morbidité ». Ses troubles psychologiques furent encore compliqués par des crises d'épilepsie et d'asthme. Il devint un adulte solitaire, à tendances homosexuelles, mais qui n'alla probablement jamais jusqu'à consommer ses désirs.

> Ce n'était pas l'amour physique qu'il recherchait, mais quelqu'un qui voudrait de lui en tant que personne, de la façon dont ses parents n'avaient pas voulu de lui enfant. Grâce à sa sensibilité et à son charme, il fut recherché en tant qu'ami et il adorait les enfants parce

que ceux-ci l'aimaient et le lui montraient. Ce qu'il désirait, cependant, et qu'il ne trouva jamais, c'était une véritable liaison spirituelle avec quelqu'un d'autre [9].

Vivien Noakes a donné pour sous-titre à sa biographie « La vie d'un vagabond », car Lear passa une grande partie de sa vie à voyager, vivant de ce que lui rapportait sa peinture. Les gens qui ont été privés de leur mère ou qui, pour d'autres raisons, ont du mal à créer un endroit qu'ils peuvent considérer comme un « chez-soi », s'adonnent volontiers aux voyages perpétuels, ou en tout cas aux fréquents déménagements. En dépit de son charme et de toutes ses aimables qualités, qui lui valurent de nombreux amis, Lear ne surmonta jamais son isolement profond.

Rudyard Kipling est un exemple particulièrement frappant d'écrivain dont l'enfance perturbée et malheureuse eut un profond retentissement sur son avenir. Il naquit à Bombay, le 30 décembre 1865. Son père, John Lockwood Kipling, y était directeur d'une école des Beaux-Arts. Le 15 avril 1871, les parents de Kipling et leurs deux enfants (une sœur cadette était née le 11 juin 1868) se rendirent en Angleterre pour un congé de six mois. A cette époque, les Anglais résidant aux Indes avaient coutume d'envoyer leurs enfants faire leurs études en Angleterre. C'était en partie pour éviter les risques de maladie et de mort prématurée, indéniablement plus grands dans le pénible climat indien, et en partie par snobisme. Les enfants éduqués par des « *ayahs* » indiennes étaient moins susceptibles d'acquérir les habitudes et les bonnes manières de la bourgeoisie anglaise.

Juste avant son sixième anniversaire, Kipling fut confié, avec sa petite sœur, aux soins d'un capitaine au long cours à la retraite et de sa femme, les Holloway. Les parents ne crurent pas bon d'expliquer à leurs enfants qu'ils regagnaient les Indes sans eux. Le petit Rudyard ne devait pas revoir sa mère avant le mois d'avril 1877. Les cinq années passées dans ce qu'il baptisa par la suite « la Maison de la Désolation » le marquèrent pour la vie. Il était terrorisé par le fils des Holloway, jeune garçon de six ans son aîné, et impitoyablement puni par la détestable Mrs. Holloway, soit au moyen de châtiments corporels, soit par une solitude forcée. Il devint aussi la tête de turc de ses condisciples à l'école qu'il fréquentait en tant qu'externe et où il n'obtint que de piètres résultats. Tous les soirs, il subissait un interrogatoire serré pour savoir à quoi il avait employé sa journée. A chaque fois que l'enfant effrayé, tombant de sommeil, se contredisait, la chose était traitée comme un mensonge délibéré, nouvelle preuve de sa nature vicieuse, qui appelait le châtiment. L'un des biographes de Kipling, Charles Carrington, a noté que les longues années où il fut le souffre-douleur de Mrs. Holloway lui apprirent

> quelques enseignements stoïques : notamment qu'il lui appartenait de forger son propre bonheur; et que toutes les épreuves sont supportables si la victime est soutenue par des ressources qui lui sont propres [10].

Dans le conte intitulé « Baa, Baa, Black Sheep », Kipling a laissé un récit autobiographique de cette période vraiment déplorable de sa vie. Angus Wilson a écrit :

> La rédaction lui en fut extrêmement pénible, nous le savons par son amie, Mrs. Hill, chez qui il habitait à Allahabad, lorsqu'il l'écrivit [11].

Kipling n'hésite pas à dire que la façon dont le traitait Mrs. Holloway était une « torture calculée », mais il précise aussi que cela eut pour effet de l'inciter à prêter la plus grande attention aux mensonges qu'il était obligé de faire et conclut que ce fut la fondation de sa vocation littéraire.

L'art de la fiction peut jaillir en partie de la faculté de rendre les mensonges convaincants, mais ce n'en est jamais l'unique source et Kipling se rabaisse inutilement en émettant cette idée. Ce qu'il note aussi, c'est son ravissement en constatant que, si les adultes le laissaient tranquille, il pouvait s'évader, grâce à la lecture, dans un univers bien à lui.

Parvenu à l'âge d'homme, Kipling resta insaisissable et fuit la publicité. Toute question concernant sa vie privée l'exaspérait, car il souhaitait n'être jugé que sur ses seuls écrits. Son mariage fut caractéristique de ces créateurs dont le désir essentiel n'est pas une réelle intimité, mais un moyen de poursuivre librement leur travail d'imagination, sans interruption. Carrie Balestier, qu'il épousa en 1892, était une femme fort capable qui le protégea des visiteurs, prit en main les rênes de sa vie domestique et s'occupa en outre de ses affaires et de sa correspondance. Tout en savourant son renom et en établissant de nombreux contacts, Kipling resta fort taciturne et, lors des réunions mondaines, avait tendance à sombrer dans la rêverie. Carrington pense que cette union fut plus satisfaisante pour lui que pour son épouse.

Les tensions intérieures qui agitaient l'écrivain se révélèrent à travers une persistante insomnie et un ulcère du duodénum. Tout comme Edward Lear, c'était auprès des enfants qu'il se montrait sous son meilleur jour, vraiment détendu. Il inspirait confiance aux autres, qui se surprenaient à lui raconter leurs ennuis, forts de la certitude qu'il saurait être discret [12].

Ce trait particulier paraît dépendre d'une capacité inhabituelle à se mettre dans la peau des autres, à *s'identifier* à eux. Il puise son origine dans cette espèce de préoccupation précoce pour les sentiments d'autrui que Kipling dit avoir acquise dès son enfance, et que nous avons déjà remarquée chez Trollope. Tout jeune, Kipling devint observateur et circonspect, guettant avec vigilance les sautes d'humeur des adultes, lesquelles précédaient leur colère. Cette sorte de prescience de ce qu'éprouvaient les autres et de la façon dont ils exprimaient leurs émotions lui fut probablement fort utile lorsqu'il se mit à écrire.

La peur du châtiment n'est pas la seule cause de cette espèce d'angoisse qui exige d'être toujours sur le qui-vive. Les enfants de mères déprimées ou de mères dont la santé physique laisse à désirer acquièrent cette même sorte de perspicacité inquiète. Ils gardent leurs sentiments pour eux, tout en observant attentivement ceux qu'éprouvent les autres. Il leur est plus difficile qu'à la plupart des enfants de chercher un soutien auprès de leur mère ou de la personne qui la remplace. Devenu adulte, l'enfant vigilant et excessivement angoissé sera un être sachant écouter et que les autres recherchent, mais qui évite la réciprocité en ne dévoilant pas ses propres problèmes. On trouve assez fréquemment ce même tempérament chez les psychanalystes et les médecins qui incitent aux confidences, sans être appelés à se confier à leur tour.

Kipling connaissait ses amis mieux qu'eux ne le devinaient. Comme il arrive souvent avec les écrivains, il se révélait surtout de façon indirecte, dans le cadre de ses œuvres de fiction. « Baa, Baa, Black Sheep » fait exception à la règle, en ce qu'elle apparaît comme une autobiographie pure et simple.

H.H. Munro, mieux connu sous le nom de « Saki * », fait partie de ces auteurs dont l'imagination doit beaucoup au deuil, à la perte de l'amour parental et à l'isolement émotionnel. Il naquit cinq ans après Kipling,

---

* *Nouvelles* de Saki parues chez R. Laffont en 1960.

le 18 décembre 1870, à l'étranger, lui aussi; non pas aux Indes, cependant, mais en Birmanie où son père était officier de la police militaire britannique. Lors d'un séjour en Angleterre, durant l'hiver de 1872, sa mère, alors enceinte, fut attaquée par une vache qui s'était sauvée. Cette triste mésaventure causa sa mort et celle de l'enfant qu'elle portait. Lorsque leur père regagna la Birmanie, Saki et ses frère et sœur aînés restèrent en Angleterre, chez leur grand-mère paternelle, qui était veuve et mère de deux redoutables filles, Tante Charlotte, dite « Tom », et Tante Augusta.

Ces deux intimidantes personnes, rivales acharnées, n'arrêtaient pas de se chamailler. L'une et l'autre étaient fort portées sur la discipline. Augusta, notamment, infligeait des châtiments à tort et à travers, ajoutant à sa propre colère la menace du courroux divin. Ethel, l'aînée des trois petits Munro, en a laissé le portrait que voici :

> Une femme au caractère emporté, qui ne pouvait qu'adorer ou détester avec acharnement, impérieuse, moralement couarde, ne possédant pas une once d'intelligence, esprit fort primaire au demeurant. Bref, la dernière personne à qui l'on aurait dû confier des enfants [13].

Saki n'en finit pas de se venger de ses tantes dans ses nouvelles. La plus cruelle est « Sredni Vashtar », dans laquelle la tutrice du jeune héros de dix ans, Conradin, clairement inspirée de Tante Augusta, est tuée par l'animal familier de son pupille, un putois-furet.

En grandissant, Saki devint un dandy homosexuel. A l'instar de Noël Coward, il masquait ses sentiments sous une couche protectrice de cynisme; quoique adoré de beaucoup de gens, il ne se lia intimement qu'avec de très rares personnes. Dans son introduction très clairvoyante à *The Bodley Head Saki,* J.W. Lambert a écrit :

> Même les hommages de ses amis (sauf peut-être ceux qui étaient dans l'armée) laissent transparaître cette charmante courtoisie qui prend racine dans l'indifférence. La société était pour lui mère de la sottise. Lorsqu'il délaisse l'attaque, c'est pour célébrer la solitude. Dans aucune de ses œuvres on ne trouve de rapports humains intimes, sauf dans l'écheveau entortillé qui enchaîne et entrave Francesca Bassington et son fils [voir *The Unbearable Bassington*] [14].

Saki, comme Kipling et Lear, préférait la compagnie des enfants à celle des adultes. Tous trois adoraient les animaux et leur donnèrent souvent un rôle dans leurs écrits.

Saki et Kipling partageaient aussi un certain intérêt pour la cruauté physique, qui se manifeste parfois de façon déplaisante, comme dans les récits de Kipling ayant pour héros « Stalky » ou dans la description que fait Saki de la façon dont Comus corrige un élève de son école à coups de canne dans *The Unbearable Bassington.* Les deux hommes gardèrent à l'âge adulte un brin de sadisme, probablement dérivé, comme cela arrive souvent, d'un désir de se venger de ceux qui les avaient tourmentés dans leur enfance. La fiction fournit un exutoire acceptable aux pulsions de violence. Il est regrettable que ceux qui libèrent de telles émotions en attaquant des innocents sans défense ne soient pas assez doués pour les exprimer sous forme de création littéraire!

On a un troisième exemple du même type avec un écrivain fort différent, P.G. Wodehouse, venu au monde le 5 octobre 1881. Quoique né en Angleterre, il passa la majeure partie de ses deux premières années à Hong Kong, où son père était magistrat. Wodehouse et ses deux frères, âgés respectivement de deux, quatre et six ans, furent ramenés en Angleterre par leur mère et confiés à une inconnue, une certaine Miss Roper, engagée tout spécialement pour s'occuper d'eux. Au bout de trois ans, les petits garçons furent placés dans une école à Croydon, dirigée par deux sœurs, puis envoyés dans une école à Guernesey. Wodehouse écrit qu'ils passaient simplement de main en main et que c'était une existence fort curieuse pour ces enfants dépourvus de toute espèce de « foyer ».

Il n'était pas affreusement malheureux, cependant. Dans une interview accordée vers la fin de sa vie, il prétendit même avoir eu une enfance fort heureuse et traça un contraste flatteur entre son sort et celui de Kipling. Toutefois, l'absence de liens intimes et durables durant ses premières années de vie laissa inévitablement des traces. Sa biographe, Frances Donaldson, a noté :

> Il se détacha tout simplement de ce monde froid et ingrat pour se réfugier dans les fantasmes. Dès sa petite enfance, il se plaisait, par-dessus tout, seul avec lui-même et, n'ayant pas de vie de famille, ni rien pour stimuler ses émotions, il cultiva son imagination dans la solitude. Il a assuré qu'il avait toujours voulu être écrivain et qu'il avait commencé à inventer des histoires avant même de savoir écrire [15].

Dans une interview qu'il accorda à l'âge de quatre-vingt-onze ans, Wodehouse déclara : « Je sais que j'écrivais déjà des histoires à l'âge de cinq ans. Je ne sais pas ce que je faisais avant. Je devais juste me tourner les pouces [16]. »

Après avoir encore une fois changé d'école, P.G. Wodehouse fut expédié à Dulwich College. Là, nous précise Frances Donaldson, « il connut pour la première fois, dans une certaine mesure, la permanence et la stabilité [17] ».

L'écrivain concentra sur Dulwich College des émotions qui, chez les enfants ayant grandi dans un environnement normal, se portent généralement sur le « foyer ». Quarante ans après avoir quitté l'établissement, Wodehouse continuait à suivre la carrière de ses équipes de rugby avec le même intérêt et le même enthousiasme. Il assura lui-même que les années qu'il y avait passées avaient été paradisiaques. Il était excellent sportif, supérieur à la moyenne sur le plan intellectuel et n'était pas tenu, dans ce cadre scolaire, de nouer des rapports très étroits. Pour reprendre les termes de Frances Donaldson, « il pouvait participer sans s'impliquer [18] ».

Wodehouse avait quinze ans quand sa mère réapparut, mais il ne s'établit pas entre eux de rapports d'intimité; dans ses relations avec les femmes, l'auteur demeura inhibé et dépendant. Comme il arrive souvent à ceux qui ont grandi sans leur mère, il était attiré par des femmes plus âgées que lui. Lorsqu'il se maria en 1914, son épouse Ethel se chargea entièrement des problèmes financiers et lui fit une petite pension pour ses dépenses courantes. Elle le protégeait contre le monde extérieur et, même s'il lui arrivait parfois de lui imposer les mondanités qu'il détestait, elle veillait à ce qu'il jouît de la solitude qui lui était nécessaire. Sous ce rapport, le mariage de Wodehouse ressemble étonnamment à celui de Kipling.

P.G. Wodehouse continua toute sa vie à redouter les contacts sociaux; il fuyait les interviews, exécrait les clubs (ce qui ne l'empêchait pas d'être membre de plusieurs d'entre eux) et déversait sur les animaux l'affection qu'il était incapable de donner à ses semblables. Lorsque sa femme se mit en quête d'un appartement à New York, il lui demanda d'en prendre un au rez-de-chaussée. « Pourquoi? s'étonna-t-elle, et lui de répondre : Je ne sais jamais quoi dire au liftier [19]. »

Quand il allait voir sa fille qui était pensionnaire, il attendait au-dehors qu'elle vînt le rejoindre, car, sans aucun soutien, il avait trop peur pour affronter la directrice. C'était un homme doux, bon, assez puéril, qui avait fait de son travail un refuge et qui se montra de ce fait incroyablement prolifique. Il publia, à ce qu'on pense, quatre-vingt-seize livres, et on lui doit en outre les chansons de nombreuses comédies musicales et toute sorte d'autres textes.

En règle générale, on admire les gens qui minimisent leurs ennuis en les tournant en plaisanterie, mais P.G. Wodehouse se servait de l'humour comme d'une armure à un point tel que cela finissait par déformer son appréciation de la réalité. Son indifférence envers l'argent, par exemple, en dehors de la menue monnaie qu'il avait sur lui pour s'acheter du tabac ou un ruban pour sa machine à écrire, lui valut des démêlés chroniques avec le fisc. Interné en France par les Allemands, au début de la Seconde Guerre mondiale, il se fit un tort considérable en Angleterre en acceptant de participer à des émissions de radio diffusées par les Allemands dans lesquelles il décrivait ses expériences d'internement sur le mode humoristique. Tout homme ayant un tant soit peu le sens des réalités, sans même mentionner une once de sens politique, se serait rendu compte qu'une telle attitude l'exposerait à des accusations de collaboration avec les nazis, mais Wodehouse, dans sa candeur, n'y vit qu'une bonne occasion de maintenir le contact avec son public et de remercier ses amis américains des colis qu'ils lui avaient envoyés, sans se douter un instant que ses compatriotes allaient l'accuser de trahison.

Kipling, Saki et Wodehouse avaient tous trois, à un âge très tendre, été confiés à des tiers et n'avaient pas, de ce fait, connu les agréments, l'affection et le soutien d'une vie de famille ordinaire. Résultat : tous trois eurent ultérieurement beaucoup de mal à former des rapports d'intimité et avaient tendance à se montrer plus affectueux envers les enfants ou les animaux qu'envers les autres adultes.

Tous trois apprirent à se servir de leur imagination, qui devint à la fois un refuge contre le monde et un moyen indirect de marquer ce monde de leur sceau. Kipling et Saki exprimèrent dans leurs œuvres un peu du ressentiment qu'ils éprouvaient envers ceux qui les avaient ainsi abandonnés et exposés aux mauvais traitements de personnes étrangères. Wodehouse, qui ne fut pas malmené, mais passa simplement de main en main, édifia un univers imaginaire dans lequel il n'y a ni violence, ni haine, ni sexe, ni sentiments profonds. Quant à Lear, même si certains de ses poèmes dénotent une espèce de violence humoristique, son univers imaginaire est lui aussi asexué et dénué d'émotion profonde.

On peut à juste titre conclure que, dans les exemples que nous venons de donner, la création d'univers imaginaires complexes découla directement de l'absence de cet épanouissement émotionnel que connaissent les enfants ayant vécu des rapports normaux avec leurs parents ou les personnes qui les remplacent. Pour compenser leur isolement, tous ces écrivains (parmi lesquels je range ici Beatrix Potter et Edward Lear, coupés de leurs parents sur le plan émotionnel, sinon physique) firent appel à leurs dons d'invention et, pour quatre d'entre eux, remplacèrent en partie l'amour de leur prochain par celui des animaux.

Toutefois, on ne saurait dire que toutes les personnes isolées, même si elles sont douées, se tournent automatiquement vers la fiction ou vers le royaume animal. On ne saurait non plus nécessairement attribuer à une enfance perturbée les difficultés rencontrées pour nouer des rapports humains. Les gens diffèrent non seulement par leur environnement familial, mais aussi par leur tempérament. Il y a des gens qui, malgré toute l'affection dont ils ont été entourés dans leur enfance, ne sont jamais parvenus à nouer des relations intimes. D'autres compensent la relative absence de relations interpersonnelles en recherchant la réussite financière, plutôt que la création d'œuvres de fiction. Il serait bien naïf de croire que les activités créatrices de l'homme peuvent être regroupées au sein d'une catégorie unique. Néanmoins, comme le montrent nos exemples, les dons qui permettent à un individu de devenir écrivain peuvent être provoqués par le deuil et l'isolement. Nous commençons à comprendre pourquoi Simenon, dans une interview accordée à la *Paris Review,* disait : « Écrire, ce n'est pas une profession, c'est la vocation du malheur [20]. »

Dans cette même interview, Simenon expliquait que, tout jeune garçon, il prit conscience, de façon aiguë, du fait qu'une communication totale entre deux individus était impossible. Il ajoutait que cela lui donna un tel sentiment de solitude qu'il eut envie de hurler. Ce fut, sans nul doute, ce sentiment qui nourrit sa remarquable faculté d'invention et on pourrait aussi lui imputer, peut-être, ses tendances au donjuanisme.

Les écrivains dont nous avons parlé dans le présent chapitre, à l'exception peut-être de P.G. Wodehouse, furent des enfants malheureux et à juste titre. Dans quelle mesure restèrent-ils malheureux tout au long de leur vie? Leur première expérience les empêcha-t-elle d'établir avec autrui le genre de rapports qui sont une source de bonheur? Et dans ce cas, surent-ils trouver un bonheur d'une autre espèce en exerçant les dons de leur imagination?

Voici des questions auxquelles il n'est pas facile de répondre. Edward Lear eut de graves crises de dépression tout au long de sa vie et, malgré l'amour que lui portaient de nombreuses personnes, il resta, semble-t-il, isolé sur le plan émotionnel.

Trollope lui aussi resta vulnérable à la dépression et se jeta dans le travail pour échapper à la mélancolie. En revanche, il contracta un mariage qu'il prétendait heureux et qui semble en effet l'avoir été. Son amour tardif pour Kate Field ne contredit en rien cette affirmation. C'était un homme sensible qui s'efforçait de dissimuler ses sentiments derrière un masque bourru, mais il se fit beaucoup d'amis et on ne saurait dire qu'il fut un adulte esseulé. La célébrité que lui valurent ses romans compensa dans une large mesure le mépris et le rejet qu'il avait dû essuyer dans son enfance.

Chez Kipling, les rapports humains furent, semble-t-il, moins intimes que chez Trollope, pour autant que sa volonté de protéger à tout prix sa vie privée nous permette d'en juger. Ce qui est sûr, c'est qu'il avait beaucoup de charme et que cela lui valut des amitiés durables, très importantes à ses yeux. Son mariage lui apporta la sécurité et la célébrité vint renforcer son estime de soi. Comme Trollope, cependant, Kipling resta sujet à la dépression et, selon Angus Wilson, il fut tenaillé par la peur d'un effondrement mental, qui lui fit toujours redouter de se livrer à l'introspection. Dans ses écrits, il s'efforça de créer un art fondé sur l'observation extérieure et le moins redevable possible à l'examen de soi-même. Angus Wilson en déduit que ce fut ce recul devant l'introspection qui interdit à Kipling de se hisser au premier rang des écrivains, mais qui expliquerait aussi pourquoi il s'est intéressé à des thèmes que personne n'a abordés en dehors de lui.

Parmi les écrivains évoqués dans ce chapitre, il me paraît probable que Saki resta le plus isolé. Son enfance malheureuse l'avait mal préparé à former des rapports intimes, difficulté exacerbée par une homosexualité qui constituait alors un délit et n'était donc ni reconnue, ni considérée comme acceptable par la société. Ses écrits lui valurent une certaine considération de son vivant, mais leurs limites, la façon dont l'amour en était exclu, leur ironie et leur cruauté interdirent à Saki de jouir de la réputation réservée à des auteurs manifestant des sympathies humaines plus évidentes.

Si l'on se fie à ses propres lettres, il semble que la période la plus heureuse de son existence ait été la

Première Guerre mondiale. Au début de la guerre, Saki avait quarante-trois ans. Sa santé laissait à désirer, mais il parvint néanmoins à s'enrôler dans un régiment de cavalerie, le King Edward's Horse. Sa correspondance indique bien qu'il considérait la guerre comme une aventure romanesque, qu'il appréciait la compagnie masculine qu'elle lui valait et, peut-être parce qu'il ne se souciait pas particulièrement de survivre, savourait le danger d'expéditions nocturnes pour aller poser des mines. Il fut tué par un franc-tireur le 14 novembre 1916.

Si l'on considère l'ensemble de l'œuvre de chacun de ces écrivains, c'est probablement Wodehouse qui se rapproche le plus de la thèse de Freud selon laquelle les fantasmes sont avant tout une dérobade. Ses relations avec autrui semblent être restées à un niveau relativement superficiel. Le centre autour duquel gravitait sa vie n'était certes pas l'affectivité, mais plutôt le travail. Cependant, le plaisir qu'il éprouvait à créer un monde imaginaire, son ingéniosité, son sens du verbe et sa réussite paraissent lui avoir apporté un bonheur que beaucoup de gens lui envieraient.

Beatrix Potter parvint, dès avant son mariage, à trouver le bonheur. Du moment qu'elle pouvait échapper à l'oppression familiale et vivre seule dans la ferme qu'elle avait achetée dans le Lake District, ses activités rurales et littéraires la satisfaisaient pleinement. Certes son mariage lui permit de s'épanouir encore davantage, mais il n'y a aucune raison de mettre en doute l'opinion de sa biographe lorsqu'elle déclare que les huit années qui précédèrent cette union furent aussi fort heureuses. A cette époque, Beatrix Potter était déjà à même de goûter une agréable solitude dans sa propriété de Hill Top Farm et elle était à l'apogée de son talent d'écrivain.

L'idée que le développement des facultés d'imagination et d'invention chez ces écrivains fut d'abord une compensation à l'absence ou la rupture d'attachements intimes semble sous-entendre qu'il ne fut qu'un pis-aller, un médiocre substitut aux rapports étroits et affectueux dont ils auraient dû jouir. Dans la petite enfance, ce fut probablement le cas. Rien ne peut vraiment compenser l'absence d'attachements intimes chez des êtres très jeunes.

Cependant, ce qui commença comme compensation devint un mode de vie fort gratifiant. En dépit de leurs cicatrices émotionnelles, tous ces écrivains connurent le succès. Avec les possibles exceptions de Saki et de Lear, ils surent tous établir des rapports qui, même s'ils variaient par leur intensité et leur intimité, étaient au moins aussi satisfaisants que ceux de beaucoup de gens n'ayant pas eu des enfances aussi perturbées.

9

DEUIL, DÉPRESSION ET GUÉRISON

Écrire est une forme de thérapie; parfois, je me demande comment tous les gens qui n'écrivent, ne composent ou ne peignent pas parviennent à échapper à la folie, à la mélancolie, à la peur panique inhérentes à la condition humaine.

Graham GREENE

Mais, sérieusement, je me demande si, pour une personne telle que moi, dont les moments les plus intenses ont été les périodes de dépression, une guérison qui détruirait cette dépression ne détruirait pas aussi l'intensité – un remède désespéré?

Edward THOMAS

Dans le chapitre précédent, nous avons conclu que certains écrivains sont obligés de développer leurs facultés d'imagination, afin de compenser l'absence ou la rupture des rapports d'intimité avec leurs parents. Dans le présent chapitre, je souhaite creuser l'idée que l'imagination peut faire mieux que bâtir des châteaux en Espagne ou fournir un refuge aux malheureux. Comme le laisse entendre la citation de Graham Greene placée en exergue, l'imagination créatrice peut agir comme un véritable remède. En créant une unité nouvelle dans un poème ou une autre œuvre d'art, l'artiste s'efforce de retrouver une unité perdue – ou de trouver une unité nouvelle – dans l'univers intérieur de son psychisme et en même temps de produire une œuvre ayant une existence réelle dans le monde extérieur. Au chapitre 5, nous avons fait référence au fait que les gens qui réalisent leur potentiel créateur comblent constamment l'abîme qui sépare le monde extérieur de la réalité du monde intérieur du psychisme. « L'aperception créatrice », pour reprendre l'expression de Winnicott, est ce qui donne à l'homme l'impression que la vie vaut la peine d'être vécue; et les hommes artistiquement doués sont peut-être plus que les autres capables de se remettre d'une perte, sur le mode symbolique. L'esprit humain semble ainsi fait qu'un nouvel équilibre ou un rétablissement à l'intérieur du monde subjectif de l'imagination est ressenti comme s'il s'agissait d'un changement bénéfique dans le monde extérieur et vice versa. En reliant ainsi le subjectif et l'objectif, nous touchons aux limites de la compréhension humaine; mais je crois que c'est justement aux abords de ces limites que l'on peut trouver les secrets de l'adaptation créatrice de l'homme. La fringale imaginative qui incite les hommes à trouver une nouvelle compréhension et de nouveaux liens dans le monde extérieur est, en même temps, une fringale d'intégration et d'unité intérieures.

Parmi les écrivains évoqués au chapitre précédent, Saki fut le moins capable de surmonter le traumatisme de sa petite enfance. Il fut le seul aussi à être privé de sa mère de façon permanente par la mort de celle-ci, alors qu'il n'avait que deux ans. Maintenant, je voudrais étudier les rapports entre créativité et dépression. Étant donné que le deuil, tout particulièrement un deuil précoce, est non seulement un facteur qui précipite la dépression sur le moment, mais semble souvent prédisposer la victime à réagir à toutes les pertes ultérieures de façon particulièrement violente, il convient de définir dans ses grandes lignes la relation complexe entre le deuil, la dépression et la réussite créatrice.

Bien que la séparation d'avec ses deux parents soit un traumatisme pour tout jeune enfant, nous pouvons supposer que tant qu'il les sait toujours en vie, il continuera à nourrir l'espoir de les retrouver un jour. Mais, à moins d'être animé par la conviction d'une vie après la mort, l'enfant dont l'un des parents est décédé n'a plus cette ressource. Le caractère arbitraire d'une telle disparition, son côté injuste, inexplicable, l'inciteront probablement à voir le monde comme un lieu imprévisible et peu sûr, sur lequel il ne peut exercer la moindre influence. On ne s'étonnera pas d'apprendre que la perte d'un parent durant la petite enfance a souvent été associée à l'apparition de problèmes émotionnels à une période ultérieure de l'existence. Plus précisément, la mort d'un parent accroît, semble-t-il, le risque de souffrir de sévères crises de dépression.

Quant à savoir si oui ou non un deuil précoce peut, à lui seul, prédisposer une personne à des accès ultérieurs de dépression, c'est une thèse très controversée. Les effets de tels deuils varient et, s'il n'y a aucun doute qu'un deuil précoce est un traumatisme, il se pourrait qu'il n'intervienne que comme facteur déclenchant de la dépression chez ceux qui y sont génétiquement prédisposés.

Cette supposition est étayée par un article dans lequel les auteurs ont comparé un groupe de patients en psychiatrie ayant perdu un de leurs parents durant l'enfance avec un autre groupe plus important d'autres patients n'ayant pas subi une telle épreuve. Ils conclurent que la disparition précoce d'un des parents affectait la sévérité des maladies mentales ultérieures, sans en déterminer le type. C'est-à-dire qu'une perte de cet ordre n'était pas spécifiquement associée au développement de la dépression, de la schizophrénie ou d'autres formes de maladie mentale, mais qu'elle était en revanche associée à une plus grande sévérité des symptômes lorsque les patients étaient pour la première fois hospitalisés.

Toutefois, les patients devenus orphelins dès l'enfance manifestaient de plus graves difficutés à établir des attachements dignes d'une personne mature et adulte.

> Ils formaient en outre des relations interpersonnelles intenses et instables et se plaignaient d'éprouver de façon chronique des sentiments de vide et d'ennui [1].

Ainsi certains de ces patients ayant subi un deuil précoce souffriraient de dépression chronique, puisque, nous l'avons vu, les personnes atteintes de dépression se plaignent souvent d'éprouver un sentiment de vide.

George Brown et Tirril Harris, dans leur étude de la dépression chez les femmes de la classe ouvrière, ont conclu qu'une femme dont la mère était morte avant qu'elle-même eût atteint l'âge de onze ans était plus susceptible de réagir à des pertes ultérieures en sombrant dans une dépression aiguë. Nous avons déjà posé le principe que pour avoir une certaine estime de soi, il fallait se « forger » ou incorporer à sa personnalité un sentiment d'être aimé pour soi-même sans aucune équivoque. Étant donné qu'une mère est, durant l'enfance, la source la plus importante d'amour inconditionnel, il est assez naturel que sa disparition entrave, ou empêche même, l'incorporation du sentiment d'être aimé, si bien qu'il est plus difficile d'acquérir l'estime de soi ou de la préserver [2].

D'autres chercheurs doutent de ce que le décès de la mère accroisse la vulnérabilité aux états dépressifs à l'âge adulte. Une récente étude prétendait que, pour une série de patients dépressifs, de types variés, rien ne prouvait que la mort d'un parent avant l'âge de quinze ans constituait un facteur crucial [3]. En revanche, les auteurs suggéraient que l'absence de rapports chaleureux avec les parents dans l'enfance pouvait représenter un facteur important prédisposant à une dépression ultérieure à l'âge adulte, et cela s'accorde bien avec l'hypothèse selon laquelle l'absence d'estime de soi rend vulnérable à la dépression. Un enfant ne saurait acquérir le sentiment d'être aimé par un parent défunt, mais il ne l'obtiendra pas non plus d'un parent qui le rejette, absent durant de longues périodes, ou lui-même si perturbé qu'il est incapable de relations chaleureuses.

L'estime de soi n'est pas seulement liée au sentiment d'être digne d'amour, mais aussi à celui d'être compétent. Face à l'adversité, par exemple à un divorce ou à la mort d'un conjoint, les personnalités dépressives non seulement subissent la perte de quelqu'un qui renforçait leur estime de soi en leur offrant amour et tendresse, mais très souvent aussi, du moins les premiers temps, se sentent désarmées devant la vie qu'elles doivent désormais affronter seules. Brown et Harris notent :

> Il n'est certainement pas improbable que la mort de la mère avant l'âge de onze ans puisse avoir une influence durable sur l'estime de soi que peut avoir une femme, car elle lui donnera un sentiment permanent d'insécurité et la persuadera de son incompétence à contrôler les bienfaits de l'univers.

Et les auteurs poursuivent :

> Jusqu'à l'âge de onze ans, environ, le principal moyen pour un enfant de contrôler le monde sera vraisemblablement la mère. Ensuite, l'enfant sera davantage susceptible d'exercer un contrôle direct et indépendant. Plus

il perd sa mère tôt, plus il court le risque d'être retardé dans son apprentissage de la maîtrise de l'environnement; or, un sentiment de maîtrise est fort probablement une des composantes essentielles de l'optimisme. Ainsi, la perte de la mère avant onze ans risque fort d'entamer définitivement le sentiment de maîtrise et d'estime de soi chez une femme et d'agir de ce fait en tant que facteur de vulnérabilité, en entravant la façon dont elle gère d'autres pertes dans sa vie adulte [4].

Un autre facteur reliant la disparition précoce d'un parent à une tendance dépressive ultérieure est également associé au manque de maîtrise. Certains patients ayant subi des deuils très tôt dans leur existence continuent à chercher le parent disparu et sont susceptibles d'épouser des personnes représentant ce parent, sur lesquelles ils peuvent s'appuyer. Birtchnell a découvert que les femmes ayant perdu leur mère avant l'âge de dix ans étaient nettement plus dépendantes, ou, pour reprendre la terminologie de Bowlby, attachées de façon plus angoissée que les femmes qui n'avaient pas subi un tel deuil [5].

La dépendance et un sentiment d'incompétence, la conviction d'être incapable de faire face, sont étroitement liés. Dans de nombreux cas de dépression, un sentiment d'impuissance va de pair avec le désespoir. Au chapitre 4, nous avons parlé de l'observation faite par Bettelheim, selon laquelle, dans les camps de concentration, les premiers à mourir étaient aussi ceux qui avaient renoncé à toute tentative de décider par eux-mêmes de quoi que ce fût et qui se sentaient de ce fait entièrement désarmés aux mains de leurs tortionnaires.

Le fait d'épouser un substitut parental renforce l'impression d'être incapable de se débrouiller seul. S'il y a toujours quelqu'un vers qui se tourner, quelqu'un qui donnera des conseils et prendra des décisions, la personne dépendante ne saurait acquérir la moindre compétence.

La perte d'un conjoint risque d'accroître davantage le sentiment d'impuissance chez ceux qui faisaient preuve d'une dépendance particulière à l'égard de celui-ci. Parfois, le sentiment d'impuissance persiste. Dans d'autres cas, le mari ou la femme survivants, n'ayant désormais plus personne vers qui se tourner, découvrent en eux-mêmes la faculté de faire face, inexploitée jusque-là. Qui de nous n'a connu des êtres qui semblent commencer une nouvelle vie après la perte de leur conjoint? Or, ce n'est pas forcément parce que leur mariage était malheureux.

Les changements indésirables dans la vie d'une personne, par exemple la mort d'un époux, un divorce, la perte de l'emploi, une blessure corporelle ou un emprisonnement, semblent liés dans une mesure importante à une maladie qui surviendra ultérieurement, *s'ils sont perçus par le sujet comme échappant à son contrôle.* On a aussi démontré que les gens qui ont le sentiment que leur vie est dirigée en majeure partie par des forces extérieures tombent plus facilement malades, en présence d'événements stressants, que ceux qui possèdent le sentiment inébranlable de contrôler leur existence [6].

Une perte dans le présent peut réveiller des sentiments associés à une perte subie dans le passé. Cela est spécialement vrai si les émotions provoquées par la perte originale n'ont pas été complètement « perlaborées » – phénomène évoqué au chapitre 3. Lorsque le travail du deuil n'a pas été entièrement accompli, les pertes ultérieures risquent d'avoir des effets plus violents. Nous avons suggéré plus haut que l'enfant séparé de ses parents pouvait conserver l'espoir de les retrouver un jour, mais que celui dont le parent était décédé était privé de toute consolation. Cette supposition sous-entend que la mort d'un parent risque d'avoir un effet pire sur la santé mentale ultérieure que la séparation.

Brown et Harris ont fourni des preuves qui étayent en

partie cette hypothèse. Ils ont découvert que les états dépressifs chez les femmes dont un des parents était mort étaient plus graves, plus susceptibles de donner lieu à un diagnostic de psychose; alors que les types de dépression affectant les femmes n'ayant subi qu'une séparation relevaient plus souvent de la névrose.

Brown et Harris supposent qu'une personne victime d'un deuil risque davantage, lorsqu'elle est confrontée à une perte ultérieure, quelle qu'elle soit, de réagir comme si celle-ci était forcément irréversible. Cela pourrait expliquer pourquoi, dans certains cas, la perte ou l'échec qui déclenchent une dépression grave paraissent insignifiants en comparaison de la réaction qu'ils provoquent [7]. Par exemple, un adolescent qui a perdu, enfant, un de ses parents, peut sombrer dans une dépression grave et exagérée parce qu'il échoue à un examen.

Un autre facteur qui détermine la susceptibilité à la dépression peut naître de l'importance que l'on attache aux rapports interpersonnels en tant que source d'estime de soi. Les jeunes enfants, à moins d'être de véritables prodiges, n'auront pas eu le temps d'acquérir des intérêts personnels et des talents propres à renforcer leur sentiment de compétence. Comme nous le verrons, ceux qui peuvent s'adonner à un travail créateur seront avantagés par rapport à ceux dont l'estime de soi dépend entièrement des rapports d'intimité.

L'écriture et les autres activités créatrices peuvent constituer autant de moyens d'affronter positivement une perte, qu'il s'agisse de celle qui accompagne un deuil présent ou du sentiment de perte et de vide qui caractérise une dépression grave ayant d'autres causes pour origine. Au chapitre 7, nous avons laissé entendre qu'une personne vulnérable aux dépressions chroniques pouvait, pourvu qu'elle fût douée de talent, exprimer dans une création certains aspects de sa véritable personnalité qu'elle aurait du mal à manifester dans sa vie sociale.

Nous avons vu que certains écrivains, à cause d'une séparation précoce ou d'un sentiment ultérieur d'isolement et de tristesse, créaient des univers imaginaires où ils pouvaient se réfugier. Ce ne sont pas les seules fonctions que peut remplir le travail créateur.

Les personnes douées sur le plan créatif peuvent, lorsqu'elles sont victimes d'un deuil ou souffrent d'une grave dépression pour d'autres raisons, aller encore plus loin. Comme je l'ai laissé entendre précédemment, elles sont souvent capables de mettre leurs talents à profit dans un processus que l'on pourrait qualifier de réparation ou de recréation. Il s'agit d'une tentative de se résigner à sa perte en acceptant la souffrance, plutôt que de la nier ou de se dérober devant elle. Graham Greene, qui a avoué posséder un tempérament maniaco-dépressif et souffrir d'un besoin chronique d'échapper à des périodes de dépression, avait raison de supposer que l'écriture, la composition ou la peinture peuvent représenter une forme de thérapie, bien que ce ne soit certes pas leur unique fonction. Qui plus est, c'est une forme de thérapie qui n'exige pas d'autre thérapeute que le patient lui-même.

Nous avons vu que les créateurs sont habitués à la solitude et nous avons sondé quelques-unes des raisons pour lesquelles ils le sont. Au lieu de rechercher des amis auprès de qui s'épancher, des guides à qui confier leurs problèmes, ils se servent de leurs dons pour accepter et comprendre leurs souffrances. Une fois qu'une œuvre est terminée, elle peut être partagée avec d'autres; mais la réaction initiale face à la dépression est de se tourner vers l'intérieur plutôt que vers l'extérieur.

L'acte de création représente une façon de surmonter l'état d'impuissance qui, nous l'avons vu, fait partie de l'état dépressif. Il s'agit d'un mécanisme régulateur; d'un moyen d'exercer un contrôle en même temps que d'exprimer une émotion. D'ailleurs, le seul fait d'exprimer son émotion donne à celui qui souffre un sentiment de maîtrise, même s'il n'est pas particulièrement doué. Les psychothérapeutes, surtout ceux qui ont été formés à l'école de Jung, suggèrent souvent à leurs patients d'essayer, lorsqu'ils se sentent submergés par la rage ou le désespoir, de peindre ou de dessiner ce qu'ils ressentent ou, pour le moins, de noter par écrit les sentiments qui les animent. De nombreux patients traversent des périodes de stress intense durant lesquelles ils ont tellement l'impression d'être à la merci de leurs émotions qu'ils ont peur de ne pouvoir supporter la période d'attente entre les séances de psychothérapie. Si l'on peut les persuader d'exprimer d'une façon ou d'une autre leurs sentiments lorsqu'ils sont seuls, ils se libèrent souvent de cette sensation d'être submergés et reprennent, dans une certaine mesure, le contrôle.

Tennyson nous fournit l'exemple d'un homme doué qui a su utiliser son talent pour s'accommoder d'une perte. Il a commencé à écrire son poème *In Memoriam* quelques jours à peine après avoir appris la mort de son ami intime, Arthur Hallam. Cette œuvre devait accaparer Tennyson par intermittence pendant près de dix-sept ans. A l'origine, elle n'était pas destinée à la publication, mais elle remporta, dès sa parution, un succès considérable.

Hallam avait été fiancé à la sœur du poète, Emily. Il était aussi l'ami le plus proche de Tennyson à Cambridge, où tous deux étaient membres d'une société exclusive, les Apôtres. Leur amitié était intime et passionnée, sans être pour autant ouvertement, ni d'ailleurs secrètement, homosexuelle. Les générations pré-freudiennes ont eu la chance de pouvoir librement proclamer leur « amour » pour un membre du même sexe, ou d'ailleurs du sexe opposé, sans s'embarrasser de l'idée que tout amour a nécessairement une origine sexuelle. Hallam mourut très brutalement, le 15 septembre 1833, à Vienne. Il fut sans doute victime d'une hémorragie sous-arachnoïdienne, c'est-à-dire d'une forme d'attaque provoquée par une malformation vasculaire ou anévrisme des artères irriguant le cerveau. Il avait vingt-trois ans.

> A l'encontre d'Emily, Alfred ne s'effondra pas visiblement sous le poids de la mort de Hallam, même s'il la ressentit aussi profondément et si elle continua sans contredit à l'affecter longtemps après que sa sœur s'en fut remise. Il continua selon toute apparence à mener une vie tout à fait normale, mais il avait perdu l'ancre la plus importante qui le rattachait à la réalité. La seule ressource qui lui restait était la poésie, utilisée en guise de narcotique dans une existence qui n'avait momentanément plus aucun sens [8].

Cet emploi du mot « narcotique » par Robert Bernard Martin vient probablement de la référence à de « sourds narcotiques » que l'on trouve sous la propre plume de Tennyson dans *In Memoriam :*

> *Mais pour le cœur, le cerveau troublés,*
> *Le langage mesuré a son utilité;*
> *Triste exercice mécanique,*
> *Engourdissant la douleur,*
> *Comme de sourds narcotiques* [9].

Il est probablement vrai que toute espèce de labeur peut servir à diminuer la douleur immédiate d'une perte. Robert Burton, dans son avertissement au lecteur, sur lequel commence *The Anatomy of Melancholy*, a écrit :

> J'écris sur la mélancolie, soucieux que je suis de l'éviter moi-même. Il n'y a point de plus grande cause de mélancolie que l'oisiveté, « point de meilleur remède que l'activité », comme le soutient Rhasis [10].

Toutefois, l'exercice qui consiste à composer des poèmes fait mieux que d'anesthésier celui qui souffre. Il peut aussi redonner un sens à la vie et ranimer la conviction du pouvoir faire face. Selon le professeur Martin, la perte subie par Tennyson l'incita à écrire non seulement *In Memorian*, mais encore un certain nombre d'autres poèmes qui figurent parmi ses meilleurs. Il cite notamment « Ulysses », « Tiresias », « Morte d'Arthur », « On a Mourner », « St Simeon Stylites » et « O that 'twere possible », extrait de *Maud*, lesquels seraient tous nés de ce chagrin, et il mentionne spécifiquement leur « effet thérapeutique » sur l'auteur; de fait il mesure combien il s'agit d'autre chose que d'une simple anesthésie de la douleur.

Tennyson est un exemple particulièrement frappant de la façon dont l'héritage génétique et les circonstances extérieures agissent l'un sur l'autre pour produire une dépression. Le grand-père paternel du poète était un homme instable, sujet, en alternance, à de violents accès de rage et à des crises larmoyantes d'apitoiement sur lui-même. Peut-être cette instabilité était-elle en partie liée au fait qu'il avait perdu sa mère à l'âge de cinq ans. Il eut quatre enfants, dont les deux aînées furent deux filles. Elizabeth, la plus âgée, était d'ordinaire joviale, mais « sa santé ne fut jamais à la hauteur de sa joie de vivre et lorsqu'elle était malade, elle souffrait parfois de dépression ». Mary, la cadette, « était d'un calvinisme sombre, pour ne pas dire presque méchant, se réjouissant tristement à l'idée qu'elle faisait partie des élus et s'efforçant de regretter la damnation certaine de sa famille [11] ».

Après ces deux sœurs venait le père du poète, George Clayton Tennyson, pasteur et personnalité gravement perturbée, qui souffrait non seulement de dépression chronique, mais aussi d'épilepsie, et qui abusait en outre de l'alcool et du laudanum. Le quatrième enfant, Charles, était plus stable que ses frères et sœurs, mais était lui aussi épileptique, comme devait l'être un de ses fils.

George Clayton Tennyson eut douze enfants, dont Alfred, le poète, était le quatrième. Le premier-né mourut en bas âge. Sur les dix autres frères et sœurs survivants, l'un passa presque toute sa vie dans une maison de fous et l'on dit qu'il mourut d'épuisement à la suite de ses crises de démence. Un autre frère « souffrait d'une forme de maladie mentale qui le rendait presque aussi incapable, un troisième était opiomane, un quatrième gravement alcoolique et tous les autres membres de cette vaste famille eurent au moins une grave dépression nerveuse chacun, dans le cours d'une longue existence [12] ».

Septimus Tennyson, l'un des frères du poète, était périodiquement admis à l'asile du Dr Matthew Allen, à High Beech, où l'on soignait aussi le poète John Clare. Alfred Tennyson y fit lui aussi un séjour, mais on ne sait pas au juste si ce fut en tant que patient. Il ne fait aucun doute qu'il souffrit de crises de dépression chronique toute sa vie. Par ailleurs, il buvait et fumait beaucoup. Dans son ouvrage, le professeur Martin fait allusion au rôle que joua la poésie pour soulager la dépression et l'hypochondrie de Tennyson.

> En créant les harmonies et l'ordre symbolique de ses poèmes, il était à même de percevoir momentanément une espèce d'unité et d'intégrité applicables à sa propre existence et il en fut ainsi jusqu'à sa mort [13].

Cette déclaration perspicace et fondamentale concernant le rôle de la créativité dans la vie des personnes violemment angoissées va beaucoup plus loin que la première remarque du professeur Martin, lorsqu'il décrit la poésie comme narcotique. La quête de l'ordre, de l'unité, de l'intégrité est, à ce que je crois, une motivation d'une extrême importance dans la vie des êtres humains, quel que soit leur tempérament. La faim d'imagination agit jusqu'à un certain point chez chacun d'entre nous. Toutefois, plus l'absence d'harmonie intérieure est grande, plus on se sent tenu de chercher l'harmonie ou, si l'on a ce talent, de la *créer*. C'est pour cela qu'Edward Thomas se demande si en se débarrassant de sa dépression il ne risque pas de se priver aussi de l'intensité qui l'a poussé à écrire.

Felix Mendelssohn fournit un autre exemple d'une réaction créatrice face à la mort. Sa sœur aînée, Fanny, était presque aussi douée que lui sur le plan musical. Ils s'aimaient tellement que les amis de la famille disaient, pour plaisanter, qu'ils auraient dû se marier. Fanny mourut subitement à l'âge de quarante et un ans, le 14 mai 1847. Bien qu'il fût marié depuis dix ans, le compositeur fut si bouleversé par cette nouvelle qu'il s'évanouit en lisant la lettre qui la lui annonçait et ne semble pas s'être remis de ce malheur. Lorsqu'il fut assez fort pour voyager, il partit passer des vacances en Suisse avec sa famille. Ce fut là qu'il composa sa dernière œuvre achevée de musique de chambre, le *Quatuor en fa mineur* (op. 80), qu'il dédia à la mémoire de Fanny. On a dit que c'était une œuvre passionnée, la plus profondément sentie de toute sa musique de chambre, et qu'elle annonçait peut-être une nouvelle phase dans l'évolution créatrice de son auteur. Le destin, cependant, ne lui permit pas de mener son deuil à terme. Il mourut quelques mois plus tard, le 4 novembre 1847. Le frère et la sœur succombèrent probablement tous les deux à une hémorragie sous-arachnoïdienne, c'est-à-dire à une attaque très semblable à celle qui avait emporté Arthur Hallam treize ans auparavant.

Ce sont là deux exemples de réactions créatrices face à la mort, chez des personnes adultes. Il existe de nombreux autres exemples de réactions créatrices à des pertes subies au cours de la petite enfance.

Andrew Brink, qui est à la fois professeur d'anglais

et membre associé du département de psychiatrie de l'université McMaster, a écrit deux ouvrages dans lesquels il applique à des compositions poétiques la théorie des relations d'objets : le premier s'appelle *Loss and Symbolic Repair* [14], le second *Creativity as Repair* [15]. Le premier est une étude sur les poètes Cowper, Donne Traherne, Keats et Plath. Le second est une suite du premier, qui prend en compte un éventail plus vaste d'études liées au même sujet.

Un autre spécialiste de la littérature a abordé la poésie de ce point de vue; il s'agit de David Aberbach, auteur de *Loss and Separation in Bialik and Wordsworth* [16], *At the Handles of the Lock* [17], et d'autres articles et ouvrages sur le même sujet. L'un et l'autre auteurs professent des opinions qui mériteraient d'être exposées en détail, mais je me suis inspiré de leurs travaux et me fais un plaisir de reconnaître ici ma dette envers eux.

L'un des poètes étudiés par Brink est William Cowper, lequel a fait l'objet d'une biographie de David Cecil, *The Stricken Deer* [18]. Cowper est un exemple particulièrement intéressant de poète dont l'œuvre est étroitement liée à la perte de sa mère durant sa petite enfance. Il était en outre maniaco-dépressif. Comme je l'ai indiqué plus haut, je n'accepte pas la thèse qui veut qu'un deuil précoce soit, en soi, une cause de psychose maniaco-dépressive, mais je suis enclin à penser qu'il risque en revanche de rendre manifeste toute prédisposition génétique à des troubles de cet ordre et d'accroître la sévérité des crises lorsqu'elles ont lieu.

Cowper, né en 1731, était fils de pasteur. La famille de sa mère était apparentée à celle du poète John Donne. (Il est intéressant de noter que ce dernier souffrait de dépression; il avait perdu son père à l'âge de quatre ans et souffrait de pulsions suicidaires chaque fois qu'il se sentait en crise; il écrivit d'ailleurs le premier plaidoyer en langue anglaise en faveur du suicide, *Biathanatos.*

La famille de Donne et celle de Cowper partageaient-elles une prédisposition génétique, renforcée dans les deux cas par la mort précoce d'un des parents?)

La petite enfance de William Cowper fut, semble-t-il, idyllique et ses rapports avec sa mère particulièrement proches. Malheureusement, il n'avait pas encore six ans lorsqu'elle mourut et que son univers de petit garçon vola en éclats. Il écrivit plus tard :

Quelles heures paisibles j'ai savourées jadis!
Que leur souvenir m'est doux encore!
Mais elles ont laissé un vide douloureux,
Que le monde ne pourra jamais combler [19].

Sa mère devait rester pour lui un personnage idéalisé. Quarante-sept ans après sa mort, il écrivit à un ami :

> Je puis dire sans mentir qu'il ne se passe pas une semaine (peut-être pourrais-je dire tout aussi véridiquement pas un jour) durant laquelle je ne pense point à elle [20].

Six ans plus tard, en 1790, il composa un poème, « En recevant du Norfolk le portrait de ma mère », que Brink range parmi les plus touchants. Il installa ce portrait dans sa chambre à coucher afin que ce fût la dernière chose qu'il vît avant de s'endormir et la première à son réveil. Dans son poème, il explique que le tableau a ravivé son ancienne douleur, mais qu'il a aussi stimulé son imagination pour lui apporter un réconfort temporaire; nous avons là un exemple révélateur de la façon dont un acte créateur peut à la fois exprimer la perte et aider la victime à la surmonter.

Et, tandis que ce visage renouvelle mon chagrin filial,
L'imagination tissera un charme pour me soulager –

SOLITUDE

Elle me plongera dans une rêverie élyséenne,
Un songe passager, où tu revis en elle.

Et le poème s'achève sur la strophe suivante :

Tant que les ailes de l'imagination sont encore libres
Et que je puis voir cette image qui te ressemble,
Le temps n'a qu'à demi réussi son forfait –
Il t'a ravie, mais il me reste ta puissance consolatrice.

Après la mort de sa mère, Cowper fut mis en pension où il fut tyrannisé par ses condisciples. Il avait tellement peur du plus féroce d'entre eux qu'il ne le reconnaissait, a-t-il expliqué, qu'à ses souliers à boucle, car il n'osait jamais le regarder en face. Par la suite, on l'envoya au collège de Westminster, où l'atmosphère était heureusement moins violente. En 1752, à l'âge de vingt et un ans, il débuta dans la carrière d'avocat. Au bout de quelques mois, il subit sa première grave crise de dépression. En 1763, il rechuta. Un poème terrifiant illustre de façon très éloquente un phénomène que nous avons déjà évoqué; il montre à quel point l'hostilité se retourne contre soi-même, durant les crises de dépression.

VERS ÉCRITS DURANT UN ACCÈS DE FOLIE

La haine et la vengeance, mon lot éternel,
Peuvent à peine supporter le moindre retard
Et attendent, avec une impatiente diligence, pour s'emparer
De mon âme à l'instant.

Damné plus que Judas : abhorré plus qu'il ne le fut,
Lui qui pour quelques deniers vendit son Maître.
C'est moi, le dernier délinquant, que Jésus deux fois trahi
Juge le plus impie.

L'homme me désavoue et la Déité me renie :
L'enfer pourrait abriter mes misères;
Donc l'enfer me ferme à double tour
Toutes ses bouches affamées [22].

Si tels étaient ses sentiments envers lui-même lorsqu'il était en proie à la dépression, on ne s'étonnera pas d'apprendre qu'il tenta de s'empoisonner au laudanum, puis de se pendre, mais sans y parvenir. A l'âge de trente-deux ans, il fut victime d'un accès de manie. Ses crises maniaques s'accompagnaient d'extases religieuses; il connaissait des moments transcendants de réconciliation, de pardon et de joie. Il s'efforça de compenser la perte de sa mère en se tournant vers Dieu. Dans un cantique qu'il a écrit et qui commence par les mots : « Écoute, mon âme! C'est le SEIGNEUR », Jésus dit :

Peuvent-ils cesser, les tendres soins d'une mère
Pour l'enfant qu'elle a porté?
Oui, elle peut se montrer oublieuse
Mais moi, je me souviendrai de toi [23].

Il trouvait aussi une certaine consolation à contempler la Nature, mais lorsqu'il était profondément atteint, ce spectacle même ne suffisait plus.

Ce ruisseau cristallin, ce pin qui s'étale,
Ces aunes frissonnant dans la brise,
Pourraient apaiser une âme moins blessée que la mienne
Et plaire, si quoi que ce soit pouvait plaire.

Mais le souci immuable et inaltérable
Ne renonce pas à ce qu'il sent au-dedans,
Fait voir partout la même tristesse
Et méprise la saison et le paysage [24].

Cette expérience qui fait que l'on reconnaît la beauté intellectuellement, sans pouvoir l'apprécier émotionnellement, est un des traits caractéristiques de la dépression. Coleridge a exprimé exactement le même manque dans « Dejection : An Ode ».

> *Et ces minces nuages là-haut, en flocons et traînées,*
> *Qui abandonnent leur mouvement aux étoiles;*
> *Ces étoiles, qui glissent derrière ou entre eux,*
> *Tantôt brillantes, tantôt voilées, mais toujours vues :*
> *Ce croissant de lune, aussi fixe que s'il poussait*
> *Dans son propre lac d'azur, sans nuages ni étoiles;*
> *Je les vois tous si parfaitement bien,*
> *Je vois, mais ne sens point combien ils sont beaux* [25]!

Un peu plus tôt, dans le présent chapitre, il a été question de la tendance qu'ont les personnes endeuillées très jeunes à rechercher le parent perdu dans ceux à qui elles s'attachent. Cowper noua des rapports de dépendance avec plusieurs femmes, mais il ne se maria jamais, sans doute parce qu'il redoutait de voir se répéter son premier deuil. Pendant de nombreuses années, ce fut une femme mariée plus âgée que lui, Mrs. Unwin, qui prit soin de ses besoins matériels. Lorsqu'elle devint veuve, ils décidèrent de se marier, mais durant l'hiver 1772-1773, le poète sombra dans une nouvelle crise de dépression durant laquelle il se persuada que tout le monde, y compris sa future épouse, le haïssait. Cela mit un terme définitif aux velléités de mariage.

De nouvelles crises de dépression suivirent la mort ou le départ d'autres amis dont Cowper était très proche. En 1787, par exemple, il broya du noir de janvier à juin, à la suite du décès d'un ami avec qui il avait entretenu une correspondance suivie et du déménagement d'une amie partie s'installer assez loin. Cependant, lorsqu'il était particulièrement actif et inspiré dans le domaine poétique, il semble avoir connu d'assez longues périodes d'optimisme.

Cowper donne aussi un bon exemple de la façon dont des sentiments d'impuissance accompagnent les crises de dépression chronique, surtout peut-être lorsque celle-ci est liée à la mort de la mère durant la petite enfance, comme l'ont noté Brown et Harris dans l'étude à laquelle nous avons fait plusieurs fois référence. Dans sa biographie du poète, David Cecil fait remarquer que

> l'une des forces les plus puissantes s'opposant au rétablissement de Cowper avait été sa soumission fataliste au Mal, laquelle avait été encouragée par sa façon de vivre. Pendant des années, son existence tout entière resta, par la force des choses, marquée par l'inertie et l'oisiveté avec lesquelles il s'inclina devant les circonstances [26].

De temps en temps, toutefois, lorsque Cowper s'apercevait qu'il pouvait écrire, il surmontait ce sentiment d'impuissance, cette conviction d'être incapable de lutter contre les forces du mal qui, dans ses moments de dépression, lui paraissaient incontrôlables. L'une de ses amies, Lady Austen, le pressait constamment d'entreprendre de nouveaux projets. Il peut être hasardeux d'encourager un dépressif à agir. Il faut en effet trouver un délicat équilibre entre le soutien compatissant et une certaine vigueur. Un soutien trop empressé risque de conforter le dépressif dans son impuissance et sa désespérance. Des encouragements trop véhéments, en revanche, lui donnent l'impression que personne ne comprend l'étendue de sa détresse.

Lady Austen sut, à ce qu'il semble, trouver exactement le ton qu'il fallait. Lorsqu'elle suggéra au poète de s'essayer aux vers blancs, il lui répondit qu'il n'avait pas de sujet. « Écrivez donc un poème concernant le canapé », lui dit Lady Austen et il s'exécuta. Le résultat fut le célèbre poème, *The Task* (La tâche), long de plusieurs milliers de vers, dans lequel Cowper déversa tout ce qu'il ressentait concernant la condition humaine. Il comprit bien l'effet thérapeutique qu'avait eu sur lui la rédaction de ce long morceau.

Celui qui écoute son moi intérieur,
Qui a un cœur et le garde; qui a un esprit
Affamé et le nourrit; et celui qui cherche
Une vie sociale et non dissipée;
Celui-là a un but; se sent tenu de mener à bien
Une tâche qui, quoique silencieuse, a son importance [27].

Cowper est loin d'être le seul poète qui ait subi un deuil précoce et des crises de dépression grave. Nous avons dit plus haut que John Donne avait perdu son père à l'âge de quatre ans et qu'il fut hanté par des velléités de suicide. William Collins, Samuel Coleridge, Edgar Allan Poe, John Berryman, Louis MacNeice et Sylvia Plath perdirent tous un de leurs parents avant l'âge de douze ans et on a de nombreux témoignages concernant leurs états dépressifs. Coleridge était opiomane; Poe sombrait par intermittence dans l'alcoolisme, prenait du laudanum et était peut-être même incapable de s'en passer; MacNeice était alcoolique; quant à John Berryman et Sylvia Plath, ils se suicidèrent tous les deux.

A cette liste de poètes endeuillés dès l'enfance et dépressifs chroniques, on peut ajouter le nom de Michel-Ange. On oublie parfois que non content de peindre et de créer quelques-unes des plus belles sculptures qui soient, Michel-Ange a aussi écrit quelque trois cents poèmes. Il perdit sa mère à l'âge de six ans. Comme le montrent ses sonnets, il souffrit toute sa vie de dépression grave. Ses préférences homosexuelles sont aujourd'hui bien connues. Son ascétisme autopunitif contribua peut-être à ses états dépressifs. Il est intéressant de noter que sa mère eut cinq fils dont un seul se maria.

Pour certains de ces artistes, la contribution génétique à la dépression est évidente. L'une des causes d'un deuil précoce peut être le suicide d'un des parents. John Berryman avait onze ans lorsque son père se tira une balle dans la tête; le poète se suicida à son tour le 7 janvier 1972, à l'âge de cinquante-sept ans, en se jetant dans le Mississippi du haut d'un pont.

Louis MacNeice avait cinq ans et demi lorsque sa mère fut atteinte d'une forme très grave de dépression agitée. Elle fut admise dans une maison de santé en août 1913; ses enfants ne devaient jamais la revoir. Elle mourut à l'hôpital en décembre 1914. Selon la sœur du poète, ce dernier fut hanté jusqu'à la fin de sa vie par le souvenir de leur mère en larmes, faisant les cent pas dans l'allée du jardin. Comme bien d'autres gens de grand talent enclins à la dépression, MacNeice finit alcoolique.

On a aussi des exemples de poètes victimes de deuil dans leur petite enfance, mais qui ne furent pas, pour autant qu'on sache, sujets à des crises de dépression suffisamment graves pour mériter l'étiquette de maladie mentale. Parmi eux, John Keats, Thomas Traherne, William Wordsworth, Stephen Spender, Cecil Day-Lewis et Lord Byron.

Stephen Spender note dans son autobiographie que sa mère était une quasi-infirme dont la mauvaise santé assombrit toute son enfance. C'était en outre une hystérique instable, sujette à des scènes d'une grande violence et à des gestes spectaculaires. Peut-être cela explique-t-il pourquoi Spender, qui n'avait que douze ans à la mort de sa mère, ajoute :

> Si j'ai ressenti le moins du monde la mort de ma mère, ce fut sous la forme de l'allègement d'un fardeau et d'un événement stimulant et excitant [28].

Lorsqu'on étudie le deuil et la dépression, il importe de ne pas oublier que même la perte d'une mère ne représente pas forcément une tragédie!

Byron était indéniablement instable, en ce sens qu'il manifestait des sautes d'humeur extrêmes, et nous savons que Keats était préoccupé par la mort. Cela n'a rien d'étonnant. Il perdit son père à huit ans, sa mère à quatorze, un de ses frères à six et un autre à vingt-trois. Il avait neuf ans quand mourut son grand-père maternel, dix-neuf ans à la mort de sa grand-mère maternelle et treize quand disparut un de ses oncles. Il écrivit dans une lettre :

> Jamais je n'ai connu une longue période de bonheur sans mélange : la mort ou la maladie de quelqu'un est toujours venue gâcher mes heures [29].

Peut-être les familles de ces derniers poètes ne souffraient-elles pas de cette prédisposition à la dépression qui, nous l'avons posé en postulat, doit être déclenchée par la perte d'un parent, ou s'y associer, pour provoquer des crises graves. Néanmoins, la mort fournit souvent des thèmes définissables dans leur œuvre.

Wordsworth perdit sa mère à huit ans et son père à treize. Le poète sioniste Chaim Bialik devint orphelin de père à sept ans. Tous deux virent leur famille se disperser. Dans l'article où il compare leurs œuvres, David Aberbach écrit :

> Les effets du deuil et de la dispersion familiale se reflètent dans de nombreuses caractéristiques saillantes de la poésie de Wordsworth et de Bialik : les présences et objets obsédants, représentant souvent un parent ou un substitut parental; la nostalgie d'un paradis perdu; l'insistance mise sur la nourriture; le thème de l'union avec la Nature; l'atmosphère générale d'isolement, de désertion, de dépression, de culpabilité; et, pour finir,

> l'hostilité. La principale qualité « romantique » de leur art – l'exploration du moi – peut apparaître comme une tentative d'étayer ce moi affaibli par le deuil précoce et l'instabilité émotionnelle qui s'en est suivie [30].

Thomas Traherne avait environ quatre ans quand sa mère mourut. On ne sait pas si son père mourut en même temps, mais toujours est-il que Traherne et son frère furent élevés par d'autres membres de la famille et perdirent donc en réalité leurs deux parents. La façon dont le poète devait idéaliser la Nature et l'enfance est envisagée sous un jour similaire par André Brink qui la considère un peu comme une main tendue vers une béatitude illusoire. Bien que l'on voie d'ordinaire en Traherne un poète du bonheur et de l'amour divin, Brink fait remarquer qu'il a aussi chanté des moments de terreur et d'horreur. Il dit, en guise de conclusion, que : « Les vers et la prose de Traherne prônent une doctrine de régénération, d'auto-transformation permettant de passer d'un état insatisfaisant à un état meilleur [31]. »

Brink prouve aussi que Traherne dépendait des objets extérieurs pour atteindre le bienheureux sentiment d'unité qu'il recherchait.

> Ce qu'il y a de remarquable dans l'art de Traherne, c'est cette incessante aspiration vers les objets désirés, des objets naturels qui se présentent aux sens de façon séduisante, en quantité illimitée. Le désir de fusion avec des objets, une envie toujours renouvelée de les acquérir pour la satisfaction de l'esprit apparaissent dans presque tout ce qu'il a écrit... Le ciel ou l'arbre le plus ordinaire peuvent plonger l'esprit de Traherne dans de véritables transports d'admiration, lorsqu'il est conditionné pour cela [32].

A l'instar de Brink, je suis enclin à lier ce phénomène à une pénurie de « bons objets » à l'intérieur du psychisme : l'incapacité, durant l'enfance, d'incorporer l'amour de la mère et d'assurer ainsi à l'intérieur une source durable d'estime de soi.

Boèce, dont nous avons évoqué l'œuvre, personnifie la philosophie sous les traits d'une femme descendue du ciel pour lui apporter la sagesse. Elle prend soin de faire remarquer au philosophe qu'en dépendant pour son bonheur d'objets extérieurs, on s'expose aux risques et aux illusions. Après avoir démontré à quel point la richesse et l'amour des pierres précieuses sont vides de sens, elle poursuit :

> Peut-être aussi trouves-tu du plaisir aux beautés du paysage? La création est en effet fort belle et la campagne est une superbe partie de la création. De la même façon, nous sommes parfois enchantés par l'aspect de la mer quand elle est très calme et nous contemplons avec révérence les cieux, les étoiles, la lune et le soleil. Aucun d'eux, cependant, n'a rien à voir avec toi et tu n'oses mettre leur splendeur à ton crédit... Tu t'extasies en fait sur des joies creuses, tu étreins, comme s'ils t'appartenaient, des bienfaits qui te sont étrangers... De tout ceci, il apparaît clairement qu'aucune de ces choses que tu comptes parmi tes bénédictions n'en fait en réalité partie... On dirait que tu ressens une absence de toute félicité personnelle à l'intérieur de toi, qui te pousse à chercher la béatitude dans des objets séparés et extérieurs [33].

La notion psychanalytique, prétendument moderne, qui consiste à « introjecter » de « bons objets » ou des « bienfaits » était, de toute évidence, parfaitement connue dès le VIe siècle de notre ère. A la lumière de ces observations de la Philosophie, la révérence idolâtre de Wordsworth et de Traherne envers la Nature prend un aspect bien différent de celui de simple plaisir.

Comme nous l'avons déjà noté, la prédisposition à la

dépression et le deuil précoce sont des variables indépendantes, même si lorsque la première existe, le second renforce la tendance à la dépression et sa gravité. Le deuil précoce est certes fort répandu chez les écrivains, mais des épisodes graves de dépression définissable sur le plan clinique, alternant ou non avec des périodes de manie, ont été relevés chez des écrivains qui n'avaient pas été orphelins de bonne heure. Certains reçurent des soins médicaux. D'autres furent admis dans des « maisons de fous »; Lowell séjourna fréquemment dans des hôpitaux psychiatriques, tant pour des périodes de manie que pour des crises de dépression. Crane, Jarrell et Sexton se suicidèrent.

Il existe peu d'études objectives et celles que nous connaissons portent nécessairement sur de petits nombres. Toutefois, Andreasen et Canter ont enquêté, en 1974, sur un groupe d'écrivains participant à l'Atelier des écrivains de l'université d'Iowa. Les personnes interrogées montraient un taux de troubles affectifs (c'est-à-dire de dépression chronique grave ou de troubles maniaco-dépressifs) beaucoup plus élevé qu'un groupe de contrôle correspondant : 67 % d'un côté contre 13 % de l'autre. Sur les quinze écrivains, neuf avaient déjà vu un psychiatre, huit avaient été soignés, soit avec des médicaments, soit par une psychothérapie, et quatre avaient été hospitalisés. Deux avaient souffert aussi bien de manie que de dépression, alors que huit étaient uniquement dépressifs. Six révélaient des symptômes d'alcoolisme. L'un d'eux se suicida deux ans après la fin de cette étude. L'importance du facteur génétique est attestée par le fait que, parmi les familles de ces écrivains, 21 % souffraient de troubles psychiatriques définissables – le plus souvent de la dépression – alors que 4 % seulement des familles du groupe de contrôle entraient dans une catégorie analogue [34].

Dans une étude récente portant sur quarante-sept

écrivains et artistes britanniques, qui s'étaient tous vu attribuer des prix ou des récompenses, Jamison a découvert que 38 % d'entre eux avaient été soignés pour troubles affectifs. Les poètes étaient particulièrement sujets à de violentes sautes d'humeur et la moitié, pas moins, de l'échantillon étudié s'étaient vu prescrire des médicaments par des médecins ou bien avaient été hospitalisés pour des traitements à base d'antidépresseurs, d'électrochocs, ou de lithium [35].

Une personne en proie à la manie ou à une profonde dépression est généralement incapable de fournir un travail digne de ce nom. L'agitation fébrile, l'incapacité de se concentrer, le rapide « défilement des idées » dans les cas de manie rendent impossible tout effort soutenu. Quant à la personne gravement déprimée, le ralentissement des processus mentaux, les sentiments de désespoir et d'impuissance, la conviction que rien ne vaut la peine d'être entrepris et que tout ce que l'on pourra produire n'aura aucune valeur l'empêchent de se montrer créatrice.

« Pourtant les écrivains sont particulièrement enclins aux troubles de cet ordre. Cet apparent paradoxe peut s'expliquer si l'on admet que cette susceptibilité agit comme un aiguillon incitant la victime en puissance à se lancer dans la tâche solitaire, difficile, douloureuse et bien souvent ingrate qui consiste à explorer ses propres profondeurs et à noter ce qu'elle y découvre. Tant que la victime est capable de le faire, elle échappera à l'effondrement. Au vu des cas répertoriés, on peut penser que de nombreux créateurs, s'ils sont plus perturbés que le commun des mortels, sont aussi pourvus de ressources supérieures qui les aident à surmonter leurs conflits et problèmes internes. Les psychiatres habitués à soigner des personnalités créatrices savent que ce n'est que lorsque leurs facultés de création sont paralysées qu'elles sollicitent de l'aide.

Nous avons vu que l'extraverti qui a tendance à se perdre, en raison d'une suradaptation à autrui, est capable de ressaisir et d'exprimer son véritable moi dans la solitude. Nous avons vu aussi que celui ou celle dont le développement a été entravé par une séparation ou un isolement précoces peut trouver une consolation dans le seul fait de se servir de son imagination.

Nous pouvons à présent aller encore plus loin et comprendre que le processus créateur constitue un moyen de protéger l'individu en l'empêchant de succomber à la dépression; un moyen de retrouver un sentiment de maîtrise chez ceux qui l'ont perdu et, dans une mesure variable, une façon de réparer le moi endommagé par le deuil ou par la perte de confiance dans les rapports humains qui accompagnent la dépression, quelle qu'en soit la cause.

Une fois de plus, il est important d'insister sur le fait que la dépression fait partie de l'expérience de tous. Il n'y a pas de démarcation claire et nette à établir entre la dépression du type que nous connaissons tous face à un deuil et celle que l'on affuble de l'étiquette de maladie mentale nécessitant un traitement psychiatrique. La dépression varie énormément dans sa profondeur et sa gravité, mais pas dans sa nature essentielle.

Les hommes et femmes de génie ont à leur disposition des talents qu'une perte peut mobiliser et qui se manifestent dans des œuvres d'un intérêt durable. Musique, poèmes, peintures et tous ouvrages inspirés par une perte peuvent apporter une compréhension et un réconfort accrus à ceux qui ont enduré des souffrances analogues.

Cela ne signifie pas, cependant, que les hommes et femmes ordinaires qui ne sont pas pareillement doués ne possèdent pas de ressources intérieures, ni de facultés d'imagination. Nous ne cherchons pas non plus à insinuer que le mécanisme créateur est exclusivement déclenché par une perte, mais simplement que cela arrive. Les poèmes ne peuvent se substituer aux êtres. Ceux qui écrivent comme si pareille chose était possible – et parmi lesquels figurent d'ailleurs certains des auteurs cités dans le présent chapitre – se montrent injustes envers les capacités d'imagination de la race humaine. Le mécanisme créateur face à une perte n'est qu'un exemple de la façon dont on peut utiliser son imagination. Seuls ceux qui idéalisent les rapports interpersonnels au point de les porter au pinacle de la hiérarchie des valeurs humaines peuvent croire que la créativité n'est rien de plus qu'un ersatz substituable à ces rapports.

10

A LA RECHERCHE DE LA COHÉRENCE

C'est une bonne chose que je ne me sois point laissé influencer.

Zudwig WITTGENSTEIN

Dans les deux derniers chapitres, nous nous sommes surtout penchés sur le cas d'individus créateurs dont le travail était en partie issu du deuil ou de la séparation. Aiguillonnés par la dépression, ils se sont efforcés de créer des univers imaginaires, de compenser le vide qu'ils éprouvaient dans leur existence, de réparer les torts qu'ils avaient subis, de retrouver le sentiment de leur valeur et de leur compétence. A cause de leur intérêt prédominant pour les relations interpersonnelles et de leurs efforts pour recréer, à travers leur travail, quelque chose dont ils éprouvaient le manque, on pourrait dire que beaucoup de ces créateurs étaient principalement extravertis, même s'ils étaient souvent obligés de se replier sur eux-mêmes plus que n'aime à le faire un individu de ce type. Pour reprendre les mots de Howard Gardner, nous avons supposé que ces individus étaient des *dramatists* plutôt que des *patterners.* Lorsqu'ils se sont retirés dans la solitude pour y poursuivre leur quête créatrice, le désir de rétablir une bienheureuse union avec une autre personne, ou avec la nature en guise de substitut, constituait une fréquente composante de leur travail.

Les exceptions, ou exceptions partielles, à cette généralisation sont Saki, dont il a été question au chapitre 8, et Kafka, dont nous avons évoqué certaines caractéristiques à la fin du chapitre 7. L'un et l'autre étaient certes des narrateurs, mais leurs récits ne font pratiquement aucune part aux rapports humains très intimes et ni l'un ni l'autre n'ont su établir de liens durables dans la vie réelle.

Toutefois, le journal de Saki laisse supposer que, pour meurtri qu'il ait été par son deuil précoce et par ses expériences d'enfant, il eut une vie sexuelle relativement active avec les jeunes hommes ou jeunes garçons qu'il préférait aux femmes. Bien qu'on ne puisse en aucun cas le considérer comme extraverti, il y avait néanmoins chez lui un côté extraverti apparent dans sa vie mondaine, son goût pour la société élégante dont il se moquait et le plaisir qu'il prit à la vie de caserne, avant de partir vers les horreurs du front occidental.

Kafka, malgré l'affection et le respect que lui portaient ses amis, était pathologiquement introverti : schizoïde, diraient la plupart des psychiatres. Il eut quelques brèves aventures charnelles, mais il s'arrangea toujours pour que ses attachements les plus profonds fussent presque entièrement limités à des échanges de lettres. Ce ne fut que durant la dernière année de son existence qu'il fut capable de tolérer la vie commune avec une femme.

Dans le présent chapitre, je voudrais étudier quelques exemples d'individus créateurs dont le principal intérêt ne se portait pas avant tout sur les rapports humains, mais sur la quête de cohérence et de sens. Ces individus correspondent au type dit *introverti*, par Jung; *convergeur* par Hudson; *patterner* par Gardner; et, lorsqu'ils sont manifestement anormaux ou perturbés, *schizoïde* par les psychiatres.

Comme nous l'avons vu, presque tous les créatifs montrent, parvenus à l'âge adulte, une certaine volonté d'éviter autrui, un besoin de solitude. Les individus dont je veux parler, cependant, vont plus loin. Sur un plan superficiel, ils peuvent donner l'impression d'avoir de meilleurs rapports avec leurs semblables que certains des poètes mentionnés précédemment, mais bien souvent c'est parce que, à l'encontre des extravertis et à l'encontre aussi du type de personnalité schizoïde incarné par Kafka, ils ont appris à renoncer au besoin d'intimité. Ils ne sont donc pas aussi perturbés lorsque leurs relations avec les autres tournent mal, du fait que pour eux le sens de la vie est moins lié aux rapports d'intimité qu'il ne l'est pour la plupart des gens.

Supposons un instant que les individus dont je viens de parler aient manifesté, lorsqu'ils étaient nourrissons, un « comportement d'évitement » et acceptons pour prémisse qu'il s'agit là d'une réaction destinée à protéger le bébé contre une désorganisation du comportement. Si nous transférons ce concept à la vie adulte, nous comprenons qu'un nourrisson qui « évite » a de grandes chances de devenir un adulte dont le plus grand besoin sera de trouver à la vie une signification et un ordre qui ne dépendent pas entièrement, ni même principalement, des relations interpersonnelles. En outre, une telle personne éprouvera probablement le besoin de protéger son monde intérieur dans lequel se poursuit cette quête d'un sens et d'un ordre contre les ingérences d'autrui, parce que les autres seront perçus comme menace. Les idées sont des plantes fragiles qui se fanent si elles sont soumises à un examen prématuré.

Dans un ouvrage antérieur, j'ai souligné le besoin de relations interpersonnelles dans la maturation de la personnalité. Un chapitre intitulé « La relativité de la personnalité » mettait en relief le fait que la personnalité est un concept relatif.

> Si par personnalité nous entendons « le caractère personnel distinctif » de quelqu'un, force nous est de reconnaître que nous ne pouvons concevoir une telle entité que dans la mesure où nous la comparons à d'autres caractères personnels [1].

Je poursuivais ainsi :

> On ne saurait commencer à prendre conscience de soi-même en tant qu'individu séparé s'il n'y a pas d'autre personne à qui se comparer. Un homme isolé est un homme collectif, un homme sans individualité. Les gens expriment souvent l'idée qu'ils sont le plus eux-mêmes lorsqu'ils sont seuls; et les artistes créateurs peuvent tout spécialement croire que c'est dans la tour d'ivoire de l'expression solitaire de leur art que leur être profond trouve son épanouissement. Ils oublient que l'art est communication et que, implicitement ou explicitement, l'œuvre qu'ils produisent dans la solitude est destinée à quelqu'un [2].

Je crois encore que cela est vrai, mais je voudrais simplement ajouter que la maturation et l'intégration peuvent se faire chez l'individu isolé dans une mesure plus importante que je ne l'avais imaginé. Les grands créateurs introvertis sont capables de définir l'identité et de parvenir à la *réalisation de soi* par *référence à soi*, c'est-à-dire par une interaction avec leur propre travail passé plutôt qu'avec autrui.

De toute évidence, la chose est impossible pour un petit enfant, obligé de passer par une interaction aussi bien avec les autres qu'avec les choses, pour définir progressivement sa propre identité. Pour autant que nous comprenions le phénomène, la conscience d'être une personne séparée ne vient que peu à peu. On peut dépeindre le bébé se heurtant aux objets du monde extérieur, par exemple se cognant l'orteil contre l'extrémité de son berceau. A mesure qu'il apprend à se servir de ses membres et à contrôler leurs mouvements, le nourrisson acquerra des informations proprioceptives concernant la position de ses membres dans l'espace et, partant, ses propres dimensions. On se rappellera qu'au chapitre 4, nous avons noté que la perte d'informations proprioceptives grâce aux mouvements des membres – lorsqu'elle était imposée par une immobilisation médicale ou par des méthodes d'interrogatoire exigeant une posture fixe – constituait une force puissante pour anéantir les limites d'une conscience de soi.

Le bébé doit aussi prendre conscience du fait qu'il est un « être séparé » par le besoin qu'il a de quelqu'un d'autre, pour le nourrir, le tenir au chaud, le tenir propre, et ainsi de suite. A moins que ses besoins ne soient immédiatement comblés, il y aura forcément un intervalle entre la prise de conscience d'un besoin et sa satisfaction, marqué par un cri de détresse qui sert à la fois à appeler à l'aide et à se dire à soi-même qu'il y a quelque chose ou quelqu'un « là-bas » susceptible de fournir ce qu'il est incapable d'obtenir par lui-même. Au début de la vie, la conscience de soi, la conscience d'exister en tant que personne séparée et le développement d'une identité cohérente dépendront forcément de l'interaction entre le bébé et sa mère ou la personne qui en tient lieu. Dans le cours normal des choses, l'interaction avec autrui continuera à fournir à la majorité des gens une conscience de soi et une cohérence tout au long de leur vie.

Heinz Kohut, l'un des psychanalystes les plus originaux de ces dernières années, a fondé sur des notions analogues son idée de la névrose et du moyen de la soigner. Il soutient que le développement d'une structure saine, sûre et cohérente de la personnalité dépend au premier chef de l'expérience répétée que fait l'enfant chaque fois qu'il est reconnu et soutenu par ce que

Kohut appelle « des objets en résonance clairement exprimée avec le moi ». Ce qui veut dire que l'enfant a besoin d'interactions avec ses parents ou avec des substituts parentaux qui renforcent son sentiment d'identité parce qu'ils reconnaissent et reflètent l'identité en pleine évolution de l'enfant telle qu'elle est réellement; parce qu'ils sont au diapason de ses sentiments; et parce qu'ils réagissent à ses besoins avec « une fermeté non hostile et une affection non séductrice », ne repoussant pas les exigences de l'enfant de manière agressive, mais n'y cédant pas non plus avec une sentimentalité aveugle [3].

Kohut dépeint ce besoin d'être renforcé comme persistant.

> L'autopsychologie [c'est le nom donné à la révision de la théorie psychanalytique proposée par Kohut] soutient que les relations entre le soi et les objets s'y rattachant forment l'essence de la vie psychologique de la naissance à la mort, que le passage de la dépendance (symbiose) à l'indépendance (autonomie) n'est pas plus possible, ni *a fortiori* désirable, que ne le serait le passage correspondant dans la sphère biologique, entre une existence dépendant de l'oxygène et une existence qui n'en dépendrait pas. Les développements qui caractérisent la vie psychologique normale doivent, à notre avis, être cherchés dans la nature changeante de la relation entre le soi et les objets s'y rattachant et non dans le renoncement du soi à ses objets. En particulier, les progrès du développement ne peuvent être envisagés comme remplacement des objets se rattachant au soi par des objets d'amour ni comme des étapes dans le passage du narcissisme à l'amour d'objets [4].

Kohut croit que la plus profonde angoisse que l'on puisse ressentir est ce qu'il appelle « l'angoisse de désintégration ». Les individus qu'il considère comme susceptibles d'y succomber sont ceux qui, à cause de l'immaturité des réactions de leurs parents envers eux dans leur enfance ou à cause de l'absence d'une compréhension parentale clairement exprimée, ne sont pas parvenus à bâtir une personnalité forte et cohérente.

On pourrait comparer la conception de Kohut au fait de se regarder dans un miroir. Un miroir limpide, propre, bien astiqué reflétera à de multiples reprises la personne en cours de développement telle qu'elle est réellement et lui donnera ainsi un sentiment ferme et véritable de sa propre identité. Un miroir fendu, sale, brouillé fournira un reflet incomplet et flou dont l'enfant ne tirera qu'une image inexacte et déformée de lui-même.

Nous avons déjà fait allusion à la menace d'une désorganisation du comportement incitant les nourrissons à éviter les mères qui les rejettent. La conception de Kohut selon laquelle certains individus défavorisés sont menacés par des craintes de désintégration n'est-elle pas, de toute évidence, la même idée exprimée différemment? On pourrait aussi comparer l'angoisse de désintégration à la crainte, chez les sujets schizoïdes, de voir détruire leur « moi intérieur », si bien décrite par R.D. Laing dans *Le Moi divisé* [5]. Kafka, dont nous avons parlé plus haut, est un exemple d'individu schizoïde convaincu que toute intimité menaçait son aptitude à préserver son moi intérieur.

Kohut pense aussi que l'efficacité thérapeutique de la psychanalyse dépend de la faculté qu'aurait le psychanalyste de comprendre son patient et d'être en empathie avec lui, au point que ce dernier soit enfin en mesure d'acquérir la cohérence intérieure qu'il n'a pas pu construire dans son enfance.

Cette conception de la guérison est assez éloignée de celle proposée par Freud à l'origine. Le modèle de Freud était essentiellement cognitif. Il dépendait de la possibilité de retrouver et de comprendre les traumatismes de la petite enfance et, plus spécialement, de supprimer le refoulement et de rendre l'inconscient conscient.

Le modèle proposé par Kohut est une variante de la théorie des relations d'objet, fondée sur le transfert. Le psychanalyste, s'il fait correctement son travail, fournit ce que Franz Alexander appelait « une expérience émotionnelle corrective ». Du fait qu'il est capable de comprendre les expériences et les sentiments de son patient et de sympathiser avec lui, il contribue de façon répétée à renforcer et réparer le moi endommagé de celui-ci.

Kohut insiste sur un point important : la guérison dépend moins de la position théorique adoptée par le psychanalyste que ce dernier ne l'imagine probablement. C'est-à-dire que, pourvu que l'analyste soit en fait capable de comprendre suffisamment bien son patient et de le lui faire sentir, la guérison se poursuivra, indépendamment de la préférence de l'analyste pour la théorie de Klein, par exemple, plutôt que pour celles de Freud ou de Jung.

L'insistance avec laquelle Kohut soutient que les rapports entre le soi et les objets s'y rattachant sont nécessaires à la bonne santé psychique tout au long de la vie se situe dans la lignée des idées de Bowlby et Marris discutées précédemment; c'est-à-dire la notion que les attachements intimes ou les rapports d'affection spécifiques sont seuls capables de donner un sens à la vie. La position de Kohut rejoint aussi celle de Fairbairn qui, en introduisant le terme *dépendance mature* pour l'ultime stade du développement émotionnel, a affirmé sa conviction que l'autonomie totale était à la fois impossible et indésirable. Comme a dit Auden : « Nous devons nous aimer les uns les autres ou mourir [6]. »

Fairbairn et Kohut ont l'un et l'autre apporté des contributions valables à la théorie psychanalytique, mais je doute qu'ils aient raison dans le cas qui nous occupe, si, par le terme d'« objet », ils désignent invariablement des gens, ce qui semble être le cas. La théorie de la relation d'objets est désormais trop solidement installée pour que l'on renonce à cette terminologie, mais il s'agit pourtant d'une utilisation inepte du mot « objet », comme le montre clairement Rycroft dans la définition qu'il en donne dans son *Dictionnaire de psychanalyse* *.

> Dans la littérature psychanalytique, les objets sont presque toujours des personnes, des parties d'une personne ou des symboles des uns ou des autres. Cette terminologie est une source de confusion pour les lecteurs qui sont davantage familiarisés avec « objet » au sens de « chose », c'est-à-dire ce qui n'est pas une personne [7].

Il est assez naturel que les psychanalystes, qui voient bien qu'une grande partie de ce dont souffrent leurs patients découle de distorsions dans leurs premières « relations d'objets » et qui traitent principalement les patients en question par le biais d'une autre forme de rapports interpersonnels fournie par eux-mêmes, partent du principe que les relations d'objets sont l'unique source de bonne santé psychique. Je ne doute pas un seul instant que l'interaction entre un enfant et sa mère ou toute personne qui la remplace soit vitale durant les premières années, ni que sa future bonne santé psychique et sa capacité de nouer des rapports satisfaisants avec autrui une fois adulte en dépendent partiellement. Je ne doute pas non plus qu'une perturbation de ces premières relations et une hostilité ou un rejet manifestés par les parents puissent, comme nous l'avons vu, diriger un enfant vers l'impersonnel ou rendre les rapports humains très difficiles. Toutefois, j'ai aussi laissé entendre qu'un être humain peut fort bien mener une vie heureuse et

---

* Hachette éd. (1972).

épanouie sans dépendre nécessairement de rapports proches, voire intimes, avec autrui, pourvu qu'il ait des rapports quelconques et un travail qui retient son intérêt et renforce son estime de soi.

Le travail, surtout s'il s'agit d'un travail de création qui se transforme, progresse et s'approfondit au fil des ans, peut, je le crois, fournir le facteur d'intégration au sein de la personnalité, qui, selon Kohut, proviendrait uniquement ou principalement des réactions positives d'autres personnes.

Dans sa biographie d'Elgar, Jerold Northrop Moore écrit :

> L'artiste, comme chacun d'entre nous, est déchiré par divers désirs qui combattent en lui. Mais à l'encontre des autres hommes, il transforme chacun de ces désirs en un élément à utiliser dans son art. Puis il cherche à synthétiser ces éléments tous ensembles pour se constituer un style. La marque d'une synthèse réussie est un style unifié et unique, que tout le monde reconnaisse d'emblée *.

Dans cette optique, le style est le ciment qui tient en équilibre les différentes parties de la personnalité; telles que Kohut explique les choses, c'est un facteur d'intégration que les psychanalystes veulent aider leurs patients à acquérir, grâce à leur empathie et à leur compréhension, mais auquel peuvent aussi prétendre des personnes travaillant toutes seules, pourvu qu'elles aient du talent.

Si la création d'œuvres d'art, de systèmes philosophiques ou de théories de l'univers est, dans certains cas, une tentative de compenser des deuils prématurés ou des difficultés plus tardives à trouver une interaction fructueuse avec autrui, on comprendra que, dans un certain sens, une succession d'œuvres puisse représenter des « objets » ou s'y substituer. Il serait toutefois absurde de croire que tous les intérêts humains naissent ainsi.

Dans un important document intitulé « Les intérêts en tant que relations d'objet », Morris N. Eagle fait valoir que la théorie psychanalytique a toujours sous-estimé le rôle critique que jouent les intérêts personnels dans le fonctionnement de la personnalité.

> Dans la théorie psychanalytique traditionnelle, les intérêts, lorsqu'ils sont le moins du monde envisagés, tendent à être considérés essentiellement comme des dérivatifs. Ainsi, dans la sublimation – le concept le plus voisin, dans la théorie psychanalytique, d'une compréhension du développement des intérêts –, ceux-ci résultent du fait que « l'instinct se porte sur un but autre que, et éloigné de, la satisfaction sexuelle » (Freud, S.E. XIV, p. 94). C'est-à-dire que les intérêts sont le produit d'une diversion des objectifs sexuels vers des buts plus « nobles ». Ainsi la faculté d'acquérir des intérêts culturels dépendrait de la capacité de chacun à sublimer ou « neutraliser » son énergie sexuelle [9].

Cette optique subsiste encore dans les esprits des psychanalystes fondamentalistes, mais elle est démodée et ne correspond plus à la réalité de ce que nous savons du développement humain. Les très jeunes enfants eux-mêmes manifestent un intérêt considérable pour les objets fournissant des stimuli visuels et auditifs nouveaux, lesquels stimuli ne sauraient être considérés comme ayant le moindre rapport avec la satisfaction de besoins physiques de base tels que la faim, la soif ou le besoin de contact et de réconfort.

Au chapitre 5, j'ai parlé du concept de « l'objet transitionnel » proposé par Winnicott et j'ai laissé entendre que « ces manifestations très précoces du besoin de donner une signification à des objets impersonnels montrent bien que l'homme n'est pas né uniquement pour l'amour ». Il est aussi vrai, nous l'avons vu, que c'est l'enfant le plus solidement attaché qui est aussi le plus apte à quitter les jupes de sa mère pour aller explorer son environnement et examiner les objets qu'il contient. Ainsi, la première manifestation de nos « intérêts » ne saurait être considérée comme un ersatz des liens d'affection, mais plutôt comme la preuve de leur bonne qualité.

Plus loin, nous avons vu que dans les situations extrêmes, telles que la détention solitaire ou l'environnement d'un camp de concentration, des intérêts comme la musique ou les langues étrangères, ou encore des convictions religieuses ou politiques passionnément nourries pouvaient contribuer à empêcher l'effondrement mental et la mort qui en résulterait. Eagle cite le cas d'un compositeur « qui, selon les critères psychiatriques habituels, était tout à fait perturbé. Il se montrait fréquemment paranoïaque, excessivement soupçonneux, manifestant de façon chronique une vigilance exacerbée, des sautes d'humeur extrêmes, sombrant dans des périodes d'angoisse intense et manifestant des quasi-hallucinations. Pourtant, tout au long des vingt-six années où je l'ai connu, jamais il ne devint gravement désorganisé, ni ouvertement psychotique. J'ai toujours eu le sentiment que sans ses dons et sa passion pour la musique, qui jouaient un rôle de soutien central dans son existence, il aurait décompensé [10] ».

La musique, de toute évidence, jouait le même rôle dans la vie de cet homme que l'écriture dans celle de Kafka. Et je suis d'accord avec Eagle dans sa conclusion :

> Un intérêt pour les objets n'est pas seulement un dérivatif, ni un produit des énergies de la libido, mais est au contraire, au même titre que le développement des liens affectifs, un aspect critique indépendant du développement qui exprime une propension innée à établir des liens cognitifs et affectifs avec des objets dans l'univers [11].

On pourrait supposer, par conséquent, que la personne idéalement équilibrée saura donner un sens à sa vie à la fois grâce aux rapports interpersonnels et à ses intérêts personnels. Bien que ces derniers ne soient pas le résultat d'un échec dans les relations avec autrui, je ferai valoir que, dans le cas de certaines personnes de talent qui, pour une raison ou une autre, ne forment pas de liens intimes, les intérêts peuvent reprendre à leur compte certaines des fonctions habituellement remplies par les rapports d'intimité.

L'un des traits les plus intéressants de l'œuvre d'un créateur est la façon dont elle se transforme au fil du temps. Nul grand créateur n'est jamais satisfait de ce qu'il a fait. Bien souvent, après avoir mené à bien un projet, il connaît une période de dépression d'où il ne peut sortir qu'en se lançant dans une nouvelle entreprise. Il me semble que la faculté de créer fournit une occasion irremplaçable de *développement personnel dans l'isolement*. Pour la plupart, nous évoluons et mûrissons avant tout grâce à notre rôle vis-à-vis des autres : en tant qu'enfant, adolescent, époux, parent et grand-parent. L'artiste ou le philosophe est à même de mûrir essentiellement par lui-même. Son passage à travers la vie est défini par la nature changeante et la maturité croissante de son œuvre, plutôt que par ses rapports avec autrui.

Un peu plus haut, j'ai émis l'idée qu'il existe des individus particulièrement soucieux de découvrir un sens et un ordre à la vie, qui ne dépendraient pas avant tout de relations interpersonnelles. Si les propositions avancées jusqu'ici sont correctes, nous pourrions nous attendre à trouver des exemples de créateurs qui seraient, primo, de prédominance introvertie; et qui, secundo, éviteraient les rapports d'intimité ou auraient du mal à les établir. On pourrait supposer que ces gens se préoccuperaient avant tout de développer leur propre point de vue de façon autonome et de protéger leur univers intérieur contre l'examen prématuré et la critique d'autrui, et qu'ils seraient peut-être plus qu'ordinairement imperméables aux idées des autres. On s'attendrait aussi à les voir trouver dans leur œuvre, plutôt que dans leurs relations interpersonnelles, leur principale source d'estime de soi et d'épanouissement personnel.

En outre, on s'attendrait à découvrir que certains individus de ce type soient manifestement « névrosés », au sens de malheureux, anxieux, phobiques ou dépressifs : en d'autres termes, à les voir manifester des signes montrant qu'ils souffrent de ce manque d'épanouissement dans les rapports interpersonnels qui, selon les théoriciens de la relation d'objet, serait à la base des névroses. En revanche, si j'ai raison de supposer que lesdits théoriciens sont allés trop loin dans cette direction et que les relations interpersonnelles ne sont pas les seules sources de stabilité et de bonheur chez les hommes, il devrait être possible de citer d'autres individus qui ne cherchent pas à s'épanouir ainsi mais qui parviennent, à travers leur travail, à une stabilité et à un bonheur comparables à ceux qui échoient d'ordinaire au commun des mortels.

Il se trouve que l'un des philosophes les plus originaux et les plus importants remplit toutes les conditions citées ci-dessus. Pour l'esquisse de la personnalité de Kant qui va suivre, je me suis inspiré du récit de ses derniers jours par De Quincey [12] et des références à Kant dans *The Philosophers* de Ben-Ami Scharfstein [13]. Les philosophes, tout en étant occupés de par leur profession à exposer, réfuter et contester les idées de leurs collègues et prédécesseurs, manifestent rarement un intérêt quelconque pour leur personnalité ou leur biographie et risquent même de les récuser comme étant hors sujet, non pertinent, voire futile. Les systèmes philosophiques, pourrait-on affirmer, vivent ou meurent par eux-mêmes, indépendamment de qui les a conçus. La chose est certainement vraie; néanmoins, comme nous l'avons laissé entendre dans l'Introduction, nombre de philosophes parmi les plus originaux du monde occidental étaient des hommes non seulement d'une intelligence peu commune, mais sortant aussi de l'ordinaire par d'autres aspects.

Emmanuel Kant naquit le 22 avril 1724 à Königsberg, en Prusse orientale, et y passa toute sa vie. Il était le quatrième de neuf enfants, dont trois moururent en bas âge. Il avait vingt-deux ans lorsqu'il perdit son père, sellier de son état. Il n'en avait que treize lorsque mourut sa mère, envers l'amour et l'instruction de qui il s'estima toujours redevable.

Bien que Kant n'eût jamais rien que d'élogieux à dire de ses parents, il semble que son désir pressant de complète autonomie se soit manifesté très tôt, car il ne montra jamais le moindre penchant à idéaliser l'enfance, qu'il dépeignit comme une période durant laquelle la discipline imposée par autrui devait nécessairement et regrettablement restreindre la liberté de l'enfant. Il pensait d'ailleurs que les bébés pleuraient en naissant parce qu'ils ressentaient comme une contrainte leur incapacité à se servir convenablement de leurs membres.

La discipline, pour désagréable qu'elle fût, n'en était pas moins indispensable aux enfants. Kant, assez sévère à ce qu'il semble, estimait que l'on devait interdire aux jeunes la lecture des romans, de peur qu'elle n'encourageât chez eux les fantasmes romantiques au détriment des pensées sérieuses. Il considérait aussi qu'il fallait leur apprendre à supporter la privation et l'opposition, afin de favoriser chez eux le développement de l'indépendance.

Kant insistait de façon absolue sur l'indépendance. Selon Bertrand Russell, il soutenait « qu'il ne peut rien y avoir de plus atroce que de voir les actions d'un homme soumises à la volonté d'un autre [14] ».

Kant pensait que chaque créature raisonnable existait

comme une fin en soi et que c'était ainsi que nous devions nous traiter les uns les autres.

La correspondance de Kant s'attache avant tout à mettre en avant ses propres opinions philosophiques. Il n'avait guère de respect pour ses confrères, à l'exception de Hume, envers qui il se reconnaissait une dette considérable. L'un de ses secrétaires fait allusion à la difficulté qu'éprouvait le philosophe à s'identifier à la pensée d'un autre et l'attribue à son incapacité à s'extraire de son propre système.

Kant comptait nombre d'amis loyaux, prenait plaisir à les recevoir à dîner et, durant ses dernières années, eut la réputation d'être un hôte libéral tenant des propos passionnants. Cependant il ne noua pas de liens étroits avec des membres de l'un ou l'autre sexe, en dépit d'une admiration pour les femmes, qui se prolongea alors qu'il était largement septuagénaire. Plusieurs fois, il songea à se marier, mais sans jamais sauter le pas. Quoique généreux envers ses parents, il veillait à les maintenir à distance. Il avait des sœurs vivant à Königsberg, mais resta vingt-cinq ans sans les voir. Le seul frère qui lui survécut lui écrivit une lettre touchante, déplorant leur séparation et souhaitant la voir prendre fin. Il fallut deux ans et demi à Kant pour répondre à une nouvelle lettre de son frère et lui expliquer qu'il avait été trop occupé pour le faire plus tôt, mais qu'il continuerait à nourrir envers lui des pensées fraternelles.

Kant manifestait de nombreux traits de caractère obsessionnels. Sa vie était réglée avec la plus stricte régularité. Tous les jours, son serviteur le réveillait à quatre heures cinquante-cinq du matin. A cinq heures, il prenait son petit déjeuner, puis il passait la matinée à écrire ou à discourir. A midi quinze, il déjeunait. Pendant presque toute sa vie, la promenade solitaire qui suivait ce repas fut si exactement minutée que les habitants de Königsberg pouvaient régler leurs montres sur son passage. Durant les dernières années, lorsque Kant recevait tous les jours, les horaires durent varier, puisqu'on nous dit que la conversation se prolongeait parfois dans l'après-midi jusqu'à des seize ou dix-sept heures. Après quoi, il lisait jusqu'à vingt-deux heures, puis se retirait pour la nuit.

On pouvait remarquer chez le philosophe l'impatience et l'intolérance envers les affaires échappant à son contrôle immédiat, typiques de la personnalité obsessionnelle. C'est un autre aspect du désir d'être libre de toute contrainte imposée par les autres. Vers la fin de sa vie, il ne pouvait supporter le moindre retard lorsqu'il réclamait son café, après le déjeuner. A sa table, il ne tolérait pas la moindre pause dans la conversation et prenait soin de choisir des invités fort divers, afin que l'on ne risquât pas de manquer de sujets. Sa propre conversation était extrêmement variée. Kant était fort savant, non seulement dans le domaine des mathématiques et des sciences, mais aussi dans celui de la politique qui constituait un des principaux sujets abordés à sa table. Il parlait rarement de son propre travail, un peu par modestie, sans doute, mais peut-être aussi parce qu'il répugnait à exposer ses idées au milieu du désordre envahissant qui caractérise les propos de table.

> Et, chose qui peut paraître encore plus singulière, jamais, ou presque, il n'orientait la conversation vers une branche de la philosophie qu'il avait fondée lui-même. A vrai dire, il était totalement exempt du défaut commun à tant de *savans* et de *literati,* à savoir l'intolérance envers ceux dont les activités pourraient les avoir privés de toute sympathie envers les siennes [15].

Kant manifestait une préoccupation quasi fanatique pour la santé physique, aussi bien la sienne que celle d'autrui. Il veillait très soigneusement à ne jamais se mettre en sueur et mit au point une technique pour respirer exclusivement par le nez, jour et nuit, car c'était pour lui le seul moyen de se débarrasser de son catarrhe et de sa toux. Il était même si obsédé par cette manie qu'il refusait d'emmener un compagnon lors de sa promenade quotidienne, de peur qu'une conversation ne l'obligeât à respirer par la bouche alors qu'il se trouvait dehors. Sa chambre à coucher n'était jamais chauffée, même au plus froid de l'hiver, mais il régnait dans son bureau une température de vingt-quatre degrés.

Comme on pourrait s'y attendre, Kant menait une vie d'ascète, ne commettant jamais le moindre excès, même pour les denrées qu'il appréciait le plus, à savoir le café et le tabac. Il s'enorgueillissait de sa bonne santé, s'intéressait de très près à la médecine et, lorsque ses amis étaient souffrants, se faisait beaucoup de souci pour eux et envoyait sans arrêt prendre de leurs nouvelles. Cependant, une fois qu'ils étaient morts, il les chassait de son esprit et reprenait aussitôt son calme. Il nota que l'angoisse à l'idée de la mort nourrissait les fantasmes de l'hypocondriaque, mais dans sa vieillesse, il se déclara prêt à mourir avec résignation et courage.

Kant attribuait sa propre tendance à l'hypocondrie au fait qu'il avait le torse plat et étroit. Il avouait avoir été parfois hanté par une peur irrationnelle de la maladie, au point de sombrer dans la dépression et de se sentir las de la vie. Cependant, ses rites obsessionnels semblent avoir constitué d'efficaces moyens de défense contre cette tendance dépressive. On perçoit qu'arrivé à l'âge mûr, il était presque toujours jovial, à sa façon calme et rationnelle. Kant manifesta, certes, des angoisses névrotiques, mais ce ne fut qu'à l'approche de sa mort, survenue à l'âge de soixante-dix-neuf ans, qu'on le vit redevenir ouvertement malheureux.

Il est évident qu'il fut atteint d'artériosclérose cérébrale. Il commença à perdre la mémoire des événements récents, même s'il se rappelait encore le passé avec beaucoup de précision et s'il était capable de réciter par cœur de longs morceaux de poésie. Ses obsessions s'intensifièrent et il se mettait dans tous ses états si un meuble ou tout autre objet n'était pas à sa place habituelle. Il devint la proie d'étranges illusions concernant l'électricité, à laquelle il attribuait les maux de tête dont il souffrait. Il ne voulait plus rencontrer d'inconnus, car, comme beaucoup de patients victimes de démence artériosclérotique, il avait conscience de ses infirmités et répugnait à laisser voir aux autres le déclin de ses facultés mentales. Vers la fin de sa vie, son sommeil fut empoisonné par des cauchemars, phénomène là encore relativement courant chez les personnes souffrant d'un durcissement des artères du cerveau.

Kant mourut le 12 février 1804, un peu plus de deux mois avant son quatre-vingtième anniversaire. Sa réputation était déjà telle que Königsberg lui fit les funérailles publiques les plus grandioses qu'on y eût jamais vues.

Kant incarnait le professeur universitaire d'un type familier dans les anciennes académies du monde occidental. Même si ses dons et les fruits de son travail ne sont pas à la portée du commun des mortels, on ne manque pas d'exemples d'autres professeurs possédant une personnalité et des centres d'intérêt analogues. Les érudits méticuleux, obsessionnels, dont la vie entière est consacrée à leur travail et pour qui les relations interpersonnelles passent au second plan, apprécient particulièrement la vie dans les universités d'Oxford ou de Cambridge. Sur le plan matériel, ils y sont choyés. Leur besoin de solitude et d'étude personnelle est respecté de tous, mais ils peuvent, s'ils le désirent, jouir des plaisirs de la compagnie, sans s'encombrer des exigences émotionnelles de la vie de famille. La flamme de la passion humaine était absente de la vie de Kant, mais c'était un homme universellement respecté et envers qui ses amis éprouvaient une affection indéniable. Sa personnalité comportait des traits obsessionnels caractéristiques, mais ses moyens de défense contre l'angoisse et la dépression fonctionnèrent parfaitement durant la majeure partie de son existence. Peut-être certains psychanalystes ne seront-ils pas d'accord, mais il serait erroné de considérer une telle vie comme celle d'un névrosé malheureux.

Pour le non-philosophe, et peut-être aussi pour certains philosophes, la philosophie paraît un sujet bien étrange. Ce n'est pas une science empirique : c'est-à-dire qu'elle ne s'attache pas, comme les sciences exactes, à bâtir un édifice de connaissances auquel chaque génération apportera, pour ainsi dire, sa pierre. Les problèmes auxquels les philosophes s'intéressent généralement ne sont pas susceptibles d'être résolus de façon définitive et permanente. Le seul progrès que revendiquent la plupart d'entre eux, chacun dans son propre domaine, est que, certaines questions ayant été clarifiées, on peut désormais se permettre d'abandonner les anciennes façons de les aborder.

Certes, les philosophes, tout comme les scientifiques, s'efforcent d'être le plus objectifs possible, mais la philosophie ne ressemble guère aux sciences empiriques. Par ailleurs, elle ne ressemble pas non plus aux arts en ce qu'elle ne s'attache pas à faire des déclarations manifestement personnelles, ni à exprimer des émotions humaines. Pourtant, sous certains rapports, elle se rapproche aussi bien des arts que des sciences. A mesure que la science progresse, le savoir nouveau ajouté par chaque génération est incorporé à la structure générale. Cela signifie qu'aucun physicien moderne, par exemple, n'a besoin d'étudier les documents originaux de Newton, ni même d'Einstein. Ce que ces deux hommes ont apporté à la physique et à la cosmologie a été assimilé et la façon dont ils sont parvenus à leurs conclusions, quoique intéressante sur le plan historique, n'a aucune incidence sur les progrès futurs. Les idées du scientifique, si grand et si original soit-il, sont inévitablement dépassées.

Dans les arts, il n'est généralement pas question de voir le présent remplacer ou démoder le passé. Beethoven utilise un orchestre plus fourni que celui de Mozart, et celui de Wagner est encore plus important. Cela dit, même si l'étendue des possibilités expressives de l'orchestre s'en trouve augmentée, cela ne signifie nullement que la musique de Beethoven est plus belle que celle de Mozart, ni que celle de Wagner surpasse celle de Beethoven, quoi qu'aient pu en penser certains critiques du XIXe siècle. La musique de Beethoven, malgré tout ce qu'elle doit au travail préalable de Mozart, ne saurait en aucun cas dépasser ou remplacer l'œuvre de ce dernier. La musique de Mozart, celle de Beethoven et celle de Wagner sont autant d'exemples suprêmes de l'art du compositeur et sont toutes irremplaçables.

On peut en dire autant de la peinture. Bien que l'on ait parfois cru que les découvertes techniques dans le domaine de la perspective et dans d'autres dénotaient une supériorité des peintres de la Renaissance par rapport à leurs prédécesseurs « primitifs », on reconnaît désormais que les œuvres de Cimabue et Giotto étaient en harmonie avec les valeurs de leur temps et sont autant de chefs-d'œuvre irremplaçables, sans lesquels nous serions appauvris.

Dans ce sens, la philosophie s'apparente aux arts plus qu'aux sciences. Les écrits de Platon et d'Aristote sont encore étudiés de nos jours et devront toujours l'être par quiconque s'efforce de comprendre la philosophie. On continue à écrire des livres sur eux, de même que sur Descartes, Hume, Kant ou Wittgenstein. Même s'il est possible d'accomplir des progrès analogues aux progrès scientifiques en mettant en lumière certains défauts d'arguments philosophiques donnés, bien souvent les systèmes philosophiques n'en demeurent pas moins comme autant de déclarations distinctes; ils représentent des points de vue parfois conflictuels, que l'on ne saurait réduire les uns aux autres, mais qui coexistent sous forme d'une pluralité comme l'a décrit Isaiah Berlin. Cette incompatibilité me semble liée au fait que tant de philosophes insistent sur l'autonomie à n'importe quel prix, qu'ils répugnent à reconnaître leurs dettes envers autrui et affirment parfois qu'ils sont quasi incapables de lire les œuvres d'autres penseurs. Bien que la science progresse par la critique de ce qui s'est fait auparavant, par l'adoption d'hypothèses expliquant une gamme plus étendue de phénomènes, les scientifiques bâtissent toujours sur le passé. La position mentale adoptée par les philosophes est radicalement différente de celle employée par la majorité des scientifiques, si originaux soient-ils.

Kant, Leibniz, Hume et Berkeley assuraient tous que leur contribution à la philosophie dépendait du fait qu'ils avaient su se libérer des influences de leurs prédécesseurs et suivre leur propre voie sans tenir compte du passé. Il en allait de même de Wittgenstein, autre exemple de philosophe introverti, notoirement porté vers la solitude, convaincu d'être à peu près imperméable à toute influence et qui trouva indéniablement sa principale source d'estime de soi dans le travail. On le tient généralement pour le penseur le plus original et le plus influent du XXe siècle.

Wittgenstein naquit le 26 avril 1889, à Vienne. Il était le benjamin de cinq garçons et trois filles. L'un de ses frères était le pianiste Paul Wittgenstein qui perdit son bras droit à la guerre de 1914 et pour qui Ravel composa le « Concerto pour la main gauche ». Ludwig Wittgenstein était lui-même un mélomane passionné et il apprit, adulte, à jouer de la clarinette. Après avoir été éduqué par un précepteur privé jusqu'à l'âge de quatorze ans, il fut envoyé à l'école à Linz, puis partit pour Berlin faire des études d'ingénieur.

Selon l'esquisse biographique que nous a laissée G.H. von Wright, les années 1906 (date à laquelle Wittgenstein quitta l'école) à 1912 (année où il partit pour Cambridge étudier auprès de Bertrand Russell) furent une période de quête angoissée et de détresse considérable [16]. Son intérêt oscillait entre l'aéronautique et les mathématiques, ce qui le mit en contact avec Frege qui lui conseilla d'aller à Cambridge travailler avec Russell. Dans le second volume de son autobiographie, ce dernier a brossé de Wittgenstein un portrait fort vivant :

> Il fut peut-être l'exemple le plus parfait que j'aie jamais connu du génie tel qu'on le conçoit traditionnellement, passionné, profond, intense et dominateur. Il possédait une sorte de pureté que je n'ai jamais vue égalée, sinon chez G.E. Moore... Sa vie était turbulente et troublée, et sa force personnelle extraordinaire [17].

Russell raconte qu'un soir, Wittgenstein vint le trouver dans sa chambre aux alentours de minuit, fit les cent pas pendant des heures et annonça en partant qu'il allait se suicider. Tout au long de sa vie, il devait conserver cette optique essentiellement pessimiste et sa tendance à la dépression.

Wittgenstein fut sans doute l'un des hommes de génie les plus profondément introvertis qui aient jamais existé. A ses yeux, ce qui se passait dans son esprit était beaucoup plus important que tout ce qui pouvait survenir dans le monde extérieur. Sa première œuvre marquante, *Tractatus Logico-Philosophicus,* fut écrite durant la Première Guerre mondiale, alors qu'il était officier dans l'armée autrichienne. Bertrand Russell écrit :

> Lorsque son esprit était accaparé par la logique, il était de ceux qui ne remarquent pas des bagatelles du genre obus en train d'exploser [18].

Wittgenstein restait indifférent aux conventions mondaines, n'appréciait guère les menus propos de la vie académique et haïssait les prétentions sociales. De 1920 à 1926, il fut instituteur dans les écoles de divers petits villages isolés d'Autriche. Quoique stimulant, c'était un pédagogue irritable et impatient. Accusé de cruauté envers les enfants, il fut acquitté, mais renonça néanmoins à sa carrière dans l'enseignement. Il avoua plus tard avoir frappé une de ses petites élèves et se déclara honteux d'avoir nié la chose lorsqu'elle alla s'en plaindre au directeur.

Son père était mort en 1912, laissant une fortune considérable. A son retour à Vienne, après la guerre, Ludwig distribua sa part à ses frères et sœurs. Lorsqu'il fut décidé qu'il irait retrouver Russell à La Haye pour parler avec lui du *Tractatus*, son ancien maître dut vendre certaines des possessions que Wittgenstein avait laissées à Cambridge pour payer son billet de Vienne jusqu'en Hollande.

De 1926 à 1928, Wittgenstein s'occupa à dessiner les plans d'une maison à Vienne, pour sa sœur Gretl, et à la faire construire. Hermine Wittgenstein, une autre sœur, a décrit la façon obsessionnelle dont il travaillait, supervisant le plus petit détail et insistant pour que le moindre ajustage soit exécuté au millimètre près.

> La meilleure preuve de la rigueur intraitable de Ludwig, en ce qui concernait les mesures précises, est peut-être le fait qu'il décida de faire rehausser le plafond d'une grande salle de trois centimètres, alors que l'on était sur le point de commencer à nettoyer l'édifice enfin terminé. Son instinct était infaillible et il fallait s'en remettre à lui [19].

Comme nous l'avons vu, Kant lui aussi manifestait des traits obsessionnels, caractéristique que l'on peut s'attendre à trouver chez ceux qui sont avant tout des *patterners*, s'attachant à donner un sens à leur expérience et à y mettre de l'ordre. Wittgenstein partageait aussi avec Kant une imperméabilité aux idées des autres. Selon Norman Malcolm :

> Wittgenstein n'avait jamais fait de lecture systématique des classiques de la philosophie. Il ne pouvait lire que ce qu'il se sentait capable d'assimiler sans la moindre réserve. Nous avons vu que, dans sa jeunesse, il lut Schopenhauer. De Spinoza, Hume et Kant, il ne recevait, disait-il, que des éclairs occasionnels de compréhension [20].

Wittgenstein était beaucoup moins sociable que Kant, il ne dînait jamais au réfectoire de l'université et manifestait d'ailleurs envers ce qu'il mangeait une indifférence d'ascète. Lors d'un séjour en Irlande, il trouva le premier repas que lui servit son hôte trop recherché. Tout ce qu'il demandait, c'était du porridge pour son petit déjeuner, des légumes à midi et un œuf à la coque le soir. Ce fut donc ce qu'on lui servit sans désemparer durant le reste de sa visite [21].

Il était d'un mutisme farouche concernant sa vie privée. Ses premiers carnets sont partiellement rédigés en code. Sa passion du secret était peut-être liée à une homosexualité qui se manifesta dans ses attachements pour des hommes tels que David Pinsent, à qui il dédia son *Tractatus*, ou Francis Skinner, beaucoup plus jeune. Au moins deux de ses amis étaient boiteux, infirmité qui semble attirer irrésistiblement certaines natures. Toutefois, certains de ceux qui connaissaient le mieux Wittgenstein affirmaient qu'il était resté physiquement chaste.

Quoi qu'il en soit, dans ce domaine, il n'est pas douteux qu'il fut avant tout un solitaire. Il lui arrivait d'ailleurs de rester des mois entiers seul dans une cahute qu'il avait achetée en Norvège et il passa toute une partie de 1948 dans une cabane de bord de mer à Galway, en Irlande.

Wittgenstein était une personnalité beaucoup plus

tourmentée que Kant : plus enclin à la dépression, perpétuellement menacé par des craintes sur sa propre santé mentale, intolérant, dogmatique, soupçonneux et certain d'avoir toujours raison. Sa nature frisait la paranoïa. Pourtant, sa fière indifférence envers les considérations pratiques, son acharnement à découvrir la vérité coûte que coûte, son dédain des compromis et sa passion intellectuelle impressionnèrent profondément tous ceux qui le côtoyèrent.

En dépit de leurs différences, Wittgenstein et Kant partagent un certain nombre de traits de caractère et d'attitudes que l'on a des chances de retrouver chez les créateurs à prédominance introvertie qui se sont détournés des rapports humains, selon le postulat que nous avons énoncé un peu plus haut. Ni l'un ni l'autre ne fonda de famille et ne forma de liens personnels proches et durables. Tous deux étaient des ascètes, refusant de s'accorder le moindre plaisir. L'un et l'autre étant en grande partie inaccessibles aux idées des autres philosophes. Tous deux étaient passionnément désireux de préserver leur autonomie. Tous deux fondaient leur estime de soi sur leur travail, plutôt que sur l'amour d'autres êtres humains.

Ces deux hommes de génie manifestèrent l'un et l'autre un besoin irrésistible d'atteindre un ordre, une cohérence, une logique au moyen de la pensée abstraite. La quête de la vérité donna seule un sens à leur vie. Il est probable que la force motrice qui engendre une intensité aussi passionnée est dérivée de la conscience d'un chaos intérieur potentiel : « l'angoisse de la désintégration » ou la peur d'une « désorganisation du comportement », mentionnées plus haut. Wittgenstein était tout particulièrement hanté par des craintes d'effondrement mental. Quant au besoin d'ordre obsessionnel de Kant, il révèle une angoisse qui, sans être aussi intense que celle de Wittgenstein, lui est néanmoins comparable.

Il existe de nombreux exemples d'hommes de génie

dont l'intense attachement à une recherche d'ordre était sans doute motivée par des angoisses de ce type; il convient toutefois de se rappeler que, même lorsqu'une telle quête est déclenchée à l'origine par une crainte de désintégration, elle peut ensuite devenir autopropulsée par l'intérêt intrinsèque du sujet, ou par la gratification que procure à l'individu le fait d'être reconnu comme expert ou original.

Newton fournit l'exemple d'un homme de génie considérablement défavorisé dès la petite enfance, devenu un adulte excentrique, souffrant d'une maladie mentale à l'âge mûr et qui retrouva par la suite une certaine stabilité, même s'il resta isolé. Il a longuement été question de lui dans un de mes précédents ouvrages, mais les liens entre sa personnalité anormale et sa réussite exceptionnelle sont si évidents et si intéressants qu'ils méritent ici d'être soulignés [22].

Newton naquit prématurément le jour de Noël 1642. Son père, fermier illettré, était mort trois mois auparavant. Pour autant que l'on sache, jamais aucun membre de la famille de sa mère ni de celle de son père ne s'était particulièrement illustré. Durant les trois premières années de sa vie, Newton fut l'unique objet des soins attentionnés de sa mère; il fut d'ailleurs un bébé si fragile qu'on peut supposer qu'il fut anormalement choyé. Cette existence idyllique fut brutalement interrompue le 27 janvier 1646, peu après ses trois ans, lorsque sa mère se remaria. Non seulement lui donnait-elle ainsi un beau-père indésirable, mais elle quitta en outre sa maison, laissant à sa propre mère le soin d'élever son fils. On sait que Newton conçut de ce qui lui apparut comme une trahison un terrible ressentiment. A l'âge de vingt ans, il se confessa par écrit. Parmi les cinquante-huit péchés dont il se trouvait coupable figurait le suivant : « Avoir menacé mon père et ma mère Smith de les brûler, eux et la maison où ils vivaient [23]. »

Le psychanalyste Erik Erikson a posé en postulat le fait que la dichotomie confiance fondamentale contre défiance fondamentale constituait le premier conflit nucléaire auquel se heurtait l'être humain au cours de son développement. Bien que la majorité d'entre nous portons sans doute en nous jusque dans l'âge adulte le sentiment d'un paradis perdu, nous connaissons aussi, pour la plupart, une période assez longue de soins maternels pour considérer la confiance fondamentale dans nos semblables comme la norme et la défiance comme l'exception. Toutefois, si un enfant connaît avec sa mère une relation particulièrement intime, brusquement interrompue avant qu'il ne soit assez âgé pour comprendre les raisons possibles de cette trahison, il sera susceptible de se défier de tous les autres êtres humains qu'il rencontrera par la suite et ne pourra se persuader que progressivement qu'il en existe en qui on peut avoir confiance. La chose fut certainement vraie de Newton. Whiston, son successeur à la chaire de mathématiques de Cambridge, déclara que Newton était « du tempérament le plus craintif, circonspect et soupçonneux » qu'il lui eût jamais été donné de connaître [24].

Entre 1661, date de son arrivée à Trinity College, Cambridge, et 1696, où il partit pour Londres, Newton resta avant tout un reclus, qui ne pensait qu'à son travail, n'avait guère de contacts sociaux avec ses semblables et ne noua aucun lien d'intimité avec des membres de l'un ou l'autre sexe. Sa méfiance envers les autres est attestée par sa répugnance à publier les fruits de son travail. Il redoutait d'être maltraité par les critiques et de voir des rivaux chercher à s'approprier ses découvertes. Selon Brodetsky, un de ses biographes :

> Il répugnait toujours quelque peu à affronter la publicité et la critique et avait, en plus d'une occasion, refusé de voir son nom associé à des comptes rendus publiés de

> certains de ses travaux. Il ne prisait guère l'estime du public, qu'il ne jugeait pas désirable en soi, et redoutait que la publicité n'eût pour effet de le livrer au harcèlement de rapports personnels – lui qui tenait à rester libre de pareilles complications... A ce qu'il semble, Newton ne publia jamais la moindre découverte sans y être instamment pressé par d'autres : même lorsqu'il fut parvenu à résoudre le plus grand problème auquel l'astronomie ait jamais eu à faire face, il n'en souffla mot à quiconque [25].

Newton était chatouilleux sur les questions de priorité, comme en témoignent ses querelles féroces avec Leibniz, Flamsteed et Hooke. Il répugnait extrêmement à reconnaître qu'il était redevable aux travaux de quiconque. Il fournit, de toute évidence, un nouvel exemple de créateur introverti satisfaisant à tous les critères énoncés un peu plus haut. A savoir qu'il évitait les relations personnelles, protégeait ses travaux de tout examen, tenait énormément à son autonomie et faisait de son travail sa principale source d'estime de soi et d'épanouissement personnel. Il souffrait, en outre, d'une maladie mentale déclarée.

En effet, à peine franchi le cap de la cinquantaine, Newton devint passagèrement psychotique. D'aucuns ont prétendu que sa maladie était due à un empoisonnement au mercure, dont il se servait pour ses expériences. En tout cas, que sa psychose ait eu ou non des origines toxiques, elle eut pour résultat une exagération de sa méfiance au point qu'il se brouilla avec son ami Pepys et se persuada que le philosophe Locke cherchait à « l'acoquiner » avec des femmes. A cet épisode paranoïde succéda une période de dépression durant laquelle il écrivit à Locke pour lui demander pardon d'avoir nourri envers lui des pensées peu charitables. Newton semble s'être bien remis de sa maladie. Il quitta Cambridge pour Londres, où il devint gouverneur, puis maître de la

Monnaie et fut en outre élu président de la Royal Society. Il resta célibataire, mais sa réputation lui valut de considérables satisfactions et de nombreuses relations. On dit qu'il fut souvent reçu par le roi George II et la reine Caroline. Il continua à réviser ses publications scientifiques et poursuivit ses travaux théologiques et sa *Chronology of Ancient Kingdoms Amended.* Il mourut à l'âge de quatre-vingt-cinq ans.

Kant, Wittgenstein et Newton étaient tous trois des hommes de génie qui, pour différents qu'ils aient été sous d'autres rapports, avaient en commun une puissance d'abstraction et d'originalité, conjuguée à l'absence de toute intimité avec d'autres êtres humains. On pourrait même raisonnablement faire valoir que s'ils avaient eu femmes et enfants, ils n'auraient pu mener à bien leurs travaux. Car les hauteurs suprêmes de l'abstraction exigent de longues périodes de solitude et une intense concentration, bien difficiles à trouver pour qui est exposé aux besoins émotionnels d'une épouse et d'une famille.

Les psychanalystes souligneront le fait évident que ces trois hommes étaient « anormaux », et je reconnais volontiers qu'ils semblaient tous posséder une dose particulièrement élevée de ce qu'on a coutume d'appeler « psychopathologie ». Néanmoins, ils survécurent et procurèrent d'importantes contributions au savoir et à la compréhension de l'humanité, contributions dont ils eussent été incapables, à mon sens, s'ils n'avaient été avant tout des êtres solitaires. Auraient-ils été plus heureux s'ils avaient été en mesure de chercher leur épanouissement personnel dans l'amour plutôt que dans le travail, ou plus enclins à le faire? Nul ne peut le dire. Ce qu'il faut souligner, c'est que l'humanité serait infiniment plus pauvre si ces hommes de génie n'avaient eu la possibilité de prospérer, et nous devons donc considérer que leurs traits de caractère, de même que leur puissante intelligence, sont biologiquement adaptatifs. La psychopathologie de tels hommes n'est rien de plus qu'une exagération de traits que l'on retrouve chez chacun d'entre nous. Nous avons tous besoin de trouver un ordre dans l'univers, de donner un sens à notre existence. Ceux qui s'attachent tout particulièrement à ce genre de quête sont la preuve vivante que les relations interpersonnelles ne sont pas l'unique moyen de parvenir à un épanouissement émotionnel.

11

LA TROISIÈME PÉRIODE

Dans nos romans, c'est la musique qui, parmi tous les arts, isole l'individu de la société de ses contemporains, lui donne conscience de cet isolement et, pour finir, fournit un sens personnel à sa vie, indépendamment de ses loyautés sociales et même personnelles. C'est la seule et unique mesure de survie qui ne fait jamais défaut...

Alex ARONSON

Au début de l'existence, la survie dépend des « relations d'objet ». Le nourrisson est incapable de se débrouiller seul et doit compter sur les soins d'autrui tout au long des nombreuses années de son enfance. Vers la fin de la vie, les positions sont inversées. Même si la maladie ou l'infirmité risquent d'obliger les personnes âgées à dépendre physiquement des autres, la dépendance émotionnelle tend à s'estomper. Les vieux manifestent souvent un moindre intérêt pour les relations interpersonnelles et préfèrent être seuls, préoccupés qu'ils sont désormais par leurs propres soucis intérieurs. Loin de moi l'idée de suggérer que les personnes âgées ne continuent pas à s'intéresser à leurs conjoints, enfants et petits-enfants; je cherche seulement à faire remarquer que l'intensité de cet intérêt faiblit quelque peu. On constate souvent un accroissement de l'objectivité envers les autres, accompagné d'une diminution des motivations habituelles. Peut-être est-ce pour cette raison que les rapports entre grands-parents et petits-enfants sont souvent plus faciles que les rapports parents-enfants. Le petit-enfant n'a pas le sentiment que ses grands-parents attendent autant de lui que ses parents et pourra de ce fait nouer avec eux des liens plus détendus et moins exigeants d'un côté comme de l'autre.

Ce changement d'intensité dans l'investissement affectif est en partie déterminé par un déclin des pulsions sexuelles qui, jusqu'à l'âge mûr ou même plus tard, obligeront la plupart des hommes et des femmes à poursuivre leur quête d'intimité. Il pourrait aussi s'agir d'une miséricordieuse intervention de la nature, destinée à amoindrir la douleur de l'inévitable séparation d'avec ceux qu'on aime qu'apportera la mort. L'homme est la seule créature capable de voir venir sa propre mort et, lorsqu'il y songe, son esprit se concentre de façon étonnante. Il se prépare à la mort en se détachant des objectifs et attachements matériels, pour s'occuper plutôt de cultiver son propre jardin intérieur. Jung aussi bien que Freud incarnent ce changement. L'un et l'autre passèrent les quatre-vingts ans et tous deux renoncèrent presque entièrement à leur intérêt pour la psychothérapie en faveur d'idées et de théories sur la nature humaine. Dans la vieillesse, on constate une tendance à se détourner de l'empathie pour aller vers l'abstraction; à moins de participer aux événements de l'existence pour se pencher davantage sur les schémas qu'elle présente.

Ce changement, comme tant d'autres aspects de la nature humaine, se distingue de façon particulièrement claire dans la production d'hommes qui ont laissé derrière eux une série d'œuvres d'un intérêt durable. Lorsque des hommes ou des femmes de génie vivent suffisamment longtemps, les changements de style apparaissent si nettement que l'on a coutume de diviser leur œuvre en périodes, souvent numérotées « première », « deuxième », « troisième », ou réparties de façon chronologique en ouvrages « de la jeunesse », « de la maturité », « de la vieillesse ». La troisième période, celle de la vieillesse, se rattache au thème principal du présent ouvrage, car c'est une période où la communication avec autrui tend à être remplacée par des œuvres qui reposent davantage sur la méditation solitaire.

L'importance des deux premières périodes de la vie d'un artiste n'est pas bien difficile à déterminer. Si doués soient-ils, ces hommes et ces femmes doivent apprendre leur métier et ils seront forcément influencés par leurs maîtres et leurs prédécesseurs. La première période, par conséquent, bien qu'elle puisse être caractérisée par des œuvres incontestablement géniales, est presque toujours celle durant laquelle l'artiste n'a pas encore pleinement trouvé sa propre expression. Bernard Berenson disait que le génie était « la capacité de réagir de façon productive contre sa formation [1] », et, à mesure qu'un artiste prend davantage confiance en lui, il trouve le courage de se passer de tous les aspects du passé qui ne le concernent pas et il entre de ce fait dans sa deuxième période, au cours de laquelle sa maîtrise et son individualité se manifestent toutes deux clairement. Durant cette période, le besoin de communiquer tout ce qu'il peut avoir à dire à un public le plus vaste possible est d'ordinaire mis en évidence.

La deuxième période peut occuper la majeure partie de la vie d'un artiste et bien des grands génies n'ont pas vécu assez longtemps pour entamer la troisième phase de leur créativité. Parmi les compositeurs, par exemple, Mozart, Schubert, Purcell, Chopin et Mendelssohn ont eu des existences si brèves qu'en dépit de leur étonnante précocité, ils n'ont pas eu le temps d'en arriver au type de changement si évident dans l'œuvre de Beethoven ou de Liszt.

Beethoven vécut jusqu'à cinquante-sept ans, ce qui n'est pas bien vieux selon nos critères modernes, mais suffisant néanmoins pour que sa production fournisse un excellent exemple des trois périodes dont nous venons de parler. (Il s'agit bien sûr d'une simplification qui hérissera peut-être les musicologues; toutefois, de façon très générale, le mélomane ordinaire comprendra sans peine de quoi il est question.) Les quatuors à cordes de Beethoven se scindent naturellement en trois groupes. Le compositeur commença à écrire les six premiers, op. 18, durant sa vingt-huitième année et ils retinrent son attention tout au long des années 1798 et 1799. Les trois premiers de ce groupe furent publiés en juin 1801, les trois autres quatre mois plus tard. Personne d'autre, certes, n'aurait pu les composer, mais Kerman a noté qu'ils « révèlent des vestiges évidents de Haydn et certaines traces remarquablement nettes de Mozart [2] ». Ils sont agréables à entendre, bien sûr, mais ne sont pas du *pur* Beethoven au même titre que les quatuors plus tardifs.

Les trois quatuors dédiés au comte Razumovsky, op. 59, nos 1 à 3, auxquels on ajoutera le quatuor dit « les harpes », op. 74, et le quatuor en fa mineur, op. 95, forment généralement un groupe intitulé quatuors « de la maturité ». Les quatuors Razumovsky furent composés entre 1804 et 1806; l'op. 74 en 1809 et l'op. 95 l'année suivante. Les premières années du siècle marquèrent une période d'intense activité chez Beethoven. La symphonie « Héroïque », écrite en 1803-1804, donne une dimension entièrement nouvelle à la musique symphonique. La sonate « des Adieux » et « l'Appassionata », composées en majeure partie en 1804 et 1805, diffèrent radicalement des sonates pour piano qui les avaient précédées. Il est bon de se rappeler que ces œuvres « héroïques » furent écrites après le testament de Heiligenstadt qui, nous l'avons vu un peu plus tôt, fut rédigé en 1802. La surdité du musicien était déjà sévère et l'on ne saurait attribuer les changements ultérieurs survenus dans son style à un repli croissant sur lui-même dû à cette seule cause.

Les quatuors Razumovsky illustrent aussi cette évolution. Ils révèlent la puissance, l'énergie et la confiance de Beethoven, au même titre que sa faculté de peindre l'émotion la plus profonde. (On comparera, par exemple, les poignants adagios de l'op. 59, n° 1 et n° 2, à la jubilation du final de l'op. 59, n° 3.) Ces œuvres merveilleuses sont tout à fait personnelles et se rangent dans une catégorie différente de celles de l'op. 18, pour agréables que soient indéniablement ces dernières.

Entre 1806 et 1809, Beethoven composa ses quatrième, cinquième et sixième symphonies, son concerto pour violon et ses quatrième et cinquième concertos pour piano, ainsi qu'un certain nombre d'œuvres de moindre importance. En 1809, ce fut le quatuor « les harpes », ainsi nommé en raison des échanges de pizzicati entre les instruments dans le premier mouvement. C'est un morceau superbe, mais qu'il faut peut-être considérer comme un ouvrage de transition, où l'on ne trouvera aucune innovation frappante. Il n'en va pas de même du quatuor qui lui succéda, le quatuor en fa mineur, op. 95, lequel est une œuvre extrêmement compacte, puissante, on pourrait presque dire violente. Beethoven lui-même l'intitulait *quartetto serioso.* Venant comme il le fait à la fin de cette série « de la maturité », sa facture a incité certains spécialistes à le juger plus proche par l'esprit des quatuors de la « troisième » période. Comme l'a écrit Kerman :

> De l'avis de l'auteur de ces lignes, et il n'est pas le seul à penser ainsi, assurément, le quatuor en fa mineur

représente l'apogée de la production artistique de Beethoven jusqu'à la fin de la deuxième période [3].

Le groupe suivant, composé des cinq « derniers » quatuors, ne fut écrit que dans les années 1820. Fort probablement, le premier des cinq, l'op. 127 en mi bémol, fut commencé en 1822, mais abandonné ensuite jusqu'en 1824, pour permettre au compositeur de terminer sa neuvième symphonie. Le dernier de tous les quatuors, l'op. 135, en fa majeur, fut écrit durant les mois d'août et septembre 1826. Le dernier mouvement de l'op. 130, mouvement « de rechange », si l'on peut dire, composé sur les instances de l'éditeur pour être substitué à la grande fugue initialement prévue, fut terminé un peu plus tard cet automne-là. Ce furent les dernières pages écrites par Beethoven qui mourut le 24 mars 1827.

Martin Cooper a dit de la dernière manière de Beethoven :

> Aucune concession n'est faite à l'auditeur, aucune tentative pour captiver son attention ou retenir son intérêt. Au lieu de cela, le compositeur communie avec lui-même ou contemple sa vision de la réalité; il pense tout haut (en quelque sorte) et ne se soucie que de la pure essence de ses propres pensées et des processus musicaux dont la pensée elle-même ne saurait bien souvent se distinguer [4].

Les trois quatuors intermédiaires de cette dernière série, l'op. 132, en la mineur, l'op. 130, en si bémol majeur, et l'op. 131, en do dièse mineur, furent pendant fort longtemps considérés comme inintelligibles. Ils s'écartent, certes, radicalement de la forme sonate traditionnelle. Le quatuor en la mineur comporte cinq mouvements; celui en si bémol majeur en a six, et celui en do dièse mineur sept. On y trouve de fréquents et brusques changements de tempo, des juxtapositions de thèmes inattendues et d'imprévisibles interruptions de l'exposition musicale. Kerman a donné à son chapitre sur les op. 130 et 131 le titre lumineux de « Dissociation et intégration ». Après avoir étudié le passage d'une extraordinaire violence qu'est la grande fugue, par lequel se terminait à l'origine l'op. 130, Kerman note :

> Dans tout cela, il me semble discerner que Beethoven travaillait vers une idée nouvelle de l'ordre ou de la cohérence dans la composition cyclique, un ordre radicalement différent de la séquence psychologique traditionnelle qu'il avait mise au point dans sa musique antérieure. Cet ordre nouveau n'est pas facile à comprendre, parce que, dans le témoignage qu'en offre le quatuor en si bémol, l'idée n'était pas entièrement réalisée [5].

On trouvera un parallèle intéressant dans le livre de J.W.N. Sullivan, *Beethoven*, publié en 1927. Après avoir discuté l'importance et l'utilité de la forme sonate traditionnelle pour exprimer les processus psychologiques, l'auteur écrit :

> Mais dans les quatuors dont nous parlons, l'expérience de Beethoven ne pouvait être présentée sous cette forme. Le lien entre les divers mouvements est essentiellement plus organique que celui de la forme sonate en quatre mouvements. Dans ces quatuors, les mouvements irradient, si l'on peut dire, d'une expérience centrale. Ils ne constituent pas les étapes d'un voyage, chacune étant indépendante des autres et existant par elle-même. Ils représentent des expériences distinctes, mais la signification qu'ils prennent dans le quatuor est dérivée de leur relation à l'égard d'une expérience centrale dominante. La chose est caractéristique de la vision mystique dans laquelle tout ce qui existe au monde apparaît unifié à la lumière d'une expérience fondamentale [6].

Wilfrid Mellers a écrit en termes analogues sur les variations Diabelli, l'œuvre la plus longue que Beethoven consacra au piano, publiée en 1823. Il s'agit, dit-il, d'une

> œuvre circulaire plutôt que linéaire... Comme les variations Goldberg de Bach, et en dépit des différences dans l'approche des deux compositeurs, elles voient plutôt « un univers dans un grain de sable » et nous donnent conscience du fait que l'expérience est un tout dans lequel l'insignifiant et le sublime coexistent [7].

Dans le dernier chapitre du présent ouvrage, nous verrons que cette expérience centrale unissant des éléments opposés, que nous décrivent Sullivan et Mellers, a des parallèles dans l'œuvre de Jung.

Sullivan est plus convaincu que Kerman du fait que Beethoven a pleinement exprimé la vision nouvelle à laquelle il aspirait. En tant que modeste amateur, je hasarderais pour ma part l'hypothèse qu'il n'y est pas tout à fait parvenu. S'il avait vécu plus longtemps, peut-être aurions-nous eu des œuvres qui auraient plus parfaitement illustré la synthèse des éléments, l'unité qu'il recherchait. La plupart des gens s'accorderaient à dire qu'il s'en rapprocha le plus dans le quatuor en do dièse mineur, qu'il considérait lui-même comme le plus beau de tous ceux qu'il avait écrits. Comme l'a fait remarquer Maynard Solomon :

> Une continuité du dessin rythmique ajoute au sentiment qu'il s'agit d'une des œuvres les plus complètement intégrées de Beethoven. Il y a toutefois de nombreuses pressions vers la discontinuité à l'œuvre dans ce quatuor : six tonalités principales distinctes, trente et un changements de tempo (soit dix de plus que dans l'op. 130), une variété de textures et une diversité de formes à l'intérieur des mouvements – fugue, suite, récitatif, varia-

tion, scherzo, aria et forme sonate – qui rendent l'unité à laquelle il parvient d'autant plus miraculeuse [8].

Le dernier de tous les quatuors, l'op. 135 en fa majeur, fait l'effet d'un retour à un genre antérieur; peut-être s'agissait-il d'une détente après un effort spirituel intense, ou bien de l'expression d'une paix enfin trouvée. La question et sa réponse : « *Muss es sein? Es muss sein* », qui forment l'épigraphe du final, avaient probablement une origine futile. Schindler les associe à la répugnance que manifestait le musicien à mettre la main à la poche pour l'entretien de sa maison. Toutefois, on pourrait aussi interpréter le fait que Beethoven les a placées à cet endroit comme le signe que ce rebelle invétéré était parvenu à une forme quelconque de réconciliation avec le destin.

Les derniers quatuors de Beethoven fournissent un exemple frappant des principales caractéristiques de la troisième période dans la vie d'un créateur. Les œuvres appartenant à cette période ont en effet certains traits en commun. Primo, elles s'attachent moins à la communication que celles qui les ont précédées. Secundo, elles sont souvent peu conventionnelles dans leur forme et paraissent tendre vers une nouvelle sorte d'unité entre des éléments extrêmement disparates de prime abord. Tertio, elles sont caractérisées par une absence de rhétorique ou de tout besoin de convaincre. Quarto, elles semblent explorer des zones reculées de l'expérience, lesquelles seraient intrapersonnelles ou suprapersonnelles plutôt qu'interpersonnelles. C'est-à-dire que l'artiste sonde les profondeurs de son propre psychisme et ne se soucie guère de savoir si quelqu'un d'autre sera en mesure de le suivre ou de le comprendre. Tous ces traits sont manifestes dans les derniers quatuors de Beethoven, mais on les trouvera aussi dans la production d'autres compositeurs, pourvu qu'ils aient vécu suffisamment longtemps.

Liszt, par exemple, mourut dans sa soixante-quinzième année. Durant les quelque quinze années qui précédèrent sa mort, sa musique montra un changement remarquable. On n'y retrouve rien de l'ancien brio, plus aucune trace de la virtuosité transcendante – ou du moins de la virtuosité en tant que fin en soi. A leur place a surgi un intérêt profond pour la chanson populaire hongroise; l'authentique variété paysanne et non pas cet ersatz qui encombre les premières rhapsodies. On note aussi un abandon partiel de la tonalité conventionnelle, lequel anticipe sur Schönberg et Bartók. Au lieu d'avoir recours au système habituel de l'exposition du thème, de son développement à travers diverses tonalités, de sa récapitulation et de l'arrivée finale au but fixé, Liszt expérimente au moyen de violents contrastes et heurts, avec des effets impressionnistes obtenus par la pédale tonale. Humphrey Searle a écrit :

> Le style est devenu extrêmement dépouillé et austère, il y a de longs passages de notes seules et une utilisation considérable d'accords dissonants; tout ce qui ressemble à une cadence est soigneusement évité. A vrai dire, si une œuvre se termine par un accord parfait, c'est plus souvent avec un renversement que dans une position fondamentale. Le résultat de tout ceci est une sensation curieusement indéfinie, un peu comme si Liszt se lançait dans un monde nouveau dont il ne connaîtrait pas parfaitement les possibilités. Pour la majorité de ces ouvrages, il revint à ses premières amours, le piano, mais d'une manière générale le brio pianistique d'antan est absent – Liszt écrivait désormais pour lui-même et non pour son public [9].

Les commentaires de Searle sur la dernière manière de Liszt ressemblent à s'y méprendre aux remarques de Martin Cooper sur celle de Beethoven citées plus haut. Beethoven et Liszt n'ont pas grand-chose en commun en tant que compositeurs, mais l'un et l'autre, durant leurs périodes de jeunesse et de maturité, se servirent de la rhétorique pour emporter l'adhésion de leur auditoire et tous deux y renoncèrent dans leurs ultimes compositions.

Il existe, bien sûr, d'autres exemples d'artistes qui se sont tournés de plus en plus vers une forme quelconque de développement intérieur en prenant de l'âge. *L'Art de la fugue* de Bach, qui fut sa dernière œuvre majeure, n'était peut-être pas destiné à un auditoire. On ne peut même pas affirmer avec certitude pour quel instrument, ou quelle combinaison d'instruments, l'œuvre fut écrite, ni s'il s'agissait d'une composition purement théorique que le musicien ne songeait pas du tout faire exécuter. Malcolm Boyd est certain que

> l'exécution seule ne saurait permettre de saisir totalement les œuvres de la dernière période de Bach. En effet, même la plus réfléchie des exécutions et la plus attentive des écoutes ne sauraient empêcher les canons en augmentation de l'*Offrande musicale* et de l'*Art de la fugue* de sonner de façon sèche, scolastique, voire maladroite pour qui voudrait les goûter de la même façon que l'*Orgelbüchlein* ou la cantate « 48 ». Pour qui lit la partition en revanche et peut s'attarder sur leur froide logique, elles offrent un aperçu du mystère de l'infinité tout aussi émoustillant dans sa beauté mathématique que le paradoxe de Zénon sur Achille et la tortue... Certes, on ne renoncerait pas volontiers au degré de compréhension et de plaisir que peut fournir une exécution de cette musique, mais ce n'est que par l'étude que nous pouvons espérer parvenir à la percevoir totalement et, après l'étude, par la contemplation, car elle existe dans un univers bien éloigné de notre propre *musica humana*, un univers où la musique, les mathématiques et la philosophie ne font qu'un [10].

Une fois de plus, nous constatons que vers la fin de la vie, l'intérêt se tourne de plus en plus vers la création de schémas et vers l'impersonnel.

Il n'y a pas jusqu'à un compositeur tel que Richard Strauss, romantique effréné, chez qui l'on ne détecte quelque chose d'approchant. Entre l'âge de soixante-dix-huit ans et sa mort, six ans plus tard, il composa son second concerto pour cor, ses première et deuxième sonatines pour instruments à vent, *Metamorphosen* pour vingt-trois cordes, son concerto pour hautbois, le concertino en duo pour clarinette et basson et les *Quatre Derniers Lieder.* Mosco Carner a noté qu'à l'exception des *Metamorphosen,* il s'agit d'œuvres assez minces, mais que :

> une tendance classique, évidente chez Strauss jeune, refit son apparition chez Strauss octogénaire, mais puissamment enrichie et patinée par les expériences artistiques et humaines d'une vie entière. La tendance néoclassique paraît dans un certain nombre de traits : dans le repli vers une musique purement instrumentale; dans la volonté d'éviter une expression chargée sur le plan émotionnel et d'insister sur une facture exquisement raffinée et polie; dans la découpe symétrique des idées thématiques (qui se présentent pour la plupart en mesures à quatre huit régulières) et les cadences « à l'ancienne »; dans la préférence marquée pour une écriture diatonique simple et dans l'orchestration transparente, dont le dépouillement et l'économie – que l'on trouve déjà dans *Daphne* et *Capriccio* – présentent un contraste frappant avec la somptuosité et la luxuriance des poèmes symphoniques de Strauss et de la majorité de ses opéras. *Metamorphosen,* la plus importante des dernières compositions du musicien, possède tous ces traits sous leur forme la plus caractéristique, sans parler d'un savoir-faire impressionnant, évident dans l'entrelacs polyphonique des différentes parties [11].

Vers la fin de sa carrière de compositeur, Brahms, tout comme Mozart, fut inspiré par un génial clarinettiste. Ce fut à Meiningen, en 1891, qu'il entendit pour la première fois Richard Mühlfeld dont le brio d'exécutant lui inspira le trio pour clarinette, le quintette pour clarinette et deux sonates pour clarinette (ou alto) et piano. Bien que le compositeur lui-même ait eu un petit faible pour le trio, les critiques s'accordent à dire que le quintette est la plus belle œuvre de la série, mais diffèrent en revanche quant aux sentiments qu'il évoque. Certains y respirent une nostalgie teintée de résignation; l'adjectif « automnal » revient souvent sous leur plume. Robert Simpson la trouve tout imprégnée d'une mélancolie sous-jacente. William Murdoch, en revanche, la jugeait « ravissante ».

> Une œuvre intime, mais en même temps remplie de chaudes couleurs, auxquelles la clarinette donne un éclat si incandescent que l'on ne parvient pas à croire que l'auteur n'est pas un jeune homme débordant de joie de vivre, possédant l'exubérance de la jeunesse et la séduction d'un amour passionné [12].

En 1893, Brahms publia son dernier groupe d'œuvres pour piano seul, op. 119. Les compositeurs écrivent souvent leurs œuvres en mode mineur, mais terminent sur le mode majeur. C'est une façon d'arriver au but dans le triomphe ou dans la joie. Il est bon de noter que la rhapsodie en mi bémol, qui conclut l'op. 119 et qui est la toute dernière œuvre que Brahms composa pour piano seul, inverse l'ordre habituel. Elle est écrite en majeur, mais se termine en mineur.

Brahms, tout comme Richard Strauss cinquante ans plus tard, écrivit quatre ultimes mélodies : les quatre *Chants sérieux* qu'il composa en 1896, un an avant sa mort. Le texte en est emprunté à la bible luthérienne, mais il est soigneusement choisi de façon à ne pas entrer en conflit avec l'agnosticisme du compositeur. La première mélodie est écrite sur un texte de l'Ecclésiaste (3:19-22), d'une telle pertinence par rapport à un des thèmes du présent ouvrage que je ne puis m'empêcher de le citer. Après avoir déclaré que les hommes ne l'emportent en rien sur les bêtes, puisque tous doivent mourir, l'auteur des versets continue :

> Qui connaît l'esprit de l'homme qui s'élève et celui de la bête qui descend vers la terre? D'où je m'aperçois qu'il est bon que l'homme jouisse de ses propres œuvres; car tel est son lot; car qui le mènera voir ce qui existera après lui?

L'ultime œuvre de Brahms fut un groupe de onze préludes de chorales pour orgue, qui, tant pour Denis Arnold que pour Fuller Maitland, évoquent Bach. Le premier les trouve « tranquillement introspectifs, à la manière de Bach [13] ».

Le second, parlant de la dernière œuvre de la série, écrit :

> il faut bien reconnaître qu'aucun des grands compositeurs n'a légué au monde un dernier message d'une beauté plus exquise et touchante. Les toutes dernières mesures ont une cadence d'une beauté si neuve et si expressive que Brahms lui-même n'avait jamais fait mieux; encore une fois nous songeons à Bach [14]...

On remarque dans les dernières compositions de Richard Strauss et dans celles de Brahms certaines des caractéristiques propres aux œuvres de la troisième période : absence de rhétorique, du besoin de persuader ou convaincre et une certaine tendance vers l'impersonnel de préférence au personnel. Toutefois, la musique de leur vieillesse dénote aussi un goût pour la nostalgie qui n'existe pas chez Beethoven ni chez Liszt. Je suis enclin à rattacher la chose au fait que les deux hommes étaient, en ce qui concernait leur vie privée, des êtres circonspects, hésitants, peu disposés à savourer pleinement la vie. La nostalgie, proche de la sentimentalité, semble généralement exprimer le regret des occasions manquées, plutôt que celui des réalisations et plaisirs passés. Brahms était un individu timoré dont Nietzsche a écrit : « Sa mélancolie est celle de l'incapable [15]. » Bien qu'il fût profondément épris de Clara Schumann (qui était de quatorze ans son aînée) et qu'il eût des attachements envers d'autres femmes, jamais il ne sut s'engager totalement et il resta célibataire. Il détruisit toutes les œuvres composées durant son apprentissage et beaucoup d'œuvres plus tardives qu'il ne jugeait pas dignes de son meilleur niveau. Peter Latham a écrit : « On dirait qu'il redoutait qu'elles ne fussent plus tard versées au dossier comme pièces à conviction [16]. »

Après avoir vu s'évanouir ses espoirs d'une vie auprès de Clara Schumann, Brahms se fiança à Agathe von Siebold, mais rompit cet engagement lorsque celle-ci commença à parler mariage de façon un peu trop pressante. Tous les gens qui le connaissaient remarquèrent qu'en prenant de l'âge, le musicien devenait de plus en plus réservé et solitaire, cachant ses véritables sentiments derrière un mur de brusquerie et de sarcasmes. Brahms possédait de nature un tempérament plus chaleureux, plus émotif que les philosophes dont il a été question au chapitre précédent; mais la désillusion et le rejet empêchèrent ses émotions de s'épanouir. On ne s'étonnera donc pas que ses œuvres de vieillesse aient été teintées de nostalgie et de regret.

La vie de Richard Strauss fut aussi incomplète. Il s'était marié à une cantatrice qui, en prenant de l'âge, devint de plus en plus autoritaire, avide, snob et acariâtre. Il suffit de regarder leur photographie de mariage pour deviner quels pouvaient être leurs rapports. Il semble que Pauline Strauss ait suscité une vive antipathie chez tous les gens qui la connaissaient. C'était, de toute évidence, une femme souffrant de graves obsessions. Elle obligeait son mari à s'essuyer les pieds sur trois paillassons différents avant d'avoir le droit de pénétrer dans la maison et s'emportait contre les domestiques si les armoires à linge n'étaient pas rangées avec une précision mathématique. Peut-être Strauss prenait-il un plaisir masochiste à être aussi impérieusement dominé, mais on notera que cinq de ses opéras tournent autour du thème de la fidélité, et on a dit qu'il avait eu une liaison avec une des chanteuses qui interpréta son œuvre *Salomé.* Le musicien était un faible qui se réjouit de la montée au pouvoir de Hitler, soutint les attaques de Goebbels contre Hindemith et Furtwängler, remplaça Bruno Walter en tant que chef d'orchestre, lorsque les nazis firent des ennuis à ce dernier, et remplaça aussi Toscanini lorsque ce dernier refusa de venir diriger en Allemagne. Il écrivit à Hitler pour s'excuser d'avoir collaboré avec l'écrivain juif Stefan Zweig qui lui avait écrit un livret. Pendant vingt-cinq années avant la féconde arrière-saison à laquelle nous devons une ultime floraison d'œuvres, Strauss ne composa pratiquement rien d'important. C'était un égocentrique qui se souciait surtout d'argent et de l'avancement de ses propres œuvres. Comme lui dit un jour Toscanini : « Pour Strauss le compositeur, je tire mon chapeau, mais pour Strauss l'homme, je le remets [17]. » L'auteur de *Salomé* et d'*Elektra,* œuvres pleines d'horreur, de violence et de sexualité pervertie, était un être faible et inhibé. Il ne faut donc pas s'étonner si ses dernières œuvres, malgré toute leur beauté, reflètent davantage des sentiments de nostalgie que de réconciliation ou d'intégration.

Henry James est un auteur dont la « troisième période » présente des caractéristiques particulièrement intéressantes. Le style de ses trois derniers romans, *Les Ambassadeurs, Les Ailes de la colombe* et *La Coupe d'or*, offre une complexité encore plus dense que celui de ses œuvres de jeunesse et de maturité. Du fait qu'ils furent dictés au lieu d'être manuscrits, la révision en fut plus aisée et l'auteur prit l'habitude de constantes remises en question. Peut-être devrions-nous nous réjouir du fait que les machines à traitement de texte n'eussent pas encore été inventées du vivant de James. En effet, son désir presque angoissé d'éviter la banalité donne parfois une prose touffue et difficile à comprendre. Le lecteur s'aperçoit qu'il est obligé de se concentrer plus intensément que n'ont coutume de le faire les amateurs de romans, s'il veut suivre les méandres et détours du récit tortueux de James.

Fait intéressant, cependant, l'écrivain, dans *Les Ambassadeurs*, montre la préoccupation envers les notions de schéma et d'ordre dont nous avons déjà noté qu'elle était caractéristique de la troisième période, combinée à une volonté de prêcher l'évangile de la vie pleinement vécue, volonté souvent associée, chez d'autres artistes, à des périodes antérieures de leur activité. Henry James avait cinquante-sept ans lorsqu'il écrivit le roman en question, le même âge que Beethoven à sa mort. L'auteur lui-même précisa que le noyau de l'ouvrage tenait aux propos qu'il avait mis dans la bouche de Lambert Strether au deuxième chapitre du cinquième livre.

> Vivez autant que vous le pourrez; c'est une erreur que de ne point le faire. Ce n'est pas tant ce que vous ferez en particulier qui importe, du moment que vous profitez de votre vie. Car si vous ne le faites pas, que vous restera-t-il [18]?

C'était pourtant un précepte que James lui-même avait singulièrement omis de suivre. Toutefois, en 1899, lors d'un séjour à Rome, il avait rencontré un jeune sculpteur américain, d'origine norvégienne, Hendrik Andersen. Il lui acheta un buste et lui soutira la promesse qu'il viendrait passer quelque temps chez lui, ce que le jeune homme fit ultérieurement pendant trois jours. Leon Edel souligne que James se rendit compte qu'il éprouvait pour Andersen des sentiments plus profonds qu'il n'en avait jamais éprouvé pour quiconque en dehors de sa propre famille. En outre, les lettres de l'écrivain au sculpteur contiennent beaucoup plus d'allusions à l'affection physique qu'on n'en relève dans la correspondance antérieure. Très inhibé sur le plan sexuel, Henry James avait « exalté, dans les rapports humains, l'intellectuel et l'émotionnel plutôt que le physique... Nous devons nous rappeler aussi, lorsqu'il s'agit de peser ces preuves délicates et ambiguës, que James avait jusque-là eu tendance à regarder le monde comme s'il s'était trouvé de l'autre côté d'une vitrine. Andersen semble l'avoir aidé à sortir de derrière cette paroi protectrice. Si nous nous laissons emporter par notre imagination, nous pouvons imaginer qu'il ouvrit James à l'univers sensoriel beaucoup plus qu'il ne l'avait été jusque-là; peut-être le contact des doigts puissants du sculpteur avait-il donné à James un sens de la proximité et de la chaleur physiques qu'il ne s'était jamais laissé aller à ressentir par le passé; et c'est cela que nous lisons dans ses lettres [19] ».

La dernière période de James est donc en porte-à-faux. Loin d'être moins en évidence à mesure qu'il prend de l'âge, l'élément physique s'impose brusquement à lui comme une partie valide, sinon rationnelle, de l'amour; chose qu'il n'avait pas su saisir auparavant et qui lui donne, à juste titre, l'impression d'avoir laissé échapper un des aspects importants de l'existence.

Bien que le thème principal des *Ambassadeurs* soit l'injonction de Strether : « Vivez autant que vous le pourrez », le roman se distingue aussi par son schéma symétrique. Lambert Strether, quinquagénaire refoulé, est expédié des États-Unis pour soustraire son jeune compatriote, Chad Newsome, à l'influence censément pernicieuse de la vie parisienne et plus particulièrement aux griffes de Mme de Vionnet. Cependant, après avoir fait la connaissance de celle-ci et avoir succombé lui-même à l'influence libératrice de l'Europe, Strether abandonne sa mission de saint-bernard et incite vivement le jeune homme à rester. Entre-temps, l'attitude de Chad s'est modifiée. Après avoir commencé par refuser de quitter la France, il adopte d'enthousiasme l'idée de regagner l'Amérique et de se lancer dans les affaires.

Ralf Norman, qui a étudié ce type de schéma dans l'œuvre de Henry James, désigne cette permutation par le terme d'« inversion chiasmatique » : « A change et devient tel qu'était B; tandis que B change de son côté pour devenir tel qu'était A [20]. » Le chiasma se réfère à un croisement, comme par exemple dans le cas du chiasma optique à la base du cerveau, dans lequel certaines fibres des bandelettes optiques se croisent pour rejoindre les fibres de l'œil controlatéral. Le roman qui précède les trois derniers, *La Fontaine sacrée*, fait appel à cette technique de façon si artificielle que je le trouve illisible. Dans le troisième de ses Carnets, à la date du 17 février 1894, James note deux idées que lui a suggérées Stopford Brooke. Voici ce qu'il écrit concernant la seconde :

> La notion du jeune homme qui épouse une femme plus âgée et qui a sur elle l'effet de la rendre de plus en plus jeune, alors que lui devient aussi âgé qu'elle l'était. Lorsqu'il atteint cet âge (celui qu'elle avait en se mariant), elle est remontée à l'âge qu'il avait lui. – Ne pourrait-on (peut-être) adapter la chose à l'idée de l'intelligence et de la bêtise? Une femme intelligente épouse un homme mortellement ennuyeux et perd progressivement tout son esprit à mesure que lui en a de plus en plus... [21].

Toutefois, cette façon d'établir des schémas ne débouche pas nécessairement sur l'artificiel. Le dernier roman de James, *La Coupe d'or,* l'un de ses plus beaux, est bâti, comme le fait remarquer Ralf Norman, sur une multiple inversion chiasmatique. Les quatre personnages principaux en sont un veuf américain, Adam Verver, sa fille Maggie, le prince Amerigo et Charlotte Stant. Maggie épouse le prince et persuade son père de convoler avec Charlotte, afin de compenser la perte subie par cette dernière. Cependant, les liens qui unissent le père et la fille sont si tenaces qu'ils continuent à passer beaucoup de temps ensemble, ce qui ranime une ancienne liaison entre Charlotte et le prince. C'est Maggie qui finit par mettre un terme à cette situation en expédiant son père et Charlotte en Amérique, tandis qu'elle reste en Europe avec son époux. Les quatre personnages se revoient, forment de nouveaux « couples », en reviennent aux anciens schémas (renforcés par ce qui est désormais un adultère) et se décident enfin en faveur des couples formés après leurs rencontres initiales.

Le plus extraordinaire, c'est que ce schéma qui pourrait paraître artificiel n'étouffe nullement les émotions humaines mises en jeu, comme il le fait, à mon humble avis, dans *La Fontaine sacrée.* La recherche esthétique de la symétrie y est tempérée par une authentique appréciation des passions humaines, et, comme le montre bien Edel, James pour la première fois envisage comme possible, et va même jusqu'à concrétiser un mariage entre l'ancien monde européen et le nouveau monde américain.

Henry James pourrait passer pour l'archétype de la personnalité ambiguë : plein de compassion et profondément préoccupé par les sentiments humains, mais pourtant, en même temps, toujours détaché d'eux. Pour en revenir à la classification souvent utilisée de Howard Gardner, James est à la fois un *dramatist* et un *patterner.*

A cause des sentiments qu'il éprouvait pour Andersen, à mesure qu'il prenait de l'âge, la conscience qu'il avait de l'aspect physique de l'amour s'exacerba au lieu de diminuer. Cette conscience eut pour effet de l'attrister en même temps qu'elle l'enrichissait. Je crois qu'elle rendit possible la synthèse entre des éléments opposés, qui transparaît dans *La Coupe d'or,* et qu'elle empêcha ce roman plein de richesse et d'audace d'être écrasé par les schémas esthétiques dont il était issu.

La Bête dans la jungle, écrit vers la fin de 1902, est le récit le plus puissant et le plus tragique que nous devons à la plume de James; il est aussi de toute évidence autobiographique, en ce qu'il exprime son amer regret pour tout ce qu'il avait laissé passer dans sa vie et sa honte d'avoir été si étroitement muré dans la prison de son propre égocentrisme qu'il n'avait pas osé s'adonner pleinement à l'amour.

On se rappellera que l'œuvre retrace l'histoire de John Marcher qui, toute sa vie, a été intimement convaincu qu'une expérience particulière et inhabituelle l'attendait, expérience qu'il imagine sous les traits d'une bête le traquant dans la jungle, n'attendant que l'occasion de bondir. Il a confié son secret à une femme, May Bartram. Lorsque, après dix ans, ils se revoient, elle lui rappelle ses confidences et lui demande s'il s'est passé quelque chose. Non, rien; et lorsqu'il continue en décrivant ce qu'il prévoit toujours, ce quelque chose qui va peut-être faire irruption dans sa vie, qui risque, pense-t-il, de l'anéantir ou de transformer radicalement son univers, May Bartram hasarde l'hypothèse que ce qu'il attend ainsi, mais ne parvient pas à décrire, n'est autre que ce que beaucoup de gens connaissent bien comme étant le danger de tomber amoureux. John Marcher repousse cette idée.

Durant les nombreuses années qui suivent, ils continuent à passer beaucoup de temps ensemble. Finalement,

May Bartram meurt. Marcher n'a pas su répondre à l'offre d'amour qu'elle lui a clairement faite jadis, n'a même pas su la reconnaître pour telle. Ce n'est qu'après sa disparition qu'il comprend que la bête dans la jungle a bondi à cet instant précis.

> Pour lui échapper, il aurait dû aimer May; car alors, alors seulement, il aurait vécu. May, elle, avait vécu – qui pourrait dire, désormais, avec quelle passion? – puisqu'elle l'avait aimé pour lui-même; alors que lui n'avait jamais songé à elle (ah, que tout cela lui crevait donc les yeux, à présent!) que dans la froideur de son égotisme et à la lumière des services qu'elle pouvait lui rendre [22].

Marcher, agenouillé sur la tombe de May Bartram,

> voyait, dans la vérité, dans la cruauté de son image, ce qui avait été écrit et fait. Il voyait la jungle de sa vie et la bête qui s'y trouvait tapie; et puis, tandis qu'il l'observait ainsi, il la voyait, comme par un remous de l'air ambiant, se dresser, énorme et assombrie – elle était toute proche; et, se détournant instinctivement dans son hallucination pour l'éviter, il se jeta face contre terre sur la tombe [23].

Dans une lettre à Hugh Walpole, James écrivit :

> Je ne crois pas regretter un seul des « excès » de ma jeunesse impressionnable, je regrette simplement dans ma froide vieillesse certaines occasions et possibilités que je n'ai *pas* saisies [24].

Les derniers romans de Henry James manifestent quelques-unes au moins des caractéristiques particulières aux ouvrages de la troisième période, dont nous avons parlé plus haut. Son style très élaboré ne fait aucune concession, si bien qu'il est juste de dire qu'il est moins directement concerné par la communication ou par la nécessité de charmer ou de convaincre le lecteur. Le schéma et l'ordre, bien qu'ils soient en évidence tout au long de son œuvre, sont présents de façon encore plus insistante dans *Les Ambassadeurs* et *La Coupe d'or*. James, cependant, n'est pas aussi préoccupé que certains des artistes mentionnés dans le présent chapitre par le besoin d'explorer des zones reculées de l'expérience, situées au-delà du personnel. Son acceptation tardive de l'élément physique de l'amour vient en fait enrichir son œuvre, à une époque de la vie où les créateurs qui, comme Bach, avaient pleinement connu cet aspect des choses semblent chercher à saisir quelque chose qui se trouve au-delà. Sous ce rapport, il réussit lui aussi à unifier des éléments disparates. Leon Edel a écrit :

> « Vivez autant que vous le pourrez » avait été au centre des *Ambassadeurs*; l'homme devait apprendre à vivre avec l'illusion de sa liberté. La vie sans amour n'était pas la vie – telle était la conclusion des *Ailes de la colombe*; et James, ayant trouvé l'amour, en était enfin venu à comprendre que l'art, non plus que la vie, ne pouvait être l'art sans amour. Il était devenu son propre sphinx; il résolvait ses propres énigmes [25].

12

« LE DÉSIR ET LA POURSUITE DU TOUT »

Nous sommes poussière, mais l'esprit immortel
Ressemble à l'harmonie dans la musique; un savoir-faire
Obscur et impénétrable sait accorder
Les éléments discordants et les pousser à s'unir
Au sein d'une unique société.

William WORDSWORTH

Dans *Le Banquet* de Platon, Aristophane prend sur lui d'initier ses amis au secret du pouvoir de l'amour. Il commence par rappeler le mythe selon lequel il existait au départ trois sexes : androgyne, mâle et femelle. Le mâle avait pour origine le soleil, la femelle, la terre et l'androgyne, la lune, qui participe à la fois du soleil et de la terre. Chaque être humain formait donc un tout sphérique, ayant quatre bras, quatre jambes, capable de marcher debout dans l'une ou l'autre direction, ou bien de courir en tournant sur lui-même à la façon d'une roue.

Ces ancêtres de l'homme étaient si arrogants, insolents et puissants qu'ils en vinrent à constituer une menace pour les dieux, lesquels se consultèrent pour décider du meilleur moyen de les dompter. Zeus décréta qu'il fallait les partager en deux, puis il fit en sorte que la reproduction eût lieu au moyen des rapports sexuels, plutôt que par l'ancienne méthode de l'émission sur le sol.

Cette bissection de la race humaine eut pour résultat de créer chez chacun des nouveaux demi-êtres un besoin irrépressible de se mettre en quête d'un partenaire avec qui il pourrait recréer le tout originel. Les êtres mâles et femelles cherchaient un partenaire du même sexe et les androgynes un partenaire du sexe opposé. « L'amour, concluait Aristophane, est tout simplement le nom que nous donnons à ce désir et à cette quête du tout [1]. »

Le mythe de Platon est très puissant. Tout au long des siècles, la notion selon laquelle nous atteignons à une plénitude et trouvons notre complément en fusionnant sexuellement avec une autre personne a été la principale source d'inspiration de la littérature romantique et le point culminant de milliers de romans. Il y a suffisamment de vérité dans ce mythe pour continuer d'affecter profondément la plupart d'entre nous. Chez les êtres jeunes, tout spécialement, l'union sexuelle avec une personne que l'on aime porte en elle, pour éphémère que soit ce sentiment, une impression de plénitude que bien peu d'autres expériences parviennent à égaler. Mais la sexualité n'est qu'une manière parmi bien d'autres de parvenir à une unité.

Freud, tout en continuant à considérer l'épanouissement sexuel comme la principale source de satisfaction dans la vie des hommes et des femmes et à penser que les problèmes névrotiques résultaient de blocages psychologiques empêchant d'accéder à la maturité sexuelle, conservait néanmoins quelques doutes sur la possibilité de parvenir à un complet épanouissement émotionnel. Dans un traité écrit relativement tôt dans sa carrière, il a écrit :

> Je suis intimement convaincu du fait que, pour étrange que cela puisse paraître, nous sommes obligés de prendre

> en compte la possibilité qu'il existe quelque chose dans la nature même de l'instinct sexuel qui est défavorable à la concrétisation d'une satisfaction totale [2].

En dépit de cela, et en dépit du fait que Freud, à l'époque, pensait que les réussites culturelles étaient le résultat d'une sublimation de certains aspects de la pulsion sexuelle qui ne parvenaient pas à s'exprimer directement, bridés qu'ils étaient par les restrictions de la vie civilisée, l'épanouissement sexuel continua à représenter un idéal tant pour Freud que pour ses adeptes.

Cependant, tomber amoureux va bien au-delà du désir ou de la réalité d'un accouplement sexuel. Tomber amoureux, pour la majorité des gens, est l'une des expériences émotionnelles les plus irrésistibles que l'on puisse connaître. Tant que cet état persiste, celui ou celle qui en fait l'expérience éprouve en général un sentiment d'unité confinant à l'extase, tant avec le monde extérieur qu'à l'intérieur de lui ou d'elle-même : un sentiment d'unité déclenché par la rencontre avec l'être aimé et qui continuera peut-être à dépendre de l'existence de ce dernier, mais qui n'exige pas nécessairement sa présence physique. Être amoureux passe généralement pour la forme la plus proche, la plus intime des relations interpersonnelles; pourtant, c'est un état d'esprit qui une fois mis en branle persistera un certain temps, indépendamment de toute rencontre avec l'être aimé. Le monde prend un visage riant et, même s'il ne s'agit de rien d'autre que d'une projection de la félicité intérieure du sujet, on peut estimer que dans un certain sens le sentiment que tout va pour le mieux dans le meilleur des mondes favorise effectivement une meilleure adaptation au monde en question. Tout le monde aime les amoureux et les amoureux aiment tout le monde.

Au chapitre 5, j'ai pris le parti anthropomorphique de présupposer que les créatures plus ou moins parfaitement adaptées à leur environnement pouvaient être considérées comme « heureuses ». Il me semble que les gens amoureux font eux aussi l'expérience du bonheur, car, pour un temps assez bref, ils ont le sentiment d'être parfaitement adaptés au monde qui les entoure, en même temps que celui de jouir d'une paix et d'une unité délicieuses à l'intérieur d'eux-mêmes. Tant que persiste l'état amoureux, il ne semble pas y avoir de décalage entre l'actualité et l'univers de l'imagination. La « faim de l'imagination » est momentanément apaisée. Il s'agit d'autre chose que d'un engouement sexuel. Les rapports sexuels peuvent certes être parfois des expériences extrêmement épanouissantes, apportant dans leur sillage une sensation de paisible détente, mais « être amoureux » est un état tout à fait différent. Il ne faut pas confondre extase et orgasme; or, être amoureux est un état d'esprit plus proche de l'extase que de l'orgasme. Comme l'a fait remarquer Margharita Laski, dans son livre *Ecstasy*, il n'y a que ceux qui ne savent pas ce qu'est une vie sexuelle normale qui utilisent des termes sexuels pour dépeindre l'extase [3].

Freud saisissait très certainement la différence entre l'épanouissement sexuel et le sentiment d'unité qui accompagne le fait d'être amoureux, mais il faisait l'apologie du premier et dénigrait le second. Au chapitre 3, j'ai fait brièvement référence à la discussion entre Freud et Romain Rolland à propos du « sentiment océanique ». On se rappellera que Freud décrivait le sentiment océanique comme « le sentiment d'un lien indissoluble, de ne faire qu'un avec le monde extérieur dans sa totalité [4] ». Il poursuit en comparant ce sentiment au fait d'être amoureux.

> A l'apogée du sentiment amoureux, la frontière entre l'ego et l'objet menace de se dissoudre. Contre l'évidence de tous ses sens, un homme amoureux déclare que « je »

et « tu » ne font plus qu'un et il est prêt à se comporter comme si la chose était un fait avéré [5].

J'ai laissé entendre que Freud avait raison de discerner une similitude entre le sentiment d'unité avec l'univers et celui d'unité avec l'être aimé, mais tort de traiter ces expériences par le dédain en n'y voyant que des illusions régressives.

Les sentiments de parfaite harmonie avec l'univers, ou avec une autre personne, et de parfaite harmonie au-dedans de soi sont intimement liés; à vrai dire, je crois même qu'ils constituent essentiellement un seul et unique phénomène. Toutes sortes d'événements différents peuvent les déclencher. Margharita Laski a mis sur sa liste « la nature, l'art, la religion, la passion sexuelle, l'accouchement, le savoir, le travail de création, certaines formes d'exercice physique [6] » comme étant les plus courants. La façon dont il décrit l'impression de ne faire qu'un avec l'univers, laissée par l'amiral Byrd et que nous avons citée, est un exemple type d'un tel sentiment déclenché par la solitude, le silence et la majesté de l'Antarctique. Les expériences de cet ordre peuvent d'ailleurs survenir spontanément en cas de solitude, sans l'aide d'un stimulus extérieur. Ces expériences transcendantales sont étroitement liées à certains aspects du processus créateur; au fait d'être brusquement en mesure de donner un sens à ce qui paraissait auparavant impénétrable, ou d'atteindre à une nouvelle unité en rattachant des concepts qui avaient jusque-là paru tout à fait distincts.

Le mythe de Platon est un compte rendu exact de la condition humaine, en ce qu'il dépeint l'homme comme une créature incomplète, constamment à la recherche d'une plénitude ou d'une unité; il se contente, cependant, de décrire l'unité en termes de rapports sexuels. Or, en réalité, les expériences transcendantales dans lesquelles tout semble brusquement s'ordonner ou donner un sens à la vie peuvent même être déclenchées par une matière aussi impersonnelle que les mathématiques. Bertrand Russel a évoqué un tel moment.

> A l'âge de onze ans, j'ai commencé Euclide, avec mon frère comme précepteur. Ce fut l'un des grands événements de ma vie, aussi éblouissant qu'un premier amour. Jamais je n'avais imaginé qu'il existât au monde quelque chose d'aussi délicieux [7].

Einstein lui aussi fut transporté par Euclide à l'âge de douze ans, lorsqu'il reçut, au début de l'année scolaire, un livre exposant la géométrie plane du grand mathématicien.

On trouve un bon exemple du sentiment océanique déclenché par une découverte scientifique dans l'un des premiers romans de C.P. Snow. Margharita Laski reprend ce même exemple dans *Ecstasy* et insiste sur le fait que même si l'expérience orgasmique partage certains des traits de l'expérience extatique, ceux-ci ne sont pas du même ordre. Dans le roman de Snow, manifestement autobiographique, le jeune savant vient de recevoir la confirmation que des calculs difficiles qu'il était en train de faire sur la structure atomique se sont révélés corrects.

> Je fus alors transporté au-delà du plaisir. Je me suis efforcé de montrer une partie des moments suprêmes que m'a offerts la science; le soir où mon père m'avait parlé des étoiles, les leçons de Luard, le premier cours d'Austin, le terme de mes premières recherches. Mais aujourd'hui c'était différent de tout cela, radicalement différent, un sentiment d'une autre espèce. C'était plus éloigné de moi. Certes mon triomphe, mon ravissement, ma réussite étaient là, mais ils paraissaient insignifiants en comparaison de cette tranquille extase. Il me semblait

> que j'avais cherché une vérité à l'extérieur de moi et que le fait de la trouver était devenu momentanément une partie de cette vérité; que le monde entier, les atomes et les étoiles étaient merveilleusement clairs et proches de moi et moi d'eux, en sorte que nous faisions partie d'une lucidité plus formidable que n'importe quel mystère.
>
> Je ne savais pas qu'il pouvait exister de tels moments. Peut-être avais-je saisi un peu de leur qualité dans l'enchantement que j'éprouvais lorsque je faisais plaisir à Audrey, étant moi-même satisfait; ou dans les occasions entre amis, où pendant un rare instant, deux fois peut-être dans toute ma vie, je m'étais fondu dans un but commun; mais ces moments avaient, si l'on peut dire, l'aspect de l'expérience sans l'expérience proprement dite.
>
> Depuis, je n'ai jamais tout à fait retrouvé ce sentiment. Mais l'un de ses effets me restera aussi longtemps que je vivrai; jadis, quand j'étais tout jeune, je me moquais des mystiques qui ont décrit l'expérience de ne faire qu'un avec Dieu et de faire partie de l'unité des choses. Après la journée en question, je n'eus plus jamais envie d'en rire; car, même si pour ma part j'interpréterais la chose différemment, je crois savoir ce qu'ils voulaient dire [x].

Freud ne voyait dans le sentiment océanique qu'une illusion fondée sur la régression vers un état d'esprit infantile. La notion qu'une sorte d'union ou de « plénitude » qui ne prît pas racine dans le corps humain pouvait être une expérience valide et vitale, un idéal auquel les hommes aspirassent, lui aurait paru être une façon de se soustraire à la dure réalité de la nature physique de l'homme. Freud fut toujours enclin à repousser comme irréalistes les expériences psychologiques que l'on ne pouvait pas aisément faire remonter, ou rattacher d'une façon quelconque, au corps humain. C'est une limitation dans sa pensée que nous avons déjà rencontrée, lorsque nous avons évoqué son attitude envers les fantasmes.

Lorsque la psychanalyse fut mise au point comme moyen de traiter des malades mentaux, Freud déconseilla d'accepter des patients ayant dépassé la cinquantaine, sous prétexte que, dans la plupart des cas, l'élasticité des processus mentaux nécessaires au changement avait disparu. Du fait que la technique psychanalytique exigeait une scrupuleuse reconstruction du passé, Freud estimait en outre que la masse de données qui se serait accumulée durant cinquante années de vie ou plus prolongerait interminablement le traitement. Bien que les psychanalystes modernes soignent souvent des patients d'âge mûr, les efforts de l'analyste portent principalement sur la compréhension de l'enfance, de la jeunesse et de la façon dont l'individu s'est émancipé des liens émotionnels le rattachant à ses parents. Cette période de la vie est aussi celle où les pulsions sexuelles sont les plus urgentes et où la solution des problèmes sexuels s'avère la plus gratifiante.

Cependant, malgré toute la sincérité avec laquelle on peut souscrire à l'idée évolutionnaire que la première tâche biologique de l'homme est de se reproduire, le fait même que la durée de notre vie se prolonge bien au-delà de la période durant laquelle, du moins pour les femmes, la reproduction est possible incite à se demander si l'acte nécessaire à la reproduction mérite entièrement la place d'honneur qu'on lui a réservée. Ce que Jung appelle « la seconde moitié de la vie » ne doit-elle pas avoir un autre sens, un autre but?

Ce fut d'ailleurs à Jung et à ses adeptes qu'il appartint de se pencher sur les problèmes de l'âge mûr. La principale contribution de Jung à la psychologie et à la psychothérapie se situe dans le domaine du développement adulte. Il s'intéressa relativement peu à l'enfance, persuadé que, face à des manifestations de troubles névrotiques chez des enfants, c'était dans la psychologie de leurs parents plutôt que dans la leur qu'il fallait chercher la réponse.

L'intérêt de Jung pour les problèmes du développement adulte naquit de la crise qu'il traversa lui-même entre 1913 et la fin de la Première Guerre mondiale. Nous avons fait allusion à cette douloureuse période. En juillet 1913, Jung atteignit l'âge de trente-huit ans. A cette époque, il était marié, père de famille et s'était forgé une réputation mondiale dans le domaine psychiatrique. Il avait nourri l'espoir de pouvoir développer, en collaboration avec Freud, une nouvelle science de l'esprit. Toutefois, une force intérieure le poussait, contre sa propre inclination, à développer son point de vue personnel. Le premier fruit de ses réflexions fut le livre intitulé *La Psychologie de l'inconscient*, publié en 1912. Dans son autobiographie, Jung révèle que pendant deux mois entiers il se sentit incapable d'écrire les derniers chapitres, parce qu'il savait que Freud considérerait ses divergences comme une trahison. On peut retracer dans la correspondance entre les deux pionniers la triste histoire de la rupture qui s'ensuivit.

Jung fut le premier psychiatre à attirer l'attention sur ce que l'on appelle aujourd'hui familièrement « la crise de l'âge mûr ». Sa propre détresse le contraignit à une longue période d'auto-analyse, durant laquelle il nota ses propres visions et rêves, dont beaucoup présentaient des caractères de menace fort alarmants. Cependant, à partir de ce passage dangereux, Jung se forgea une optique personnelle. Il écrivit :

> Les années où j'étais occupé à poursuivre mes propres images intérieures furent les plus importantes de ma vie – celles où tout ce qui était essentiel fut décidé [9].

L'auto-analyse de Jung le convainquit du fait que, si la tâche de l'individu jeune était avant tout de s'émanciper de sa famille d'origine, de s'établir dans le monde et de fonder à son tour une nouvelle famille, celle de l'individu mûr était de découvrir et d'exprimer ce qu'il avait d'unique en tant qu'individu. Jung définissait la personnalité comme « la réalisation suprême de l'idiosyncrasie innée d'un être vivant [10] ».

Cette quête n'était pas avant tout égotiste, puisque, selon l'optique de Jung, l'essence de l'individualité ne pouvait s'exprimer que lorsque la personne concernée reconnaissait à l'intérieur de son psychisme la direction d'une force qui ne venait pas de lui. Arrivés au milieu de leur existence, les hommes étaient la proie de névroses, parce qu'ils avaient été, dans un certain sens, déloyaux envers eux-mêmes et s'étaient trop écartés du chemin que la nature les avait destinés à suivre. En écoutant avec une scrupuleuse attention la voix intérieure du psychisme, qui se manifestait dans les rêves, les fantasmes et autres dérivés de l'inconscient, l'âme égarée pouvait redécouvrir le bon chemin, comme Jung lui-même était parvenu à le faire. L'attitude exigée du patient est donc en réalité religieuse, même si la foi en un Dieu personnel ou l'adhésion à une croyance religieuse reconnue ne font pas partie de l'entreprise.

Jung lui-même découvrit dès l'enfance qu'il ne pouvait plus adhérer à la foi protestante dans laquelle son père, pasteur de l'Église réformée de Suisse, l'avait élevé. On pourrait faire valoir que toute l'œuvre ultérieure de Jung représente de sa part une tentative de remplacer cette foi perdue. Une telle hypothèse peut être intéressante, mais, en définitive, elle n'a aucune importance. Que les idées de Jung aient eu ou non pour origine un conflit personnel ne contribue en aucune façon à les confirmer ou à les invalider. Comme il l'a dit lui-même, dans une de ses plus fameuses déclarations :

> Parmi tous mes patients ayant atteint la seconde moitié de leur vie – c'est-à-dire ayant passé l'âge de trente-cinq ans – il n'y en a pas eu un seul dont le problème, en dernier ressort, n'a pas été de découvrir une façon religieuse d'envisager l'existence... Cela n'a, bien entendu, strictement rien à voir avec une croyance particulière ou une appartenance à une Église quelconque [11].

Parce que Freud n'a vu dans la religion qu'une illusion, les analystes de l'école freudienne ont eu tendance à prendre les déclarations de ce genre comme des preuves de l'obscurantisme fieffé de Jung. Toutefois, comme l'a fait remarquer le freudien Charles Rycroft,

> il ne semblerait pas y avoir d'incompatibilité nécessaire entre la psychanalyse et les formulations religieuses qui situent Dieu à l'intérieur du soi. On pourrait d'ailleurs faire valoir que le Ça de Freud (et *a fortiori* le Ça de Groddeck), la force intérieure impersonnelle qui est le noyau de chacun, mais qui n'est pourtant pas chacun et de laquelle on s'aliène lorsqu'on est malade, est une formulation laïque de la vision intérieure qui pousse les personnes religieuses à croire en un Dieu immanent [12].

Jung en vint à se spécialiser dans le traitement des personnes d'âge mûr.

> La matière clinique dont je dispose est d'une composition particulière : les cas nouveaux sont nettement minoritaires. La plupart ont déjà derrière eux une forme quelconque de traitement psychothérapique, avec des résultats partiels ou négatifs. Un tiers environ des cas dont je m'occupe ne souffrent pas d'une névrose cliniquement définissable, mais d'une absence de signification et de but dans l'existence. Je ne soulèverais aucune objection si l'on devait appeler ce phénomène la névrose générale de notre époque. Deux bons tiers de mes patients sont dans la seconde moitié de leur vie. Ce matériau

> particulier présente une résistance spéciale aux méthodes rationnelles de traitement, sans doute parce que la plupart de mes patients sont des individus bien adaptés sur le plan social, souvent doués de talents exceptionnels, pour lesquels la normalisation ne veut rien dire [13].

Jung appela la voie de l'autodéveloppement dans laquelle s'engagèrent, sous son égide, les individus de ce type « le processus d'individuation ». Ce dernier tend vers un but appelé « la plénitude » ou « l'intégration » : c'est un état dans lequel les différents éléments du psychisme, tant conscients qu'inconscients, se fondent ensemble dans une nouvelle unité. Wordsworth dépeint exactement le même processus dans les vers de *The Prelude,* qui forment l'épigraphe du présent chapitre. La personne qui approche de ce but, que l'on ne peut entièrement atteindre, ni une fois pour toutes, possède ce que Jung appelait

> une attitude qui va au-delà de la portée des complications émotionnelles et des chocs violents – une conscience détachée du monde [14].

Cette nouvelle intégration est une affaire essentiellement interne; un changement d'attitude prenant place dans le psychisme de l'individu, favorisé par l'analyste, mais qui ne survient pas avant tout en raison d'une transformation des rapports entre le patient et l'analyste, de la façon que nous avons évoquée un peu plus tôt, lorsqu'il a été question d'une psychothérapie fondée sur la théorie de la « relation d'objet ». Au contraire même, lorsque les patients les plus avancés de Jung étaient embarqués dans le processus d'individuation, il les encourageait à poursuivre leur quête tout seuls, comme il l'avait fait lui-même, et à ne lui présenter le contenu de leurs rêves et de leurs visions que lorsqu'ils avaient besoin de ses commentaires spécialisés ou quand le contenu en question leur paraissait particulièrement obscur.

Jung incitait ses patients à réserver une partie de leur journée à ce que l'on en vint à appeler « l'imagination active ». Il s'agit d'un état de rêverie, dans lequel le jugement est suspendu, mais où l'on reste conscient. On demande au sujet de noter les fantasmes qui lui viennent à l'esprit, puis de laisser ces fantasmes suivre leur cours sans intervention consciente. De cette façon, le sujet sera peut-être à même de redécouvrir des parties cachées de lui-même et aussi de faire le tableau du voyage psychologique qu'il est sur le point d'entreprendre.

A l'époque où je pratiquais moi-même la psychothérapie, il m'arrivait d'adopter une méthode issue de cette technique auprès de patients d'âge mûr souffrant de dépression. Il s'agit souvent de personnes qui, en raison des exigences de leur vie professionnelle et familiale, ont négligé ou abandonné des passe-temps et des intérêts qui, à une époque antérieure, donnaient à leur vie une signification et une joie de vivre. Si l'on encourage le patient à se rappeler ce qui lui fournissait une raison de vivre dans son adolescence, il commencera à redécouvrir des aspects négligés de lui-même et se remettra peut-être à la musique ou à la peinture ou à quelque autre activité culturelle ou intellectuelle qui le passionnait naguère, mais que les pressions de la vie quotidienne l'avaient poussé à abandonner.

Si l'on persiste à faire appel à l'imagination active, on débouchera non seulement sur une redécouverte de certains aspects de la personnalité, récemment négligés, mais aussi sur un changement d'attitude grâce auquel le sujet en vient à comprendre que son propre ego ou sa volonté ne priment plus et qu'il lui faut reconnaître sa dépendance vis-à-vis d'un facteur d'intégration qui lui est extérieur. Jung a écrit :

> Si l'on peut reconnaître que l'inconscient est un facteur codéterminant, aux côtés de la conscience, et si l'on parvient à vivre de telle façon que les exigences conscientes et inconscientes sont prises en considération dans la mesure du possible, alors le centre de gravité de la personnalité complète se déplace. Il ne se trouve plus désormais dans l'ego, qui est simplement le centre de la conscience, mais dans le point hypothétique situé entre le conscient et l'inconscient. Ce nouveau centre, on pourrait l'appeler le Soi [15].

Pour Jung, atteindre ce point c'est parvenir à une paix de l'esprit, après une lutte qui aura pu être longue et stérile. Il note :

> Si vous résumez ce que les gens vous disent de leurs expériences, vous pouvez formuler la chose ainsi : Ils sont revenus à eux, ils ont pu s'accepter, ils sont parvenus à se réconcilier avec eux-mêmes et par là même à accepter les circonstances et événements défavorables. C'est presque ce que l'on avait l'habitude d'exprimer en disant : Il a fait sa paix avec Dieu, il a sacrifié sa propre volonté, il s'est soumis à la volonté de Dieu [16].

Il ne s'agit pas d'une guérison par intuition, ou par la création de rapports nouveaux et meilleurs avec autrui, ou même par la solution d'un problème particulier, mais d'une guérison effectuée grâce à un changement intérieur d'attitude.

Jung cite la lettre d'un ancien patient, qui illustre le changement auquel il fait allusion.

> Du mal est sorti beaucoup de bien. En restant tranquille, en ne réprimant rien, en demeurant attentif et en acceptant la réalité – en prenant les choses comme elles sont et non comme je voulais qu'elles fussent – en faisant tout cela, j'ai acquis un savoir inhabituel et des pouvoirs qui le sont tout autant, tels que jamais je n'aurais pu

imaginer auparavant. J'ai toujours pensé que quand nous acceptions les choses, elles nous terrassaient d'une façon ou d'une autre. Or, cela se révèle tout à fait faux et ce n'est qu'en acceptant les choses que l'on peut adopter une attitude vis-à-vis d'elles. Alors, maintenant, j'ai l'intention de jouer le jeu de la vie, d'être réceptif à tout ce qui pourra se présenter à moi, bon ou mauvais, soleil et ombre alternant à tout jamais, et, de cette façon, d'accepter aussi ma propre nature avec ses aspects positifs et négatifs. Ainsi tout devient pour moi plus vivant. Quel sot j'ai été! Comme je me suis efforcé de tout contraindre à se dérouler comme je croyais que cela devait se faire [17]!

William James a décrit un phénomène très semblable :

Le passage de la tension, de l'auto-responsabilité, du tracas à la tranquillité, la réceptivité et la paix sont le plus merveilleux de tous ces glissements de l'équilibre intérieur, ces changements du centre personnel d'énergie, que j'ai si souvent analysés; et ce qu'il y a de plus étonnant c'est qu'ils surviennent si souvent non pas quand on agit, mais quand on se détend et qu'on dépose son fardeau [18].

L'état d'esprit que décrivent ces trois extraits est de toute évidence plus qu'une résignation constructive, même s'il n'est pas identique à l'intensité des états extatiques qui se déclenchent brutalement et sont d'habitude brefs. William James a aussi écrit :

Les états mystiques ne peuvent être longtemps soutenus. Sauf dans des cas très rares, une demi-heure, ou une heure ou deux tout au plus, semble être la limite au-delà de laquelle ils pâlissent devant la lumière du jour ordinaire. Bien souvent, une fois estompés, leur qualité n'est qu'imparfaitement reproduite dans le souvenir; mais lorsqu'ils reviennent, elle est reconnue; et

> d'une réapparition à la suivante, elle est susceptible d'un développement continu dans ce que l'on ressent comme une richesse et une importance intérieures [19].

Le point terminal de l'individuation partage avec les états extatiques une nouvelle unité intérieure, que Jung décrit comme une nouvelle réciprocité entre le conscient et l'inconscient. Le sentiment de paix, de réconciliation avec la vie, de participation à un tout qui vous dépasse est extrêmement semblable. Le concept jungien d'un sujet acceptant de dépendre d'un facteur intégrateur qui se trouve au-dedans de lui, mais qui n'est pas l'ego, peut être mis en parallèle avec l'attitude plus passive qui consiste à « servir Dieu » et que l'on retrouve si souvent dans les récits des mystiques religieux.

Dans son chapitre intitulé « Le soi divisé », William James considère le processus d'unification.

> Il peut venir progressivement ou arriver brusquement; il peut apparaître à travers des sentiments altérés ou des pouvoirs d'action modifiés; ou bien se manifester par le biais de nouvelles intuitions intellectuelles, ou d'expériences que nous désignerons ultérieurement comme « mystiques ». De quelque façon que ce soit, il apporte une espèce de soulagement caractéristique; et jamais celui-ci n'est aussi extrême que lorsqu'il est façonné dans le moule religieux... Mais trouver la religion n'est qu'une des nombreuses façons de parvenir à l'unité; et le processus par lequel on remédie à un manque intérieur et on réduit une discorde intérieure est un processus psychologique général qui peut avoir lieu avec toutes sortes de matériaux mentaux et ne prendra pas nécessairement la forme religieuse [20].

Que ces expériences d'unification surviennent brusquement ou progressivement, elles font si forte impression qu'elles semblent généralement laisser des effets permanents sur l'esprit. Toutefois, il serait naïf de supposer que les gens qui parviennent à cet état de paix le conservent sans interruption et à tout jamais. Nous avons noté l'association des états d'esprit extatiques avec la mort. Si la vie doit continuer, on ne peut s'attarder indéfiniment dans un état de tranquillité océanique. L'un des principaux thèmes du présent ouvrage a été que l'adaptation de l'homme au monde provient, paradoxalement, du fait qu'il n'est *pas* parfaitement adapté à son environnement, qu'il n'est *pas* dans un état d'équilibre psychologique. Le sentiment extatique de plénitude ne saurait être que transitoire, parce qu'il n'a aucune part dans le schéma global de « l'adaptation à travers l'inadaptation », caractéristique de notre espèce. La béatitude béotienne ne saurait mener à l'invention : la faim de l'imagination, le désir et la poursuite du tout sont issus du fait que l'homme se rend compte qu'il lui manque quelque chose, qu'il a conscience de sa nature incomplète.

Le concept jungien d'intégration n'est pas, à vrai dire, celui d'une condition mentale statique, même s'il arrive parfois qu'on l'interprète ainsi, à tort. Dans la conception jungienne, le développement de la personnalité vers l'intégration et la bonne santé mentale est un idéal qui n'est jamais tout à fait atteint, ou qui, s'il l'est momentanément, sera forcément dépassé plus tard. Jung pensait que parvenir à un développement optimal de la personnalité était la tâche de toute une vie et que l'on ne pourrait jamais l'achever; un voyage entrepris avec espoir, vers une destination où l'on n'arrivait jamais.

> La nouvelle attitude acquise en cours d'analyse tend à devenir tôt ou tard insuffisante, d'une façon ou d'une autre, et cela est inévitable, parce que le déroulement de l'existence exige encore et toujours une nouvelle adaptation. L'adaptation n'est jamais réussie une fois

pour toutes... En dernier ressort, il est fort improbable qu'il puisse jamais y avoir une thérapie capable de résoudre toutes les difficultés. L'homme a besoin de difficultés; elles sont nécessaires à la santé. Ce qui nous intéresse ici n'est qu'une quantité excessive de difficultés [21].

La voie de l'individuation et les changements d'attitude qui prennent place peuvent être étroitement apparentés à des récits du processus créateur qu'ont laissés des hommes et femmes de génie. Primo, l'état mental durant lequel de nouvelles idées naissent et où l'inspiration surgit est exactement celui que Jung recommandait à ses patients et qu'il appelait « l'imagination active ». Même si, quelquefois, le germe d'une nouvelle composition ou hypothèse vous vient dans le sommeil, il arrive beaucoup plus souvent que les idées nouvelles se présentent au cours d'un état de rêverie, intermédiaire entre la veille et le sommeil. Des poètes comme Yeats et Wordsworth déclarent parfois qu'il s'agit d'un état où l'on est à la fois endormi et éveillé. C'est un état d'esprit au cours duquel on laisse les idées et les images apparaître et suivre leur cours spontanément, mais au cours duquel, néanmoins, le sujet est suffisamment éveillé et conscient pour observer et noter leur progression. Aussi bien le patient se livrant à « l'imagination active » que le créateur en quête d'inspiration ont besoin de savoir être passifs, de laisser les choses survenir dans leur esprit.

Beaucoup d'écrivains ont remarqué que les personnages qu'ils avaient créés semblaient acquérir une vie indépendante, ou bien que leur plume paraissait parfois guidée par un agent extérieur indépendant de leur volonté. Thackeray, par exemple, a noté :

> J'ai été surpris par les observations qu'ont faites certains de mes personnages. On aurait dit qu'une puissance occulte faisait avancer la plume. Le personnage fait ou

> dit quelque chose et je me demande : Où diable va-t-il chercher ça [22]?

George Eliot a confié à J.W. Cross

> que, dans tout ce qu'elle considérait comme ses meilleurs écrits, il y avait un « autre qu'elle » qui prenait possession de sa personne et qu'elle avait l'impression que sa propre personnalité n'était que l'instrument au moyen duquel cet esprit, si l'on peut dire, agissait [23].

Nietzsche a écrit de son *Ainsi parlait Zarathoustra* :

> Y a-t-il quelqu'un à la fin du XIXe siècle qui ait une conception distincte de ce que les poètes des âges forts appelaient *l'inspiration*? Sinon, je vais la décrire. – S'il nous restait encore le moindre résidu de superstition, il ne nous serait guère possible d'écarter l'idée que nous sommes simplement l'incarnation, le porte-parole, le médium de forces écrasantes [24].

Secundo, la créativité consiste d'ordinaire à former de nouveaux liens entre des entités précédemment disparates, c'est l'union d'éléments opposés qu'a décrite Jung. Ce processus de liaison est évident dans la créativité scientifique, où une nouvelle hypothèse vient concilier ou remplacer des idées que l'on croyait auparavant incompatibles. Kepler avait été capable de décrire les mouvements des planètes autour du soleil; Galilée les mouvements des corps sur la terre. Jusqu'à Newton, les ensembles de lois régissant ces deux types de mouvements avaient été considérés comme tout à fait distincts. Mais la théorie de Newton selon laquelle la pesanteur agissait à très grande distance lui permit de combiner les découvertes de Kepler et celles de Galilée de telle façon qu'il devint évident que les mouvements des corps célestes et terrestres obéissaient aux mêmes lois universelles.

On peut aussi accomplir cette union des contraires dans les arts visuels et la musique. L'impact esthétique d'un tableau dépend d'ordinaire de l'habileté avec laquelle le peintre a équilibré et combiné des formes et des couleurs contrastées. Dans le domaine musical, la forme sonate consiste d'ordinaire en une exposition, énonçant deux thèmes distincts, les premier et second sujets, lesquels sont ensuite juxtaposés et combinés de toutes sortes de façons dans le développement. Le plaisir que nous prenons à ce genre de musique est lié au savoir-faire avec lequel le compositeur crée une unité nouvelle à partir de thèmes qui paraissaient au départ tout à fait différents.

Tertio, le processus créateur se poursuit tout au long de la vie. Jamais un créateur n'est entièrement satisfait de ce qu'il a fait. De nouveaux problèmes surviennent constamment, qui l'obligent à chercher de nouvelles solutions. Les œuvres achevées ne sont que des haltes sur le chemin; les étapes d'un voyage qui, comme dans l'image proposée par Jung pour le développement de la personnalité, ne finit jamais. A vrai dire, les œuvres d'un artiste sont les signes extérieurs et visibles de son développement intérieur, en tant qu'être humain. Nous avons déjà évoqué certains des changements qui tendent à se produire à mesure qu'un créateur prend de l'âge.

Quarto, le processus créateur et le processus d'individuation sont l'un et l'autre des phénomènes qui prennent place en grande partie dans la solitude. En dépit de sa description du processus d'individuation, dérivée de ce qu'il observait chez des patients en analyse et donc soumis à son regard scrutateur et ayant avec lui certains rapports, Jung considérait l'individuation comme une voie naturelle du développement psychologique, qui se déroulait indépendamment de l'influence de l'analyste.

D'ailleurs, comme je l'ai déjà noté, Jung prenait soin de rendre ses patients « les plus avancés » aussi indépendants que possible vis-à-vis de lui et les encourageait à suivre tout seuls leur propre chemin dans la découverte psychologique, n'intervenant que lorsque les données fournies étaient particulièrement difficiles à comprendre.

L'esprit humain semble être ainsi fait que la découverte ou la perception de l'ordre ou de l'unité dans le monde extérieur est reflétée, transférée et ressentie comme s'il s'agissait d'une découverte d'un nouvel ordre et d'un nouvel équilibre dans le monde intérieur du psychisme. L'hypothèse peut paraître improbable, mais l'appréciation esthétique, de même que la création d'œuvres d'art, en dépendent. La citation de C.P. Snow proposée plus haut illustre de fort belle façon comment une nouvelle découverte scientifique, une nouvelle vérité « à l'extérieur », devient quelque chose auquel le scientifique s'identifie et qui est de ce fait aussi ressenti comme « intérieur ». Les événements extérieurs et l'expérience intérieure agissent les uns sur l'autre; ce qui explique pourquoi le fait de voir des couleurs et des masses parfaitement équilibrées dans un tableau, ou d'entendre l'intégration de thèmes contrastés dans un morceau de musique, donne au spectateur ou à l'auditeur l'impression merveilleuse d'une unité nouvelle, comme si elle existait à l'intérieur de son propre psychisme. De même, le processus qui consiste à réduire la discorde intérieure et à atteindre un certain degré d'unification à l'intérieur du psychisme a un effet positif sur la façon dont le sujet perçoit le monde extérieur et sur les rapports qu'il a avec lui.

En dehors de Jung, le seul psychologue qui ait prêté un peu d'attention aux expériences d'unité ou à leur effet curatif est Abraham Maslow, qui a longuement écrit sur ce qu'il appelle « les expériences transcendantales ». A son avis, la capacité de faire de telles expériences est un signe de bonne santé psychique; un attribut de la personne qui « s'auto-actualise ».

> J'ai le sentiment que le concept de la créativité et celui de la personne saine, pleinement humaine, qui s'auto-actualise semblent se rapprocher de plus en plus et pourraient bien, en définitive, être la même chose [25].

Maslow poursuit son examen de l'attitude créatrice en faisant observer que

> la personne créatrice, dans la phase inspirationnelle de la furie créatrice, perd son passé et son avenir et ne vit qu'au présent, dans la situation courante, dans le maintenant-et-ici, avec l'affaire en cours... Cette faculté de « se perdre dans le présent » semble être une condition *sine qua non* de toute créativité. Mais en même temps, certaines des *conditions préalables* à la créativité – dans n'importe quel domaine – ont d'une façon quelconque quelque chose à voir avec cette capacité de devenir intemporel, impersonnel, en dehors de l'espace, de la société, de l'histoire. Il commence à devenir très évident que ce phénomène est une version diluée, plus séculière, plus fréquente de l'expérience mystique si souvent décrite qu'elle en est devenue ce que Huxley a appelé *The Perennial Philosophy (La Philosophie impérissable)* [26].

Qui plus est, Maslow se rend compte que l'attitude créatrice et la faculté d'avoir des expériences transcendantales dépendent de la possibilité d'être libéré d'autrui, délivré surtout de complications névrotiques, de « résidus historiques issus de l'enfance », libre aussi de tous obligations, devoirs, craintes et espoirs.

> Nous devenons beaucoup plus libres des autres, ce qui signifie par contrecoup que nous devenons beaucoup plus nous-mêmes, fidèles à notre moi réel (Horney), notre Moi authentique, notre véritable identité [27].

L'attitude de Maslow est donc très différente de celle des théoriciens de la relation d'objet qui ont tendance à partir du principe que le sens de la vie est invariablement lié aux relations interpersonnelles.

Le présent ouvrage a commencé par l'observation que de nombreux grands créateurs étaient avant tout des solitaires, mais qu'il était absurde de supposer qu'ils étaient, pour cette raison, nécessairement malheureux ou névrosés. Bien que l'homme soit un être social, qui a très certainement besoin d'une interaction avec ses semblables, il y a des variations considérables dans la profondeur des rapports que les hommes nouent les uns avec les autres. Tous les êtres humains ont besoin de centres d'intérêt autant que de rapports; tous sont programmés pour l'impersonnel autant que pour le personnel. Les événements de la petite enfance, les talents et les capacités innés, les différences de tempérament et toute une pléiade d'autres facteurs peuvent agir sur le fait qu'un individu se tournera principalement vers les autres ou vers la solitude pour trouver le sens de sa vie.

La faculté de rester seul s'est trouvée éclipsée en tant que précieuse ressource facilitant l'apprentissage, la réflexion, l'innovation, l'adaptation aux changements et le maintien d'un contact avec le monde intérieur de l'imagination. Nous avons vu que même chez ceux dont les capacités à former des relations intimes avaient été endommagées, le développement de l'imagination créatrice pouvait jouer un rôle curatif. Nous avons aussi donné des exemples de créateurs dont le principal souci était de trouver un sens et un ordre à la vie plutôt que de nouer des rapports avec leurs semblables; il s'agissait d'un intérêt pour l'impersonnel qui, nous l'avons vu, a tendance à s'accentuer à mesure qu'on prend de l'âge. L'adaptation de l'homme au monde extérieur est en grande partie régie par le développement de l'imagination et, partant, d'un univers intérieur du psychisme, lequel est nécessairement en désaccord avec le monde extérieur. Le bonheur parfait, le sentiment océanique d'une harmonie totale entre les univers interne et externe n'est possible que de façon passagère. L'homme est constamment en quête de bonheur, mais, de par sa nature même, incapable de le trouver de façon définitive, tant dans les relations interpersonnelles que dans les entreprises créatrices. Tout au long de l'ouvrage, nous avons noté que certaines des expériences psychologiques les plus profondes et les plus bénéfiques que peuvent connaître les hommes ont lieu à l'intérieur d'eux-mêmes et ne sont apparentées que de très loin, à supposer qu'elles le soient, à l'interaction avec les autres hommes.

Les vies les plus heureuses sont sans doute celles dans lesquelles ni les rapports interpersonnels ni les intérêts impersonnels ne sont idéalisés comme constituant le seul chemin vers le salut. « Le désir et la poursuite du tout » doivent englober les deux aspects de la nature humaine.

L'épigraphe du présent chapitre est empruntée à *The Prelude.* Il me semble bon que Wordsworth nous fournisse aussi notre conclusion.

Lorsque nous avons été trop longtemps séparés du meilleur
De nous-mêmes par le monde pressé et que nous défaillons,
Écœurés de ses activités, las de ses plaisirs,
Que la solitude nous paraît donc aimable et douce[28].

NOTES

INTRODUCTION

1. Edward Gibbon, *Memoirs of My Life and Writings*, édition de G. Birkbeck Hill (Londres, 1900), pp. 239-241.
2. Lytton Strachey, *Portraits in Miniature* (Londres, 1931), p. 154.
3. Edward Gibbon, *op. cit.*, p. 236, note 3.
4. *Ibid.*, p. 244.

CHAPITRE 1

1. Ernest Gellner, *The Psychoanalytic Movement* (Londres, 1985), p. 34.
2. Sigmund Freud, *Letter to Pfister* (1910), citée in Ernest Jones, *Sigmund Freud*, II (Londres, 1955), p. 497 (*Correspondance avec le pasteur Pfister*, Gallimard, 1966).
3. Sigmund Freud, « Transference », Conférence XXVII, in *Introductory Lectures on Psycho-Analysis*, Standard Edition, dirigée par James Strachey, 24 volumes, XVI (Londres, 1963), pp. 431-447 *(Introduction à la psychanalyse)*.
4. Peter Marris, « Attachment and Society », in *The Place of Attachment in Human Behavior*, édition de C. Murray Parkes et J. Stevenson-Hinde (Londres, 1982), p. 185.
5. Robert S. Weiss, « Attachment in Adult Life », in *The Place of Attachment in Human Behavior*, *op. cit.*, p. 174.
6. John Bowlby, *Loss, Sadness and Depression; Attachment and Loss*, III (Londres, 1980), p. 442.

CHAPITRE 2

1. Bernard Berenson, *Sketch for a Self-Portrait* (Toronto, 1949), p. 18.
2. A.L. Rowse, *A Cornish Childhood* (Londres, 1942), pp. 16-18.
3. Donald W. Winnicott, « The Capacity to be Alone », in *The Maturational Processes and the Facilitating Environment* (Londres, 1969), p. 29.
4. *Ibid.*, p. 33.
5. *Ibid.*, p. 34.
6. *Ibid.*, p. 34.
7. William C. Dement, *Some Must Watch While Some Must Sleep* (San Francisco, 1972), p. 93.
8. Stanley Palombo, *Drawing and Memory* (New York, 1978), p. 219.
9. David Stenhouse, *The Evolution of Intelligence* (Londres, 1973), p. 31.
10. *Ibid.*, p. 67.
11. *Ibid.*, p. 78.

CHAPITRE 3

1. Colin Murray Parkes, *Bereavement*, deuxième édition (Harmondsworth, 1986), pp. 158-159.
2. Loring M. Danforth, *The Death Rituals of Rural Greece* (Princeton, 1982), pp. 143-144.
3. *Ibid.*, p. 144.
4. Richard E. Byrd, *Alone* (Londres, 1958), p. 7.
5. *Ibid.*, p. 9.
6. *Ibid.*, pp. 62-63.
7. *Ibid.*, p. 206.
8. William James, *The Varieties of Religious Experience* (Londres, 1903), p. 419.
9. Sigmund Freud, *Civilization and Its Discontents*, Standard Edition, dirigée par James Strachey, 24 volumes, XXI (Londres, 1961), pp. 64-65 (*Malaise dans la Civilisation*, PUF, 1971).
10. *Ibid.*, p. 67.
11. *Ibid.*, p. 72.
12. *Ibid.*, p. 72.
13. Richard Wagner, in *Wagner on Music and Drama : A Selection from Richard Wagner's Prose Works*, présenté par Albert Goldman et Evert Sprinchorn, traduit par H. Ashton Ellis (Londres, 1970), pp. 272-273.

14. Glin Bennet, *Beyond Endurance* (Londres, 1983), pp. 166-167.
15. Christiane Ritter, traduit par J. Degras, *Woman in the Polar Night* (Londres, 1954), p. 144.
16. John Keats, « Ode to a Nightingale », édition en fac-similé de Noel Douglas (Londres, 1927), de l'édition Taylor et Hessey (Londres, 1820), pp. 110-111.

CHAPITRE 4

1. Norval Morris, *The Future of Imprisonment* (Chicago, 1974), p. 4.
2. Ida Koch, « Mental and Social Sequelae of Isolation », in *The Expansion of European Prison Systems*, Working Papers in European Criminology n° 7, préparés par Bill Rolston et Mike Tomlinson (Belfast, 1986), pp. 119-129.
3. Lawrence E. Hinkle et Harold G. Wolff, « Communist Interrogation and Indoctrination of " Enemies of the States " », *AMA Archives of Neurology and Psychiatry* (1956), vol. 76, pp. 115-174.
4. *Ibid.*, p. 12.
5. *Ibid.*, p. 25.
6. Edith Bone, *Seven Years Solitary* (Londres, 1957).
7. Christopher Burney, *Solitary Confinement* (Londres, 1952).
8. Bruno Bettelheim, *Survivre et autres essais* (collection Réponses, Laffont) (Londres, 1979), p. 103.
9. Yehudi Menuhin, *Variations sans thème*, Buchet-Chastel (New York, 1972), p. 103.
10. Cité par Maynard Solomon, *Beethoven* (Londres, 1978), p. 117.
11. *Ibid.*, p. 124.
12. André Malraux, *Saturne : Essai sur Goya* (Londres, 1957), p. 25.
13. Francisco Goya, cité par Kenneth Clark, *The Romantic Rebellion* (Londres, 1973), p. 95.
14. Stanley Cohen et Laurie Taylor, *Psychological Survival* (New York, 1972), p. 110.
15. Joseph Frank, *Dostoevsky : The Years of Ordeal, 1850-1859*, 5 volumes (Princeton, 1983), II, p. 122.
16. *Hitler's Secret Conversations, 1941-1944* (New York, 1953), p. 235. Cité par William L. Shirer, *The Rise and Fall of the Third Reich* (Londres, 1964), p. 119.
17. Arthur Koestler, *Kaleidoscope* (Londres, 1981), pp. 208-215.

CHAPITRE 5

1. Samuel Johnson, *The History of Rasselas*, in *Samuel Johnson*, édition de Donald Greene (Oxford, 1984), p. 387.

2. Sigmund Freud, « Creative Writers and Day-Dreaming », Standard Edition, dirigée par James Strachey, 24 volumes, IX (Londres, 1959), p. 146.

3. *Ibid.*, p. 145.

4. Sigmund Freud, « Formulations on the Two Principles of Mental Functioning », Standard Edition, XII (Londres, 1958), p. 219.

5. Francisco Goya, épigraphe de *Los Caprichos*.

6. Sigmund Freud, *op. cit.*, XII, p. 224.

7. Donald W. Winnicott, « Transitional Objects and Transitional Phenomena » (1951), in *Through Paediatrics to Psycho-Analysis* (Londres, 1975), pp. 229-242.

8. S. Provence et R.C. Lipton, *Infants in Institutions : A Comparison of their Development with Family-Reared Infants during the First Year of Life* (New York, 1962).

9. Donald W. Winnicott, *Playing and Reality* (New York, 1971), p. 65.

CHAPITRE 6

1. Anthony Storr, « The Concept of Cure », in *Psychoanalysis Observed*, édition de Charles Rycroft (Londres, 1966), p. 72.

2. Germain Bazin, traduction de F. Scarfe, *A Concise History of Art* (Londres, 1962), p. 11.

3. Herbert Read, *Icon and Idea* (Londres, 1955), p. 27.

4. Germain Bazin, *op. cit.*, p. 24.

5. Raymond Firth, *Elements of Social Organization*, troisième édition (Londres, 1961), p. 173.

6. Colin Morris, *The Discovery of the Individual* (Londres, 1972), p. 88.

7. Jacob Burckhardt, *The Civilization of the Renaissance in Italy*, deuxième édition (Oxford, 1981), p. 81.

8. Edward O. Wilson, *Sociobiology : The New Synthesis* (Cambridge, Mass., et Londres, Angleterre, 1975), p. 564.

9. Raymond Firth, *op. cit.*, p. 171.

10. Edmund Leach, édition de F. Kermode, *Social Anthropology* (Londres, 1982), pp. 139-140

11. Peter Abbs, « The Development of Autobiography in Western Culture : from Augustine to Rousseau » (thèse de doctorat inédite, University of Sussex, 1986), pp. 131-132.

12. Bruno Bettelheim, *Les Enfants du rêve*, Laffont, collection Réponses, 1971, p. 212.

13. Urie Bronfenbrenner, *Two Worlds of Childhood: US and USSR* (Londres, 1971), pp. 10-11.

14. Évangile selon saint Matthieu, 22:37,38.

15. Christopher Brooke, *The Monastic World, 1000-1300* (Londres, 1974), pp. 114-115.

CHAPITRE 7

1. C.G. Jung, *Memories, Dreams, Reflections*, édition d'Aniela Jaffe, traduction de Richard et Clara Winston (Londres, 1963), p. 170; (cf. *Ma Vie*), Gallimard (Paris, 1966), réédité chez Buchet-Chastel.

2. C.G. Jung, *Two Essays on Analytical Psychology, Collected Works*, édition de Herbert Read, Michael Fordham et Gerhard Adler, traduction de R.F.C. Hull, 20 volumes, VII (Londres, 1953), p. 40; (Psychologie de l'Inconscient, Georg et Cie) (Genève, 1963).

3. *Ibid.*, p. 41 (Psychologie de l'Inconscient, *op. cit.*).

4. *Ibid.* (« Psychologie de l'Inconscient » et « Types psychologiques », Georg, Genève, 1958).

5. Wilhelm Worringer, *Abstraction and Empathy*, traduction de Michael Bullock (Londres, 1963), p. 5.

6. *Ibid.*, p. 4.

7. *Ibid.*, p. 36.

8. Howard Gardner, *Artful Scribbles* (New York, 1980), p. 47.

9. Sigmund Freud, « Mourning and Melancholia », Standard Edition, dirigée par James Strachey, 24 volumes, XIV (Londres, 1957), pp. 243-258.

10. Mary Main et Donna R. Weston, « Avoidance of the Attachment Figure in Infancy : Descriptions and Interpretations » in *The Place of Attachment in Human Behavior*, édition de Colin Murray-Parkes et Joan Stevenson-Hinde (Londres, 1982), p. 46.

11. *Ibid.*, p. 46.

12. *Ibid.*, p. 52.

13. Franz Kafka, *Letters to Felice*, traduction de James Stern et Elizabeth Duckworth, édition d'Erich Heller et Jürgen Born (Londres, 1974), p. 271 ; *(Lettres à Felice)*.

14. *Ibid.*, pp. 155-156.

15. Erich Heller, *Franz Kafka* (New York, 1975), p. 15.

16. Cité par Allan Blunden in « A Chronology of Kakfka's Life », in *The World of Franz Kafka*, édition de J.-P. Stern (Londres, 1980), p. 28.

17. W.B. Yeats, « The Second Coming », *The Collected Poems of W.B. Yeats*, deuxième édition (Londres, 1950), p. 211.

CHAPITRE 8

1. Anthony Trollope, *An Autobiography* (Londres, 1946), pp. 54-56.
2. C.P. Snow, *Trollope* (Londres, 1975), p. 9.
3. Humphrey Carpenter, *Secret Gardens* (Londres, 1987), pp. 138-141.
4. Margaret Lane, *The Tale of Beatrix Potter* (Londres, 1970), p. 9.
5. *Ibid.*, p. 38.
6. *Ibid.*, p. 50.
7. Humphrey Carpenter, *op. cit.*, p. 138.
8. Vivien Noakes, *Edward Lear* (Londres, 1985), p. 14.
9. *Ibid.*, p. 107.
10. Charles Carrington, *Rudyard Kipling* (Harmondsworth, 1970), p. 50.
11. Angus Wilson, *The Strange Ride of Rudyard Kipling* (Londres, 1977), p. 18.
12. *Ibid.*, p. 276.
13. A.J. Languth, *Saki* (Oxford, 1982), p. 14.
14. *The Bodley Head Saki*, édition de J.W. Lambert (Londres, 1963), p. 59.
15. Frances Donaldson, *P.G. Wodehouse* (Londres, 1982), p. 46.
16. *Writers at Work*, cinquième série, édition de George Plimpton (Harmondsworth, 1981), p. 11.
17. Frances Donaldson, *op. cit.*, p. 44.
18. *Ibid.*, p. 50.
19. *Ibid.*, p. 3.
20. *Writers at Work*, première série, introduction de Malcolm Cowley (Londres, 1958), p. 132.

CHAPITRE 9

1. Paul V. Ragan et Thomas H. McGlashan, « Childhood Parental Death and Adult Psychopathology », *American Journal of Psychiatry*, 143:2 (février 1986), pp. 153-157.
2. George W. Brown et Tirril Harris, *Social Origins of Depression* (Londres, 1978), p. 240.
3. C. Perris, S. Holmgren, L. von Knorring et H. Perris, « Parental

Loss by Death in the Early Childhood of Depressed Patients and their Healthy Siblings », *British Journal of Psychiatry* (1986), 148, pp. 165-169.

4. George W. Brown *et al., op. cit.*, p. 240.

5. John A. Birtchnell, « The Personality Characteristics of Early-bereaved Psychiatric Patients », *Social Psychiatry* (1986), 148, pp. 145-149.

6. Roger Brown, *Social Psychology. The Second Edition* (New York, 1984), pp. 644-645.

7. George W. Brown *et al., op. cit.*, p. 285.

8. Robert Bernard Martin, *Tennyson : The Unquiet Heart* (Oxford, 1980), p. 184.

9. Alfred Tennyson, *In Memoriam. V. in The Works of Alfred, Lord Tennyson* (Londres, 1899), p. 248.

10. Robert Burton, *The Anatomy of Melancoly*, édition de Holbrook Jackson (Londres, 1972), p. 20; (*L'Anatomie de la mélancolie*, 1621).

11. Robert Bernard Martin, *op. cit.*, p. 4.

12. *Ibid.*, p. 10.

13. *Ibid.*, p. 140.

14. Andrew Brink, *Loss and Symbolic Repair* (Ontario, 1977).

15. Andrew Brink, *Creativity and Repair* (Ontario, 1982).

16. David Aberbach, *Loss and Separation in Bialik and Wordsworth*, textes d'épreuves (Johns Hopkins University Press, 1982), vol. 2, pp. 197-208.

17. David Aberbach, *At the Handles of the Lock* (Oxford, 1984).

18. David Cecil, *The Stricken Deer, or the Life of Cowper* (Londres, 1943).

19. William Cowper, *The Poetical Works of William Cowper*, édition de H.S. Milford (Oxford, 1934), Olney Hymn I, v. 9-12, p. 433.

20. William Cowper, *The Letter and Prose Writings of William Cowper*, édition de James King et Charles Ryskamp, 5 volumes, II (Oxford, 1981), lettre à Joseph Hill, novembre 1784, p. 294.

21. William Cowper, *Works, op. cit.*, v. 17-20, v. 118-121, pp. 39-396.

22. William Cowper, « Lines Written During a Period of Insanity », v. 1-12, *Works, op. cit.*, pp. 289-290 (notes écrites pendant une période de folie).

23. William Cowper, *Works, op. cit.*, Olney Hymn XVIII, v. 9-12, p. 444.

24. William Cowper, *Works, op. cit.*, « The Shrubbery », v. 5-12, p. 292.

25. Samuel T. Coleridge, « Dejection : An Ode », v. 31-8, *The Por-*

table Coleridge, édition de I.A. Richards (Harmondsworth, 1977), p. 170.

26. David Cecil, *op. cit.*, p. 206.

27. William Cowper, *Works, op. cit., The Task*, III, v. 373-378, p. 172.

28. Stephen Spender, *World Within World* (Londres, 1951), p. 6.

29. John Keats, *The Letters of John Keats*, édition de M.B. Forman (Oxford, 1935), lettre 134, p. 353.

30. David Aberbach, *Loss and Separation in Bialik and Wordsworth, op. cit.*, vol. 2, p. 198.

31. Andrew Brink, *Loss and Symbolic Repair, op. cit.*, p. 115.

32. *Ibid.*, p. 117-118.

33. Boèce, *The Consolation of Philosophy*, traduction de V.E. Watts (Harmondsworth, 1969), pp. 66-67; *(La Consolation de la philosophie)*.

34. N.J.C. Andreasen et A. Canter, « The Creative Writer », *Comprehensive Psychiatry*, 15 (1974), pp. 123-131.

35. Kay R. Jamison, « Mood Disorders and Seasonal Patterns in top British Writers and Artists », données inédites.

CHAPITRE 10

1. Anthony Storr, *The Integrity of Personality* (Londres, 1960), p. 24.

2. *Ibid.*, p. 27.

3. Heinz Kohut, *How Does Analysis Cure?* édition d'Arnold Goldberg, avec la collaboration de Paul Stepansky (Chicago, 1984), p. 109.

4. *Ibid.*, p. 43.

5. Ronald D. Laing, *The Divided Self* (Londres, 1960); (*Le Moi divisé*, Stock, 1970).

6. Wystan H. Auden, *The English Auden : Poems, Essays and Dramatic Writings, 1927-1939*, édition d'Edward Mendelson, XLI, « 1er septembre 1939 », v. 88 (Londres, 1977), p. 246.

7. Charles Rycroft, *A Critical Dictionary of Psychoanalysis* (Londres, 1968), p. 100; (*Dictionnaire de psychanalyse*, Hachette, 1968).

8. Jerold N. Moore, *Edward Elgar* (Oxford, 1984), p. VII.

9. Morris N. Eagle, « Interests as Object Relations », in *Psychoanalysis and Contemporary Thought* (1981), 4, pp. 527-565.

10. *Ibid.*, p. 532, note 2.

11. *Ibid.*, p. 537-538.

12. Thomas De Quincey, « The Last Days of Kant », in *The English*

Mail-Coach and Other Essays, introduction de John Hill Burton (Londres, 1912), pp. 162-209; *(La Diligence anglaise)*.

13. Ben-Ami Scharfstein, The Philosophers, Their Lives and the Nature of their Thought (Oxford, 1980).

14. Bertrand Russell, *History of Western Philosophy* (Londres, 1946), p. 731; (Histoire de la philosophie occidentale).

15. Thomas De Quincey, *op. cit.*, p. 170.

16. Norman Malcolm, *Ludwig Wittgenstein, A Memoir*, avec une esquisse biographique de Georg Henrik von Wright (Oxford, 1958), p. 4.

17. Bertrand Russell, *The Autobiography of Bertrand Russell, 1914-1944*, vol. II (Londres, 1968), pp. 98-99; *(L'Autobiographie de Bertrand Russell)*.

18. *Ibid.*, p. 99.

19. Hermine Wittgenstein, « My Brother Ludwig », in *Ludwig Wittgenstein, Personal Recollections*, édition de Rush Rhees (Oxford, 1981), p. 9.

20. Norman Malcolm, *op. cit.*, p. 20.

21. M.O'C. Drury, « Conversations with Wittgenstein », in *Ludwig Wittgenstein*, édition de Rush Rhees (Oxford, 1981), p. 140.

22. Anthony Storr, « Isaac Newton », *British Medical Journal* (21-28 décembre 1985), 291, pp. 1779-1784.

23. Richard S. Westfall, « Short-writing and the State of Newton's Conscience, 1662 », *Notes and Records of the Royal Society*, 18 (1963), p. 13.

24. J.M. Keynes, « Newton the Man », in G. Keynes (ed.), *Essays in Biography* (Londres, 1951), p. 311.

25. S. Brodetsky, *Sir Isaac Newton* (Londres, 1972), pp. 69, 89.

CHAPITRE 11

1. Bernard Berenson, *The Italian Painters of the Renaissance* (Londres, 1959), p. 201.

2. Joseph Kernan, *The Beethoven Quartets* (Oxford, 1967), p. 12.

3. *Ibid.*, p. 184.

4. Martin Cooper, *Beethoven: The Last Decade* (Londres, 1970), p. 11.

5. Joseph Kernan, *op. cit.*, p. 322.

6. J.W.N. Sullivan, *Beethoven* (Londres, 1927), p. 225.

7. Wilfrid Mellers, *Beethoven and the Voice of God* (Londres, 1983), p. 402.

8. Maynard Solomon, *Beethoven* (Londres, 1978), p. 325.

9. Humphrey Searle, *The Music of Liszt* (New York, 1966), p. 108.
10. Malcolm Boyd, *Bach* (Londres, 1983), p. 208.
11. Mosco Carner, « Richard Strauss's Last Years », in *The New Oxford History of Music*, X, édition de Martin Cooper (Oxford, 1974), p. 325.
12. William Murdoch, *Brahms* (Londres, 1933), p. 155.
13. Denis Arnold, « Brahms », in *The New Oxford Companion to Music* (Oxford, 1983), p. 254.
14. J.A. Fuller Maitland, « Brahms », in *Grove's Dictionary of Music and Musicians*, 5 volumes, troisième édition, dirigée par H.C. Colles, I, p. 452.
15. Friedrich Nietzsche, *The Case of Wagner*, traduction de Walter Kaufmann (New York, 1967), p. 187; *(Le Cas Wagner)*.
16. Peter Latham, *Brahms* (Londres, 1966), p. 87.
17. Cité par George R. Marek, *Richard Strauss* (Londres, 1967), p. 323.
18. Henry James, *The Ambassadors*, 2 volumes (Londres, 1923), I, p. 190.
19. Leon Edel, *The Life of Henry James*, 2 volumes (Harmondsworth, 1977), II, pp. 333-334.
20. Ralf Norrman, *The Insecure World of Henry James's Fiction* (Londres, 1982), p. 138.
21. *The Notebooks of Henry James*, édition de F.O. Matthiessen et Kenneth B. Murdock (Chicago, 1981), pp. 150-151.
22. Henry James, « The Beast in the Jungle », in *The Altar of the Dead* (Londres, 1922), p. 123.
23. *Ibid.*, p. 114.
24. Cité par Leon Edel, *op. cit.*, II, p. 694.
25. *Ibid.*, p. 538.

CHAPITRE 12

1. Platon, *The Symposium*, traduction de W. Hamilton (Harmondsworth, 1951), p. 64.
2. Sigmund Freud, *On the Universal Tendency to Debasement in the Sphere of Love*, Standard Edition, dirigée par James Strachey, 24 volumes, XI (Londres, 1957), pp. 188-189.
3. Margharita Laski, *Ecstasy* (Londres, 1961), p. 148.
4. Sigmund Freud, *Civilization and Its Discontents*, Standard Edition, dirigée par James Strachey, 24 volumes, XXI (Londres, 1961), p. 65; *(Malaise dans la civilisation, op. cit.)*.
5. *Ibid.*, p. 66.

6. Margharita Laski, *op. cit.*, p. 206.
7. Bertrand Russell, *The Autobiography of Bertrand Russell*, 3 volumes (Londres, 1967-1969), I, p. 36.
8. C.P. Snow, *The Search* (Londres, 1934), pp. 126-127.
9. C.G. Jung, *Memories, Dreams, Reflections* (Londres, 1963), p. 191.
10. C.G. Jung, « The Development of Personality », *Collected Works*, XVII (Londres, 1954), p. 171.
11. C.G. Jung, « Psychotherapists or the Clergy », in *Psychology and Religion : Collected Works*, XI (Londres, 1958), p. 334.
12. Charles Rycroft, « Introduction : Causes and Meaning », in *Psychoanalysis Observed* (Londres, 1966), p. 22.
13. C.G. Jung, « The Aims of Psychotherapy », in *The Practice of Psychotherapy : Collected Works*, XVI (Londres, 1954), p. 41.
14. C.G. Jung, « Commentary on " The Secret of the Golden Flower " », in *Alchemical Studies : Collected Works*, XIII (Londres, 1967), p. 46; *(Le Secret de la Fleur d'or)*.
15. *Ibid.*, p. 45.
16. C.G. Jung, *Psychology and Religion : Collected Works, op. cit.*, pp. 81-82; *(Psychologie et religion)*.
17. C.G. Jung, « Commentary on " The Secret of the Golden Flower " », *op. cit.*, pp. 47-48.
18. William James, *The Varieties of Religious Experience* (Londres, 1903), p. 289.
19. *Ibid.*, p. 381.
20. *Ibid.*, p. 175.
21. C.G. Jung, *The Transcendent Function : Collected Works*, VIII (Londres, 1969), p. 73.
22. W.M. Thackeray, Roundabout Papers, *The Works of William Makepeace Thackeray with Biographical Introductions by his daughter, Anne Ritchie* (Londres, 1903), XII, pp. 374-375.
23. J.W. Cross, *George Eliot's Life as related in her Letters and Journals* (Édimbourg et Londres, 1885), III, pp. 421-425.
24. Friedrich Nietzsche, *Ecce Homo*, traduction de R.J. Hollingdale (Harmondsworth, 1979), p. 48.
25. Abraham Maslow, *The Farther Reaches of Human Nature* (Harmondsworth, 1973), p. 59.
26. *Ibid.*, pp. 63-64.
27. *Ibid.*, p. 67.
28. William Wordsworth, *The Prelude : The Complete Poetical Works of William Wordsworth*, introduction de John Morley (Londres, 1950), p. 261.

ÉPIGRAPHES

INTRODUCTION

Edward Gibbon, *The History of the Decline and Fall of the Roman Empire*, édition de J.B. Bury, 7 volumes (Londres, 1898), p. 337. *(Histoire du déclin et de la chute de l'Empire Romain).*

CHAPITRES

1. John Milton, *Paradise Lost*, livre 8, v. 364. (Le Paradis perdu).
2. Michel de Montaigne, *De la Solitude*, Essai XXVII, Livre I.
3. Charles de Gaulle, *Mémoires de guerre*, vol. III (Paris, 1959), p. 288.
4. Francis Bacon, *De Dignitate et Augmentis Scientiarum* (éd. de 1640, traduction de Gilbert Watts), VII, p. 37.
5. Samuel Johnson, *Boswell's Life of Johnson*, édition de G. Birkbeck Hill, 6 volumes (Oxford, 1887), III, p. 341.
6. Thomas De Quincey, *The Collected Writings of Thomas De Quincey*, édition de David Masson, 14 volumes (Édimbourg, 1889-1890), p. 235.
7. Carl G. Jung, *The Psychology of the Unconscious*, in *The Collected Works of C.G. Jung*, 20 volumes (Londres, 1953-1979), VII, p. 58 (*Psychologie de l'Inconscient*, Georg et Cie, Genève, 1963).
8. Walt Whitman, *Song of Myself*, strophe 32, v. 684-685, in *Leaves of Grass*, éditions d'Emory Holloway (Londres, 1947), p. 52.
9. Graham Greene, *Ways of Escape* (Harmondsworth, 1981), p. 211. Edward Thomas, cité in *Edward Thomas*, par R. George Thomas (Oxford, 1985), p. 162.
10. Cité par Ben-Ami Scharfstein, *The Philosophers* (Oxford, 1980), p. 89. [Référence à L. Wittgenstein, *Vermischte Bemerkungen* (Oxford, 1978), p. 11 (1929).]
11. Alex Aronson, *Music and the Novel* (New Jersey, 1980), p. XIII.
12. William Wordsworth, *The Prelude*, extrait de *The Complete Poetical Works of William Wordsworth*, introduction de John Morley (Londres, 1950), p. 239.

REMERCIEMENTS

Je voudrais remercier Bryan Magee qui, le premier, a attiré mon attention sur le fait que tant de grands philosophes étaient avant tout solitaires.

Je voudrais aussi remercier mon éditeur, Tom Rosenthal, pour plusieurs fructueuses suggestions; Howard Davies, qui a suivi de bout en bout la publication; et Anthony Thwaite qui a si magistralement amélioré mon style.

Le Dr Kay R. Jamison m'a généreusement autorisé à puiser dans ses travaux inédits et m'a fourni un grand nombre de précieuses références.

Le Dr Richard Wyatt, du National Institute of Mental Health, m'a évité au moins une erreur désastreuse.

Ma femme, Catherine Peters, outre son soutien et ses encouragements, a eu la patience de lire tout le manuscrit et de faire des commentaires pertinents.

TABLE DES MATIÈRES

Au catalogue Marabout

Astrologie
Sciences occultes

ABC de l'astrologie (L') De Caumon Paoli D .... GM 0026 [04]

Les signes du zodiaque

Connaissez-vous par votre signe astral,
De Gravelaine J. .... MS 1400 [04]

Esotérisme/Divination

ABC de la numérologie, Fermier J.D. .... GM 0127 [07]
ABC de l'hypnose, Barone E. & Mandorla J. [avr.] .... GM 0141 [N]
ABC des couleurs, Beresniak D. .... GM 0129 [07]
ABC des tarots, Silvestre C.H. .... GM 0044 [06]
ABC du magnétisme, Mandorla J. .... GM 0126 [07]
Auto-hypnose (L'), Curcio M. .... MS 1433 [07]
Cartomancie (GM de la), Maisonblanche F. .... GM 0019 [07]
Dictionnaire des mythes, Julien N. [juin] .... MS 1427 [N]
Dictionnaire des symboles, Julien N. .... MS 1429 [12]
Franc-maçonnerie, initiation (La), Pacout N. .... MS 1436 [07]
Livre des oracles (Le), Blau D. .... MS 1435 [07]
Morts ont donné signes de vie (Les), Prieur J. .... MS 1437 [09]
Parapsychologie de A à Z (La), Curcio M. .... MS 1430 [09]
Talismans et leurs secrets (Les), Julien N. .... MS 1434 [07]
Votre avenir par les tarots, Sciuto G. .... MS 1401 [06]
Vous êtes médium, Aurive M. .... MS 1431 [07]

Enfants

Formation Parascolaire

Parascolaire/Formation permanente

Astronomie (L'), Von der Weid J.N. ....FL 0043 [07]
Bouddhisme (Le), Santoni E. [mars] ....FL 0037 [07]
100 chefs-d'oeuvre à la loupe, Borile G. ....MS 0765 [14]
100 clés du succès aux examens et concours (Les),
Guédon J.F. & Gourmelin M.J. ....GM 0096 [07]
100 dictées pièges, Franlain ....MS 0096 [07]
100 grandes citations expliquées,
Désalmand P. & Forest Ph. ....MS 0089 [07]
100 grandes citations littéraires expliquées,
Désalmand P. & Forest Ph. ....MS 0103 [12]
100 grandes citations politiques expliquées,
Désalmand P. & Forest Ph. ....MS 0073 [14]
100 grandes phrases historiques expliquées,
Désalmand P. & Forest Ph. ....MS 0098 [12]
100 livres en un seul, Coremans J.F. & Arnould M. ....MS 0087 [09]
50 grandes citations philosophiques expliquées,
Amiel A. ....MS 0099 [09]
50 modèles de commentaires composés,
Anglard V. [mars] ....MS 0050 [N]
50 modèles de dissertations,
Amancy N. & Ventura Th. [mars] ....MS 0053 [N]
50 modèles de résumés de textes, Clerc G. [mars] ......MS 0051 [N]
50 mots clés de la culture générale, Forest Ph. ....MS 0097 [12]
Comment acquérir une super-orthographe,
Weil M. [juin] ....GM 0138 [N]
Devenir Champion d'Excel sur PC, Vuylsteke J.P. ....MS 0120 [09]
Devenir Champion de dBase III, Mesters J.P. ....MS 0107 [09]
Devenir Champion de Logo +, Grigorieff V. ....MS 0106 [07]
Devenir Champion de MS-DOS, Virga ....MS 0112 [09]
Devenir Champion de Multiplan, Mesters J.P. ....MS 0113 [07]
Devenir Champion de programmation structurée
et de GW Basic T.1, Laurent L. ....MS 0111 [14]
Devenir Champion de programmation structurée
et de GW Basic T.2, Laurent L. ....MS 0115 [14]
Devenir Champion de Turbo Pascal, Rousselet M. ......MS 0114 [09]
Devenir Champion de VP Planner, Laloux D. ....MS 0108 [07]
Devenir Champion de Word 3 sur PC, Mesters J.P. .....MS 0105 [07]
Devenir Champion de fonctions mathématiques
et fiancières, Gille Ph. ....MS 0116 [13]
Ecrivains du XIXe siècle, Gazier M. FL 0012 [07]

Formules de chimie, Von der Weid J.N. .... FL 0011 [07]
Formules de mathématiques, Von der Weid J.N. .... FL 0010 [07]
Formules de physique, Von der Weid J.N. .... FL 0007 [07]
Grandes puissances (Les), Vallaud P. .... FL 0008 [07]
Guide alphabétique des difficultés du français,
Bénac H. .... MS 0081 [07]
Guide d'orthographe, Bled E. & Bénac H. .... MS 0084 [06]
Guide de calcul, Caparros G. .... MS 0082 [06]
Initiation à la philosophie, Aubral F. .... FL 0019 [07]
Initiation à l'économie, Colonna d'Istria R. .... FL 0002 [07]
Islam (L'), Santoni E. .... FL 0020 [07]
Judaïsme (Le), Santoni E. [fév.] .... FL 0038 [07]
Lecture rapide (La), Richaudeau F. .... MS 0102 [07]
Méthode Super-learning (La), Maier Ch. .... MS 0052 [09]
1000 citations pour réussir, Uyttenhove L. .... MS 0071 [07]
1000 citations à retrouver, Play Bac [fév.] .... MS 1533 [N]
1000 questions d'anglais, Play Bac [fév.] .... MS 1530 [N]
1000 questions d'histoire, Play Bac [avr.] .... MS 1537 [N]
1000 questions de géographie, Play Bac [avr.] .... MS 1536 [N]
1000 questions de philo, Play Bac [fév.] .... MS 1531 [N]
1000 questions pièges en français, Play Bac [fév.] ...... MS 1532 [N]
1000 questions sur les écrivains, Play Bac [mars] .... MS 1534 [N]
1000 questions sur les oeuvres, Play Bac [mars] .... MS 1535 [N]
Musiciens du XIXe siècle (Les), Von der Weid J.N. .... FL 0021 [07]
Mythologie (La), Hamilton E. .... MU 0020 [09]
Mythologies du monde entier (Les), Grigorieff V. .... MU 0470 [09]
Orthographe maîtrisée (L'), Jouette A. .... MS 0070 [07]
Panorama de la littérature française, Masson N. .... MS 0101 [12]
Philo de base, Grigorieff V. .... MS 0056 [07]
Philosophes (Les), Aubral F. .... FL 0018 [07]
Philosophie (La), Chatelet F.
T.1 : de Platon à saint Thomas .... MU 0311 [09]
T.2 : de Galilée à J.J. Rousseau .... MU 0312 [09]
T.3 : de Kant à Husserl .... MU 0313 [09]
T.4 : au XXème siècle .... MU 0314 [09]
Pièges du français actuel (Les), Jouette A. [fév.] .... MS 0125 [N]
Poésie française des origines à 1940 (La),
Seghers P. .... MU 0003 [09]
Précis de mythologie, Arnaud M. .... FL 0033 [07]
Règles d'or de la lecture rapide (Les),
Gourmelin M.J. .... GM 0077 [07]
Religions (Les), Santoni E. .... FL 0001 [07]
Religions du monde entier (Les), Grigorieff V. .... MU 0491 [13]
Romanciers du XXème siècle (Les), Lepape P. .... FL 0013 [07]
Termes philosophiques (Les), Aubral F. .... FL 0017 [07]
Tester et enrichir son vocabulaire, Désalmand P. .... MS 0104 [09]
Tester et enrichir sa culture générale,
Dansel M. [mai] .... MS 0126 [N]
Tester et enrichir sa mémoire, Dansel M. [mai] .... MS 0128 [N]
300 questions tests de culture générale,
Biélande P. .... MS 1481 [09]
300 questions tests sur la CEE et les organismes internationaux, Rousselet M. & Chatagner F. .... MS 1484 [09]

300 questions tests sur la géographie générale,
Fleury P. ....MS 1485 [09]
300 questions tests sur la littérature française,
Wright M. ....MS 1486 [12]
300 questions tests sur l'économie et les finances,
Biélande P. ....MS 1480 [09]
300 questions tests sur l'histoire de France T.1,
Grigorieff N. ....MS 1482 [09]
300 questions tests sur l'histoire de France T.2,
Grigorieff N. ....MS 1487 [09]
300 questions tests sur l'histoire de France T.3,
Grigorieff N. ....MS 1489 [09]
300 questions tests sur l'histoire de France T.4,
Grigorieff N. [fév.] ....MS 1495 [N]
300 questions tests sur l'homme et son environnement,
Denis B. ....MS 1492 [12]
300 questions tests sur le cinéma, Lefebvre P. ....MS 1491 [09]
300 questions tests sur les découvertes et les inventions,
Gille Ph. ....MS 1483 [09]
300 questions tests sur les grands hommes du XXe siècle,
Biélande P. ....MS 1490 [12]
300 questions tests sur les Jeux Olympiques d'hiver,
Grigorieff N. ....MS 1493 [09]
25 grands romans résumés et commentés, Conio G. . MS 0100 [12]

Vie professionnelle

Avez-vous la tête de l'emploi, Azzopardi G. ....MS 0266 [06]
Comment prendre des notes vite et bien,
Le Bras F. [mars] ....GM 0135 [N]
Guide des commerçants et artisans, Ziwié W.F. ....MS 0260 [13]
Journalisme (Le), Loiseau Y. ....FL 0040 [07]
Management (Le), Hubel A. ....FL 0048 [07]
Règles d'or du curriculum vitae (Les), Huguet C. ....MS 0268 [06]
Réussir les tests d'entreprise, Azzopardi G. ....MS 0269 [04]
Réussir un entretien d'embauche, Bernardini A. ....MS 0270 [07]
Un job sur mesure, Cadart N. ....MS 0799 [07]
Vendre ça s'apprend, Posno P. ....GM 0024 [06]

Langues

Anglais courant (L'), Olorenshaw R. & Rogers P. [avr.] . MS 0063 [N]
5.000 mots d'allemand (Collins) .... MS 0066 [07]
5.000 mots d'anglais (Collins) .... MS 0067 [07]
5.000 mots d'espagnol (Collins) .... MS 0068 [07]
5.000 mots d'italien (Collins) .... MS 0069 [07]
Courrier des affaires en anglais (Le),
Olorenshaw R., Rogers P., Laughton S. .... MS 0088 [09]
Grammaire facile de l'allemand (La), Schumacher N. .. MS 0060 [06]
Grammaire facile de l'anglais (La),
Cupers J.L. & Loriaux Ch. .... MS 0058 [06]
Je parle allemand, Barreau A. .... FL 0006 [07]
Je parle anglais, Perin M.M. .... FL 0005 [07]
Je parle espagnol, Barreau A. .... FL 0009 [07]
Je parle italien, Noah de Angelis P .... FL 0029 [07]
Manuel de conversation en allemand, Barreau A. .... FL 0032 [07]
Manuel de conversation en anglais, Perin M.M. .... FL 0036 [07]
Pièges de l'anglais (Les), Rogers P. & Olorenshaw R. . MS 0062 [06]
15 minutes par jour pour apprendre l'allemand,
Van Ceulebroek N. .... GM 0010 [09]
15 minutes par jour pour apprendre l'allemand
(livre + cassette audio) .... GM 1010 [16]
15 minutes par jour pour apprendre l'anglais,
Van Wesenbeeck E. .... GM 0001 [07]
15 minutes par jour pour apprendre l'anglais
(livre + cassette audio) .... GM 1001 [16]
15 minutes par jour pour apprendre l'espagnol,
Blasquez M., Giltaire A.-C. Marquant H. .... GM 0040 [09]
15 minutes par jour pour apprendre l'espagnol
(livre + cassette audio) .... GM 1040 [16]
15 minutes par jour pour apprendre l'italien,
Lebouc G. .... GM 0114 [09]
15 minutes par jour pour apprendre l'italien,
(livre + cassette audio) .... GM 1140 [16]
15 minutes par jour pour apprendre le néerlandais,
Visser C. .... GM 0066 [06]
15 minutes par jour pour apprendre le néerlandais,
(livre + cassette) .... GM 1066 [16]

Dictionnaires

Dictionnaire anglais/français des affaires, Perin M.M. . FL 0015 [07]
Dictinnaire Collins français/allemand .... MS 0251 [09]
Dictionnaire Collins français/anglais .... MS 0252 [09]
Dictionnaire Collins français/espagnol .... MS 0253 [09]
Dictionnaire Collins français/italien .... MS 0254 [09]
Dictionnaire d'orthographe, Bled E. .... MS 0086 [06]
Dictionnaire anglais-français/français-anglais,
Perin M.M. .... FL 0027 [07]
Dictionnaire de la mythologie, Grant M. & Hazel J. ...... MS 0233 [07]
Dictionnaire des citations, Petit K. .... MS 0230 [09]
Dictionnaire des synonymes, Younes G. .... MS 0235 [09]
Dictionnaire des termes de la sociologie, Hermans A. . FL 0046 [07]
Dictionnaire des termes économiques, Ménard M. ...... FL 0024 [07]
Dictionnaire des termes juridiques, Colonna d'Istria P. FL 0025 [07]
Dictionnaire des termes scientifiques,
Von der Weid J.N. .... FL 0026 [07]
Dictionnaire du christianisme, Mathieu-Rosay J. .... MU 0493 [09]
Dictionnaire étymologique, Mathieu-Rosay J. .... MS 0240 [12]

Performance

Art du temps (L'), Servan Schreiber J.L. .... MS 1823 [07]
Cadres et dirigeants efficaces, Gordon T. .... MS 1831 [09]
Comment chercher et trouver un emploi,
Bacus A. & Parra-Perez C. .... MS 1829 [07]
Comment être efficace en utilisant les méthodes japonaises,
Delorme P. [avr.] .... MS 1838 [N]
Confessions d'un chasseur de tête (Les), Lamy M. .... MS 1824 [07]
Créer et développer votre entreprise, Courouble J. ..... MS 1832 [07]
Faites votre auto-évaluation professionnelle,
Bacus A. & Romain Ch. .... MS 1828 [07]
Marketing direct (Le), Lehnisch J.P. .... MS 1833 [09]
Mobilisez vos collaborateurs, Delattre R. .... MS 1820 [07]
Pour maîtriser les tests de recrutement, Bacus A. ...... MS 1827 [06]
Pouvoir (Le), Korda M. .... MS 1837 [09]
Réussir ses réunions, Haupeman R. .... MS 1830 [07]
Secrets des grands vendeurs (Les), Lehnisch J.P. ...... MS 1826 [07]
Secrets d'un bon C.V. (Les), Le Bras F. .... MS 1825 [06]
Secrets du succès en affaires (Les), Mc Cormack M.H. MS 1835 [09]
Service compris, Bloch Ph. Hababou R., Xardel D. .... MS 1822 [09]
Votre carrière, conseils pour la piloter, Jouve D. .... MS 1821 [09]

Loisirs / Sports

Passe-temps

ABC de la photo, Nguyen Ngoc Rao .... GM 0131 [09]
50 tours de magie faciles et spectaculaires,
Romano P. .... GM 0123 [06]
Claviers (GM des), Virga .... GM 0058 [09]
Dessin (GM du), De Prémont R.-M. .... GM 0008 [07]
Dictionnaire des mots croisés T.1, Noël L. & M. .... MS 0184 [09]
Dictionnaire des mots croisés T.2, Noël L. & M. .... MS 0185 [09]
Guide de 60 opéras célèbres, Suhamy J. [juin] .... MS 0160 [N]
Guide du camescope, Barbin M. .... GM 0109 [07]
Guide du Compact-disc classiques 92 .... HC 87FF
Guide du Compact-disc variétés 92 .... HC 87FF
1000 accords pour la guitare, Moulou P. .... MS 0161 [09]
1000 accords pour les claviers, Mickaelian A. .... MS 0162 [09]
15 minutes par jour pour apprendre la guitare
(livre+cassette), Moulou P. .... GM 1116 [16]
15 minutes par jour pour apprendre le solfège
(livre+cassette), Arnould M. .... GM 1115 [16]
15 minutes par jour pour apprendre les claviers
(livre+cassette), Bercovitz M. & Moulou P. .... GM 1117 [16]
Photographie (GM de la), Biderbost M. .... GM 0009 [07]

Jeux

100 Jeux et casse-tête T.1, Berloquin P. .... MS 0132 [04]
100 Jeux et casse-tête T.2, Berloquin P. .... MS 0133 [04]
100 Jeux Junior 3, Arcaini D. .... HC 16FF
100 Jeux Junior 4, Arcaini D. .... HC 20FF
100 Jeux Junior 5, Arcaini D. .... HC 20FF
100 Jeux Junior 6, Arcaini D. .... HC 18FF
100 Jeux Junior 7, Arcaini D. .... HC 18FF
100 Jeux Junior 8, Arcaini D. .... HC 18FF
100 Jeux Junior 9, Arcaini D. .... HC 20FF
100 Jeux Junior 10, Arcaini D. .... HC 20FF
100 Jeux Junior 11, Arcaini D .... HC 20FF
100 Jeux pour se perfectionner au scrabble,
Berloquin P. .... MS 0134 [06]
132 Jeux futés, Arcaini D. .... HC 19.50FF
132 Jeux junior 1, Arcaini D. .... HC 16FF
132 Jeux junior 2, Arcaini D. .... HC 16FF
50 tours de cartes, Romano P. .... GM 0125 [06]
Echecs (GM des), Van Seters F. .... GM 0064 [07]
Je joue et je travaille avec l'ordinateur de Papa T.1,
Laurent L. [mars] .... HC [N]
Je joue et je travaille avec l'ordinateur de Papa T.2,
Laurent L. [avril] .... HC [N]
Jeux d'intérieur (GM des), Basset-Clidière M. .... GM 0093 [09]
Jeux de papier, Gourlat C. .... MS 0791 [04]
Jeux de plein air (GM des), Basset-Clidière M. .... GM 0094 [04]
Jeux de rien, Gourlat C. .... MS 0753 [06]
Scrabble (GM du), Charlemagne M. .... GM 0050 [07]
Testez-vous aux échecs, Lohéac F. .... MS 0153 [09]
Tous les jeux de cartes (GM de), Gerver F. .... GM 0039 [09]
20/20 en maths de 7 à 10 ans, Lefebvre S. .... HC 20FF
20/20 en maths de 10 à 12 ans, Lefebvre S. .... HC 20FF
20/20 en maths de 12 à 15 ans, Lefebvre S. .... HC 20FF
20/20 en orthographe de 7 à 10 ans, Lefebvre S. .... HC 18FF
20/20 en orthographe de 10 à 12 ans, Lefebvre S. .... HC 18FF
20/20 en orthographe de 12 à 15 ans, Lefebvre S. .... HC 18FF
25 jeux entre amis,
T.1, Berloquin P. .... MS 0135 [06]
T.2, Berloquin P. .... MS 0136 [06]

Sports

Annuel Marabout 1992 du football (L') .... HC 139FF
Equitation, initiation, Baudoux M. .... GM 0089 [09]
Tennis (Le), Roch D. .... GM 0071 [06]

Psychologie

Psychologie / Psychanalyse

Comprendre les femmes, Daco P. .... MS 0001 [09]
Dictionnaire des rêves, Uyttenhove L .... GM 0046 [06]
Interprétation des rêves (L'), Daco P. .... MS 0002 [07]
Prodigieuses victoires de la psychologie (Les),
Daco P. .... MS 0015 [09]
Psychanalyse (La), Azouri Ch. [mars] .... FL 0045 [07]
Psychologie et liberté intérieure, Daco P. .... MS 0004 [09]
Rêve (Le), Von der Weid J.N. .... FL 0044 [07]
Triomphes de la psychanalyse (Les), Daco P. .... MS 0029 [09]
Une psychanalyse pour quoi faire ?,
Moscowitz J.J. & Grancher M. .... MS 0008 [06]
Voies étonnantes de la nouvelle psychologie (Les),
Daco P. .... MS 0003 [09]
Vos secrets intimes, Dr Houri Ch. .... MS 0021 [09]

Psychologie et personnalité

ABC de la parole facile, Bower S.A. .... GM 0128 [06]
Analyse transactionnelle (L'), De Lassus R. .... MS 0035 [09]
Art d'engager la conversation et de se faire des amis (L'),
Gabor D. .... GM 0104 [06]
Communication efficace par la PNL (La),
De Lassus R. [mai] .... MS 0010 [N]
Connaissez-vous par votre écriture, Uyttenhove L. ..... GM 0052 [07]
Développez votre créativité, Bacus A. & Romain Ch. ... MS 0043 [07]
Développez votre intelligence, Azzopardi G. .... MS 0024 [09]
Du bon usage du nouvel âge, Demornex J. .... MS 2000 [06]
Etrangers intimes (Des), Rubin L. .... MS 0034 [07]
Expression orale (L'), Colonna d'Istria R. .... FL 0039 [07]
Femmes qu'ils aiment, les femmes qu'ils quittent (Les),
Dr C. Cowan & Dr M. Kinder .... MS 0033 [07]
Force de l'esprit (La), Groupe Diagram .... MS 2001 [12]
Il (ou elle) boit, que faire ? Pacout N. .... MS 0030 [07]
Langage des gestes (Le), Pacout N. .... GM 0124 [07]
Méthode Coué (La), ... MS 0028 [07]
Oser être soi-même, De Lassus R. [fév.] .... MS 2002 [N]
Parler en public, Pacout N. .... GM 0095 [07]
Partez gagnant, Hopkins T. [mars] .... MS 2003 [N]
Qui êtes-vous ? Groupe Diagram .... MS 0005 [12]
Qui étiez-vous ? Groupe Diagram .... MS 0006 [12]
Relaxation (La), Césari C. .... FL 0055 [07]
Se faire des amis, Wasmer A. [avr.] .... MS 2005 [N]

Testez votre quotient intellectuel, Berloquin P. .... MS 0038 [06]
Tests psychologiques (Les), Cesari C. .... FL 0014 [07]
20 tests pour se connaître, Gauquelin M & F. .... GM 0020 [06]

Tests

Je teste ma logique, Klausnitzer J.E. [mai] .... GM 0143 [N]
Je teste mon intelligence, Klausnitzer J.E. [avr.] .... GM 0142 [N]
Mesurez votre Q.I., Azzopardi G. .... GM 0102 [06]
Réussissez les tests d'intelligence, Azzopardi G. .... MS 0023 [07]
15 tests pour connaître les autres, Gauquelin M. & F. . . GM 0015 [06]
Testez votre quotient intellectuel, Berloquin P. .... MS 0038 [06]
Tests psychologiques (Les), Cesari C. .... FL 0014 [07]
20 tests pour se connaître, Gauquelin M & F. .... GM 0020 [06]

Santé - Forme

ABC de la diététique (L'), Dr Peeters E.G. .... GM 0041 [07]
Boulimie et anorexie, Pacout N. .... MS 1551 [07]
150 meilleures recettes pour diabétiques, Lesourd C. GM 0034 [06]
Changer d'alimentation, Pr H. Joyeux .... MS 1555 [07]
Clés du bon sommeil (Les), Pacout N. .... GM 0116 [06]
Dépression (La), Morand de Jouffrey P. .... FL 0056 [07]
Dico-guide de l'homéopathie, Dr Bourgarit R. .... GM 0030 [09]
Dictionnaire familial d'homéopathie, Dr Maury E.A. .... MS 1553 [07]
Guide anti-stress, Dr J. Renaud .... GM 0121 [07]
Guide des examens médicaux,
Dr D. Labayle & C. Radiguet .... MS 1612 [07]
Guide des massages bien-être, Julien N. .... GM 0113 [07]
Guide des premiers soins, Pacout N. GM 0106 [04]
Gym au quotidien (La), Laty D. .... GM 0119 [07]
Livre de bord de la femme (Le), Delahaye M.C. [mai] ... MS 1624 [N]
Livre de bord de la future maman (Le), Delahaye M.C. MS 1604 [09]
Livre de bord de la future maman (Le),
Edition cartonnée, Delahaye M.C. .... HC 140FF
Maigrir, Mallet J.B. .... MS 1554 [09]
Maigrir avec les hautes calories, Leconte M. .... MS 0584 [06]
Maigrir en 3 mois, Dr Bargheon J. [avr] .... MS 1559 [N]
Manger juste (Le), Hubert A. [mai] .... MS 1558 [N]
Oligo-éléments (Les), Dr Moatti R. .... GM 0035 [06]
Régime F comme fibres (Le), Eyton A. .... MS 0624 [04]
Scarsdale, le régime médical infaillible,
Drs Tarnower H. & Baker S.S. .... MS 1556 [06]
Soignez votre enfant par l'homéopathie, Dr Bourgarit R.MS 1567 [06]
Soignez-vous à la chinoise, Dr Grigorieff G. .... MS 0768 [07]
Soignez-vous par la chiropraxie, Monvoisin J.-Ph. ...... MS 1557 [07]
Soignez-vous par le vin, Dr Maury E. .... MS 1552 [07]
Yoga des yeux (Le), Darst Corbett M. .... GM 0023 [07]

Sexualité

100 questions sur le sexe le plus souvent posées
par les adolescents, Dr Hermann .... MS 1618 [04]
Comment faire l'amour à un homme, Penney A. .... GM 0079 [06]
Comment faire l'amour à une femme, Morgenstern M. GM 0081 [06]
Comment bien faire l'amour ensemble, Penney A. ..... GM 0136 [06]
Cycles de la femme (Les), Dr A. Tamborini .... MS 1608 [09]
Dictionnaire pratique de la sexualité, Dr Y. Moigno ..... MS 1615 [12]
Femme et son plaisir (La), Dr Gilbert Tordjman .... MS 1619 [09]
Initiation sexuelle, Arnaud M. .... FL 0023 [07]
Kama-Soutra (Le), [juin] .... MS 1625 [N]
Sexe de la femme (Le), Zwang G. .... MS 1609 [09]
Sexualité féminine (La), Tauval L. .... FL 0030 [07]
Sexe, manuel pratique illustré (Le), Groupe Diagram .. GM 0017 [09]

Vie quotidienne

ABC de la comptabilité, Batsch L. .... GM 0122 [09]
ABC de la dactylographie, Le Bras F. .... GM 0130 [07]
Ainsi vivaient nos ancêtres, Beaucarnot J.L. .... MS 1312 [09]
Argot (L'), Payet L. [fév.] .... FL 0054 [07]
Bourse (La), Jablanczy A. .... FL 0052 [07]
100 clés pour bien écrire et rédiger, Gourmelin M.J. ... GM 0112 [07]
150 questions à mon notaire, Reillier L. .... GM 0021 [07]
125 modèles de lettres d'amour, Maury P. .... GM 0090 [06]
Code Civil belge 1992 [mars] .... [N]
Comment acquérir une super-mémoire,
Dr Renaud J. .... GM 0091 [07]
Correspondance (La), d'Assailly G. .... MS 0311 [04]
200 modèles de lettres, Maury P. .... GM 0016 [07]
200 questions à mon avocat, Blouin M.M. & Lalanne F. MS 1338 [07]
Dictionnaire de votre argent (Le), Cadart N. .... HC 120FF
Dictionnaire Marabout des trucs (Le), Fronty L. .... MS 1317 [07]
Encyclopédie de poche illustrée, ... MS 1335 [09]
Guide de l'héritage, Le Bras F. .... MS 1324 [07]
Guide de vos démarches (Le), Le Bras F. .... MS 1337 [09]
Guide des assurances personnelles, Cadart N. .... HC 119FF
Guide des copropriétaires (Le), Ritschy M.F. .... MS 1327 [07]
Guide du bon conducteur (Le), Puiboube D. .... MS 0789 [09]
Guide du courrier facile (Le), Ovtcharenko C. .... MS 1336 [12]
Livre d'or des noms de famille (Le), Gonzalez P.G. .... HC 124FF
Précis de savoir-vivre, Menard M. .... FL 0047 [07]
Prénoms, un choix pour l'avenir (Les),
Mercier C. & Daco P. .... MS 0369 [09]
Règles d'or du secrétariat personnel (Les), Lange E. GM 0005 [07]
Savoir-vivre (Le), d'Assailly G. & Baudry J. .... MS 1310 [06]
Savoir-vivre aujourd'hui (Le), Pacout N. .... GM 0087 [06]
Vivre la République, Guédon J.F & Gourmelin M.J. ..... MS 1326 [07]
Vos droits de salarié, Ovtcharenko C. [mai] .... MS 1313 [N]
Vraie vie des prénoms (La), Corinthe P. .... GM 0037 [09]

IMPRESSION : BUSSIÈRE S.A., SAINT-AMAND (CHER). — N° 714
D. L. MARS 1993/0099/99

ISBN 2-501-01834-6

Imprimé en France